エウセビオス

コンスタンティヌスの生涯

西洋古典叢書

凡　例

一、本書は西欧キリスト教世界で最初の教会史家と呼ばれる四世紀のカエサリアの司教エウセビオスが残した『コンスタンティヌスの生涯』を翻訳したものである。本書の翻訳の底本としたのは、F. Winkelmann, *Über das Leben des Kaisers Konstantin*, GCS *Eusebius*, I/I (Berlin, 1975, rev. 1992) であり、その翻訳で参考にしたは、Averil Cameron and Stuart G. Hall, *Eusebius, Life of Constantine* (Oxford: Clarendon Press, 1999) である。

二、訳文中のゴシック体の漢数字は、底本に見られる節番号を表わす。また、［ ］内は訳者による補足である。ただし、文脈からして許容されると思われる語句の補足はブラケットの中に入れなかった。

三、ギリシア語をカタカナ表記するにあたっては、
(1) 母音の長短の区別については、固有名詞のみ原則として音引きを省いた。
(2) 地名は慣用にしたがって表示した場合がある。たとえば、アレクサンドレイア → アレクサンドリア、カエサレイア → カエサリア。
(3) 皇帝など明らかにローマ人であることが分かる場合にはラテン語読みを採用した。たとえば、コンスタンティノス → コンスタンティヌス、コンスタンティオス → コンスタンティウス。

四、本書の註は、前掲キャメロンの訳述書に負うところが少なくないが、テクストに関係するものは、主として訳者のものである。

五、本書の註で頻繁に引かれるエウセビオス『教会史』一〇巻は、秦剛平訳（三分冊、山本書店）を参照されたい。

六、巻末「解説」でエウセビオス『教会史』が引用される場合、著者名は省略されて言及される。また、「解説」で「エウセビオスの生涯とその著作」を扱った部分では、前掲拙訳『教会史』の解説と重複する箇所が多い。

目次

コンスタンティヌスの生涯

秦　剛平　訳

第一巻

第一章

偉大な皇帝コンスタンティヌスと十年ごとの祭典

一　全人類は[1]、偉大な皇帝コンスタンティヌスのために[2]、［在位の］十年ごとに行なうさまざまな祝事を華やかな祭典でもって祝いました[3]。それは最近の出来事のようでした。わたしたち自身も[4]、神に仕える者たち[5]の公会議[6]で起立し、［在位の］二十年を祝う頌辞で征服者を讃美しました[7]。それも最近の出来事のようでした。わたしたちはこのお方のために［在位］三十年を祝す言葉の花冠を編み[8]、ごく最近、ほかならぬ宮中において、その聖なる頭《こうべ》にそれを冠したばかりなのです。

二　今この瞬間[9]、わたしたちのロゴスは[10]、ごく当たり前のことを語ろうとしているのですが、この素晴らしい光景に圧倒され、驚きのあまり、どちらを向けばよいのか分からず、困惑しております。それは[11]、どちらを見ても――東であれ、西であれ[12]、全地の上であれ、ほかならぬ天の方であれ――、どこにおいても、あらゆる仕方で、帝国それ自体とともにおられる祝福されたお方[13]コンスタンティヌスを[14]目にするのです。

三　ロゴス[15]は、地上において、そのお方の輝きで全体を満たしている新しいランプ[16]のようなご子息たちや[17]、

(1) あるいは「人間の全種族」。
(2) テクストにはない固有名詞を補う。
(3) コンスタンティヌスの在位十年を記念する式典は三一五年にローマで挙行された(第一巻四八参照)。この時期、本書の著者エウセビオスは東方にいた。彼がコンスタンティヌスに接見を許されるのは三二五年。
(4) エウセビオスを指す
(5) 司教たちを指す。
(6)「公会議(シュノドス)」。この言葉は以下でも見られる。
(7) エウセビオス自身、コンスタンティヌスの在位二十年を記念する式典と在位三十年を記念する式典で頌辞を読み上げている。前者の機会は三二五年のニカイアの公会議の後で(第三巻一五)、後者の機会は三三六年七月二十五日でコンスタンティノポリスの宮殿でコンスタンティヌス臨席の折りであった(第四巻四六—四七参照)。
(8) ここでの花冠は複数形。花冠のイメージは競技や祭典で勝利者がかぶる冠からのもので、それは『コンスタンティヌスへの頌辞』六-一でも使用されている。
(9) あるいは「今日」。
(10)「ロゴス(ホ・ロゴス)」。ここでのホ・ロゴスは多義的な意味を内包するが、同時にそれにはペルソナも与えられているように思われる。キャメロン(一八四頁)は、ここでのロゴスに適切な訳語を与えることはできないとしている。
(11) ここでの「それ」は前出の「ロゴス」を受けている。
(12) テクストでは「夜明けの方角であれ、夕暮れの方角であれ」。
(13) 亡くなった者を指す婉曲語法。
(14) テクストにはない固有名詞を補う。
(15) 主語は明示されていないが、動詞(「認める」)が三人称単数形であることから、この「ロゴス」が主語と予想される。
(16) 光のイメージは、しばしば頌辞において用いられる。『コンスタンティヌスへの頌辞』一-六によれば、キリストは「宇宙の彼方にある光そのもの」、「上なる、終わりなき永遠の神性からほとばしり出る光」、「太陽よりも明るい知恵の光線でもって天にあるすべてのものを照らしている(お方)」だそうである。同書三-四では、コンスタンティヌスの子息たちは「ご自身から発出する輝きの明かりやランプ」にたとえられている。
(17) コンスタンティヌスには三人の子息、すなわち三一六年に生まれたコンスタンティヌス(二世)、三一七年に生まれたコンスタンティウス、三二〇年(一説によると三二三年)に生まれたコンスタンスがいた。

ご子息たちの継承でその数が増し加えられたため、今もこれまで以上に力強く生きておられて［ご子息たちの］どの生をもしっかりと舵取りをされておられるコンスタンティヌス(1)を認めるのです。ご子息たちはこれまでカエサル(2)の栄誉に与っておられましたが(3)、今や神を畏れる徳でもってそのお方全体(4)を身にまとっておられるので(5)、父のもろもろの栄誉(6)で際立たされて「尊厳なる皇帝(7)」と宣言されているのです。

第二章

一　それまでは死すべき小さな肉体の中におられるのが見られたお方、自然がそれ以上生き長らえること(8)を［人間の本性に］馴染まないものとして峻拒したとき、その生を終えられたのですが、驚くべきことに死後もわたしたち自身とともにおられるお方(9)、宮中の建造物や、資産、栄誉、頌辞(10)などを授けられたお方、ロゴスはこのお方を認めてただただ圧倒されているのです。

二　しかし今やロゴスは、天の穹窿の方へ向かいました。そしてそこにおいてもまたそれは、神ご自身とともにおられる三度祝福された(11)霊魂がいっさいの死すべきこの世的な覆いを脱がされて、燦然と輝く光の外衣をまとって明るくされている(12)のを目の当たりにするのです。

三　ついでその霊魂が、死すべき運命のもとに置かれている人間(13)の無為の時の転変の中にもはや閉じ込め

（1）テクストにはない固有名詞を補う。

（2）ギリシア語読みではカイサル。

(3)コンスタンティヌス(二世)は三一七年の三月一日にセルディカでカエサルに、コンスタンティウスは三二四年にカエサルに、そしてコンスタンスは三三三年の十二月二十五日にカエサルになっている。

(4)コンスタンティヌスを指す。

(5)古代のキリスト教世界では「主なるイエス・キリストを身にまとう」という言い方があった。ここではコンスタンティヌスの地位が「キリスト」のそれまで格上げされているように思われる。

(6)「もろもろの栄誉(カローピスマ)」。ここでのギリシア語の原意は「飾り」「装飾」。このギリシア語が使用されているのは、先行する箇所に「キリストを身にまとう」とあったからかもしれない。

(7)「尊厳なる皇帝(オウトクラトレス・アウグーストイ・セバストイ・バシレイス)」。Imperatores Augusti. ここでのアウトクラトレス・アウグーストイと、セバストイ・バシレイスは重複する。三人の子息がこう宣言されたのは、彼らに敵対する可能性のある者たちを排除した後の三三七年の九月九日である。

(8)「それ以上生き長らえること(ト・ペリットン)」。ここでのギリシア語の原意は「余剰」。

(9)この辺りの語句からもコンスタンティヌスがキリストになぞらえられていることが分かる。

(10)本書は三三五年にエルサレムにつくられた聖墳墓教会の献堂式で読み上げられた頌辞である(第四巻四五―四六参照)。エウセビオスは『教会史』第十巻四―一以下で、ツロの教会の奉献式で述べた頌辞(祝辞)を挿入している。

(11)形容詞「三度祝福された(トリスマカリオス)」の用例は新約聖書には見出されないが、外典使徒行伝の「キリストへ宛てたアブガルの書簡」二にその初出の用例、「わたしを見て信じる者たちは幸いだ、しかし、わたしを見ないで信じた者たちは三度祝福されている」を見出すことができる。訳者にはこの語句は、コンスタンティヌスが即位「十年」「二十年」「三十年」を「三度祝福された」こととし、それを指して使用されているのではないかと思われる。なお、エウセビオスは本書のほかにも、『マルケロス駁論』第二巻四でこの形容語句を使用している。

(12)ここではイエスの山上の変貌(マタイ一七―二、マルコ九―三、ルカ九―二九)のイメージがエウセビオスの中にあるように思われる。

(13)テクストでは「死すべき者」であるが、分かりにくいのでこの訳語を与える。

られているのではなく、終わりなき生命[1]の永遠に咲き誇る花[2]の冠と祝福された永遠の不死性を授けられているのを認めると、死すべき人間のロゴスは、己の無力さを知って一言も発することができず、己に沈黙を科し、より優れた普遍的なロゴスに称賛の言葉を許すのです[3]。そのロゴスに[4]、そのロゴスにのみ[5]、それを許すのです。不死で神のロゴスであるため、神の言葉の正しさを確認する力をもつからです。

第三章

一　そのお方は、ご自身の言葉で、神に栄光を帰し敬意を払う者は、相応の恵みを潤沢に受けるが、神の敵や敵対者となる者は己の上に命の破滅を招く[6]と予告されておりました。そして今やそのお方は、ご自身の言葉の約束が偽りでないことを証明し、神に戦いを挑む無神論者の暴君たち[7]の生の最後が忌まわしいものであることを示し[8]、他方、神に仕える者の生と死を人も羨む大いに称賛されるものとされたのです。そのため、このお方の生き方は死して滅び行くものではない、記録に値する素晴らしいものにされたのです。

二　人間の本性は、死して滅び行くものに慰めを見出し、先祖の墓に彫像を置き不死の名誉で報いているかのように見えます。ある者は蝋画[9]の絵を描き[10]、ある者は生命なき素材に彫りつけたもので人間の像をつくり、またある者は銘板や列柱に文字を深く刻み込んでおります。彼らは、そうすることで、敬意を払う者の諸徳を永遠の記念碑に引き渡すことができると想像したのです。しかし、これらはどれも、時が経れば、朽ち果てて死んで行くものなのです。それらは腐り果てる身体の幻影[11]にすぎず、不死の魂のイデアが刻まれたものではありません。それにもかかわらず、それらは、死すべき生の終焉の後に希望を置いていない者には十分であるように見えるのです。

(1) これは復活の生命を指す。
(2) あるいは「永遠にみずみずしい」。
(3) この一文の意味は、死すべき人間である自分(エウセビオス)が口にする言葉(ロゴス)ではなく、真の神のロゴス、すなわちキリストのみが、コンスタンティヌスを称賛できる、というものであろう。
(4) テクストでは指示代名詞。
(5) テクストでは指示代名詞。
(6) 神が義しい者にはよき報いを、悪しき者には破滅をもたらすという思想は、詩篇第一八編、五二編、五八編などに見られる。
(7) エウセビオスの念頭にはイスラエルびとを圧迫したファラオがあると指摘されるが、マクセンティウス帝やリキニウスも迫害する者、暴君として言及されているので(第一巻二六、三三―三六、第二巻一―一八参照)、この者たちも「無神論者の暴君」の範疇に入るのであろう。
(8) その生涯の最後が忌まわしいものであったとする暴君のモデルは、マカベア第一書や第二書で言及されるシリアの王アンティオコス四世エピファネス(前一七五―一五三年)である。アンティオコス王は前一七〇年から一六九年にエルサレムの神殿に侵入して祭壇や祭具類を略奪、さらにその二年後、再びエルサレムにやって来ると、ユダヤ教の実践や慣習の遵守を禁じ、そのためマカベア戦争が起こるが、このアンティオコス四世はつねに悪のモデルとされる。マカベア第二書九―七―九はその末路を描いているが、その九―九には「この神を畏れぬ者の両目からは蛆がわきだし、激痛にさいなまされつつ、その肉は生きながらに崩れ、全陣営がその腐臭に悩まされた」(新共同訳)とある。ガレリウス帝(ラクタンティウスではマクシミアヌスとマクシミヌスの末路は第一巻五七―五八参照。
(9) 蝋画とは、蝋を入れた顔料で描き、火で表面に光沢のある層を生じさせる画法を指す。この語は第三巻三でも見られる。
(10) 「絵(スキアグラピア)」。あるいは「素描」「スケッチ」。
(11) あるいは「イメージ」。

三　しかし神は、全人類の共通の救い主である神は、真の敬虔を愛する者のために、人間が想像することさえできぬよきものを蓄え、そこから彼らにその果実をまず賞味させ、死すべき者の眼に不死の希望を約束されるのです。(1)(2)(3)

四　これらのことは、文書で伝えられてきた、古《いにしえ》の預言者の託宣が予告するものなのです。これらのことは、古代においてあらゆる徳で輝いた神に愛された者の生涯が、後の世代の者によって想起されたときに、証しするものなのです。これらのことはまた、わたしたちの時代が真実であると証ししたものなのです。それはコンスタンティヌスが、ローマ帝国の統治者の中でただ彼だけが、諸王の王である神の友となられ、全人類に神を敬う生き方の明白な範として立てられたからです。(4)(5)(6)(7)(8)

第四章

コンスタンティヌスによって成就されたもの

これらのことはまた、コンスタンティヌスが敬意を払われた神ご自身が、その統治のはじめにおいても、中程においても、終わりにおいても［変わることなく］彼の傍らにおられ、神への献身の型を教える者としてこのお方を人類の前に立てられ、明白な判断で確認されたものなのです。その名前がよき評判で喧伝されているそれまでの時代の最高主権者の中で唯一彼だけを、巨大な輝き、神への確かな献身を大声を張り上げて訴える伝令官として立てられ、ただ彼だけに潤沢に与えられたあらゆる種類のよきものを介して、神への献(9)(10)(11)

身の確かなしるし[12]を示されたのです。

第五章

一　コンスタンティヌス[13]は、即位の満三十年を迎えることで、[14]統治の御代を栄えあるものとされ、その二

(1) ここでは主語が二度繰り返されている。
(2) あるいは「死すべき者」。
(3) 「蓄え、そこから……その果実を賞味させ（タミエウサメノス、タ・プロートレイア……プロアルラボーニゼタイ）」。あるいは「蓄え、そこから……最初の分を貸しつけ」。ここでのギリシア語から、当時の世界の金の預金と貸しつけ業務を見ることができる。第一巻四では「担保」という言葉が使用されている。
(4) これはきわめて曖昧な仕方で聖書（旧約）の預言に言及するものである。
(5) アブラハムやモーセを指す。ここでの形容詞「古代の（プロパライ）」に付された前置詞プロは、先行する「古の（パライオイ）」よりも古い時代を示唆する。
(6) あるいは「最高の主権者である神」。
(7) 『コンスタンティヌスへの頌辞』の中心的なテーマは、「ロゴスの友」としてのコンスタンティヌスである。『教会史』第二巻一—三、第五巻一、四参照。
(8) あるいは「すべての人間に」「すべての者に」。
(9) テクストでは「神への献身（＝敬虔）の型の教えとして」。
(10) テクストでは「死すべき種族」。
(11) テクストでは「もっとも大きな声を上げる伝令官として」。
(12) 「確かなしるし（タ・エケングア）」。このギリシア語には「保証」とか「担保」の意味もある。
(13) テクストにはない固有名詞を補う。
(14) テクストでは「十周年を完全に三度迎えることで」。

倍も生き、その生涯を終えられました。[1][2] 神はご自身の単独支配の権能の似姿をコンスタンティヌスに与えられると、[3][4][5] 彼をすべての暴君にたいする勝利者、[6] 神を相手に戦う巨人たちの撲滅者とされたのです。[7] 巨人たちは、逆上して、[8] 何と全世界の最高主権者にたいして不信仰の武器を執ったのです。[9][10]

二　みなさんがたは仰るでしょう。この者たちは短期間姿を現わしただけで、すぐに消え失せてしまったが、[11] 一にして唯一である神は、[12]「多」に立ち向かう「一」として、[13] ご自分に仕えるコンスタンティヌスを聖なる完全な武具でもって固めさせた、と。[14] 神は、[15] コンスタンティヌスの手で、[16] 人類から無数の無神論者を一掃し、[17] ご自身への真の献身の教師として、彼をすべての民族のために立てられたのです。彼は、すべての者が聞こえるよう大きな声でもって、彼らが実在する神を知り、けっして存在などしない神々の迷妄から袂を分かつべきだと証しされたのです。[18]

第六章

この忠実でよき仕えびとコンスタンティヌスは、[19] これを実践し、告知されたのです。彼はそのさい、直截にご自分を奴隷と呼び、諸王の王に仕える者と告白されました。他方、神は、それと引き換えに、その傍らにおられて、彼を歴代の最高主権者の中で唯一の［帝国の］主人、単独支配者、勝利者、無敵者にして無敗者、常勝の者、敵への勝利でつねに輝いている者にされたのです。彼はかくも偉大な皇帝だったので――かつてこのような者がいたとは誰も想起することができません。昔の記録の中に書かれていないからです――、彼

(1)テクストでは「人間としての生涯」。
(2)ここで使用されているギリシア語ペリオリゾーの原意は「(これで終わりと)線引きする」「(生と死の)境を画する」。
コンスタンティヌスの正確な誕生年は不明で、二七二年説や、二七三年説、「二八〇年頃」説がある。彼の正確な死亡年月も不明で、後の史料は彼の死亡年齢を六〇歳から六五歳の間に置く。エウセビオスは『コンスタンティヌスへの頌辞』一-八で、コンスタンティヌスはアレクサンドロス(前三五六—三二三年)が亡くなったときの年齢で、すなわち三二歳で統治をはじめ、その二倍を生きたと述べ、また同書四-五三は、彼の生涯は、三二年近くとされるその統治のおよそ二倍であったとしている。
(3)テクストでは「彼」。
(4)「似姿(エイコーン)」。創世記一-二七に、神は人を「神の似姿に」つくったとある。ここでの「似姿」には創世記のこの箇所が念頭に置かれているように思われるが、エウセビオスは一なる神の単独支配と一なる皇帝の単独支配の間にアナロジー(類縁性)を見ようとしている。すなわち、エウセビオスの政治理論によれば、この世の王国(帝国)は天上の王国の「似姿(エイコーン)」、「模倣(ミーメーシス)」とされる。この考えの萌芽はすでに紀元後一世紀のアレクサンドリアの哲学者フィロンに認められる。
(5)テクストにはない語句を補う。
(6)テクストでは「暴君の全種族」。
(7)コンスタンティヌスの敵対者たちを指す。
(8)テクストでは「魂(精神)の狂気で」。
(9)あるいは「諸王の王」。
(10)「不信仰(ドゥスセベイア)」。この語は先行する「神への献身(テオセベイア)」と対比的に使用されている。
(11)ここでの「消え失せる」は「火が消えるように」の意が込められている。
(12)あるいは「一にして単独者である神」。
(13)これは「多数の敵対者に立ち向かう一人として」の意。
(14)テクストにはない固有名詞を補う。
(15)テクストでは「彼」。
(16)テクストにはない固有名詞を補う。
(17)テクストでは「死すべき生」。先に「人類」の意で、「死すべき種族」という表現を見た。
(18)テクストでは「けっして存在などしないもの」。ここでの「もの」は複数形。
(19)テクストにはない固有名詞を補う。

は神にかくも愛され三度祝福されたお方だったので、またかくも敬虔で、あらゆる点で幸運に恵まれておられたので、彼よりも前の者が制圧した民族の数よりも多い民族をいとも易々と制圧し、帝国を最後の最後まで弱体化させることはなかったのです。

第七章

キュロスやアレクサンドロスの場合は

一　ペルシア人の間の古い言い伝えは[1]、キュロス[2]がそれまで輩出したどんな者にもまさる輝かしい人物だったと称賛しております[3]。しかし、そのことだけはなく、長い生涯の目的を顧慮する必要があります。人びとによれば[4]、彼の最期は女性の手のもとでの、不運な、恥ずべき不面目なものでした[5]。ギリシア人の子孫の語る所によれば[6]、マケドニア人の間から起こったアレクサンドロス[7]は、さまざまな民族の無数の部族を制圧しましたが、男盛りに達する前に、酒宴と乱痴気騒ぎで[8]若死にしたのです。

二　アレクサンドロス[9]はそのとき三〇歳を二歳越えたばかりで、彼の統治の期間はその三分の一[10]でした。彼は疾風怒濤のように血しぶきの中を駆け抜け、情け容赦なく諸民族や都市の住民すべてを、老いも若きも奴隷にしたのです。彼の若さがまだ少ししか開花せず、［過ぎ去った］少年時代をまだ痛嘆していたときに、異国の敵対的な地で、子もなく、根もなく、家庭もない[11]彼に不幸な運命が襲いかかり、彼を取り除いてしまったのです。彼がこれ以上人類[12]を痛めつけないようにするためでした。帝国はすぐに分断されました。彼に仕えていた者のそれぞれが一部を剝ぎ取り、自分のものにしたからです。それにもかかわらずアレクサンドロス[13]は、このようなことで、合唱隊によって讃歌をうたわれているのです[14]。

---

(1) エウセビオスは、史料の出所を明確にしない場合、『教会史』におけると同様に、ここでもこの表現を使用する。
(2) カンビュセスの子で、アケメネス朝ペルシア帝国（前五五九―五二九年）の開祖。
(3) イザヤ書四四‐二八―四五‐一は、キュロスによる捕囚からの解放に言及し、次のように述べる。「キュロスに向かって、わたしの牧者／わたしの望みを成就させる者、と言う。／エルサレムには、再建される、と言い／神殿には基が築かれる、と言う。／主が油注がれた人キュロスについて／主はこう言われる。／わたしは彼の右の手を固く取り／国々を彼に従わせ、王たちの武装を解かせる。／扉は彼の前に開かれ／どの城門も閉ざされることがない……」（訳文は新共同訳から）。
(4) 史料の出所を明確にしない曖昧な言及法。
(5) キュロスの死に関しては諸説ある。クセノフォン『キュロスの教育』第八巻七‐二以下、ヘロドトス『歴史』第一巻二〇四以下、ディオドーロス第三巻一一参照。ストラボン『地誌』第十五巻七三〇、アリアノス『アナバシス』第六巻二九‐八によれば、彼の墓は、ペルセポリスの近くのパサルガダスにある。
(6) これも史料の出所を明確にしない曖昧な言及方法。
(7) フィリッポス二世とエピルスのオリュンピアスの間の子（前三五六―三二三年）。
(8) テクストでは「酒宴と乱痴気騒ぎで（この世から）取り去られ」。
(9) テクストにはない固有名詞を補う。
(10) アレクサンドロスが父フィリッポスの王位を継承したのは前三三六年であるから、統治者としての期間は一三年間となる。
(11) 遠征につぐ遠征のために、一所に留まることのない状態を指している。ギリシア文には言葉遊びが認められる。
(12) テクストでは「死すべき種族」。
(13) テクストにはない固有名詞を補う。
(14) ここではギリシア悲劇の合唱隊がイメージされている。マカベア第四書でも、その悲劇の場面では合唱隊のイメージが持ち出されている。

第八章

偉大な皇帝コンスタンティヌス

一 しかし、われらの皇帝コンスタンティヌス[1]は、このマケドニア人が亡くなったときの年齢[2]の二倍を生き、[3]帝国の大きさを三倍にされたのです。[4]

二 彼はご自分の軍隊を、神への畏怖に裏打ちされた穏やかで冷静沈着な命令[5]でもって武装させると、ブリトン人[6]の土地と、太陽が沈む外洋[7]の所に住む者のもとへ遠征されました。[8] 彼は最北の地で無数の蛮人の部族に分かたれていたすべてのスキタイびと[9]を一つにされました。

三 そして彼は征服地を南の最果てのブレンミュアびと[10]とエチオピア人[11]のもとまで拡大すると、太陽の昇る方の地の獲得にも乗り出されたのです。

四 そして全世界の果てまでを、インド[12]の最奥の地に住む者や、地の最果ての周辺地域に住む者までを真の献身の光[13]で明るく照らし出すと、すべてのトパルケース[14]、エスナルケース[15]、サトラペース[16]、そして蛮族のすべての王を服従させました。この者たちは進んで彼に挨拶してご機嫌を伺い、自分たちのもとにある珍しいものや贈物[17]を携えた使節を送り、彼の覚えや友情を大切にし、そのため彼らのもとでは、肖像画や彫像の寄進で彼に敬意が払われました。皇帝の中ではコンスタンティヌスだけが、彼ら全員によって認められ、そして称賛されたのです。彼は皇帝演説[18]でもってご自分の神を大胆そのものに[19]告知されたのです。

(1) テクストにはない固有名詞を補う。
(2) コンスタンティヌスは三〇六年七月二十五日に帝権を継承した。それはアレクサンドロスが亡くなったときの年齢である。
(3) テクストでは「この年齢からはじめ、彼の生涯の二倍の期間を生き」。第一巻五-一参照。
(4) コンスタンティヌスは父コンスタンティウスから西方のブリタニア、ゴール、スペインを引き継いでいた。
(5) これは皇帝を讃美するときの標準的な語句。
(6) ブリトン人は、アングロサクソンのブリタニア侵入以前に、同島南部に住んでいたケルト系民族の一派を指す。
(7) あるいは「外海」。外洋は、内洋(内海)、すなわち「海(タラッサ)」と呼ばれた地中海に対立する概念。
(8) ブリトン人のもとへの遠征は、三〇五―三〇六年、三〇七年、三一〇年、そして三一三年になされている。
(9) ギリシア語読みではスクティコイ。スキタイは、本来は、カルパテイアン山脈とドン川の間の土地を指す。ここでのスキタイびとはゴート族を指す。後出第四巻五参照。
(10) ギリシア語読みではブレンミュエス。
(11) ギリシア語読みではアイティオペス。
(12) インドは、第四巻七、五〇でも言及されている。
(13) テクストでは「光の光線で」。
(14) ここでのトパルケースは、地方総督位の意味で使用されている。
(15) ここでのエスナルケースは、「民族の統治者」位の意味で使用されている。
(16) サトラペースは、本来、ペルシアの地方総督や属州知事を表わす。
(17) 贈物については、第一巻四三および第四巻七参照。
(18) キャメロン(一九〇頁)は、ここでの「皇帝演説」を、第四巻二九―三二に挿入されている演説ではなくて、同巻九―一三の「ペルシア王へ宛てたコンスタンティヌスの書簡」を考える。
(19) 使徒言行録四-二九、二八-三一参照。

第九章

一　コンスタンティヌス(1)は、これらのことを、行為では引きつけられないということで、言葉で行なったのではありません。彼は、徳の道があれば、どんな道をも旅し、どんな敬神の念の果実をも誇りとし、また、腹心を寛大なよき働きで虜とし、人道主義的な法令でもって治め、その支配をすべての被統治民が従順に従える、大いに待望されたものにされたのです。そのため彼が敬意を払われた神は、聖なる競技で長年にわたって格闘した彼に不死の冠を褒美としてかぶせ(2)、三人のご子息を帝国の後継者として興した後(3)、有限の帝国支配から(4)、聖なる魂(5)のためにご自身が取っておかれた永遠の生命(6)へ彼を移されたのです。

二　こうして帝国の玉座は、父から(7)彼へと下り、自然の法により、彼のご子息たちとその子孫のために、父からの遺産のように、年を経ることのない時の中で取っておかれることになったのです。神は、その祝福されたお方を、生前には(8)聖なる栄誉で高められ、亡くなられると最高の祝福で飾られました。それですから、神ご自身が記録する者となり、未来永劫に、天の記念碑の石板に彼の偉業を刻みつけられますように。

第十章

わたしエウセビオスにできること

一　コンスタンティヌスの祝福された生涯[9]をそれにふさわしい仕方で語ることは、わたしの力の及ぶものではなく、沈黙こそは安全で危険のない選択肢[10]でしょうが、もし怠惰だとか怠慢だとか非難されないですむ

---

(1)テクストにはない固有名詞を補う。
(2)競技の優勝者のイメージがコンスタンティヌスに託されているので、ここでの動詞アナデオーに「冠をかぶせる」の訳語を与える。
(3)コンスタンティヌスの二番目の息子コンスタンティヌス二世は三一七年に、コンスタンティウス二世は三二三年に、そしてコンスタンスは三三三年にそれぞれカエサルになっている。
(4)テクストでは「死すべき支配から」。
(5)ここでの「聖なる魂（プシュカイ・ホシアイ）」は複数形。ここでのギリシア語ホシアイの使用から、エウセビオスがコンスタンティヌスを「聖人たち（ホシオイ）」の範疇に入れていることが分かる。
(6)あるいは「終わりなき生命」。
(7)コンスタンティウスを指す。
(8)テクストでは「わたしたちとまだともにおられたときには」。以下につづく一文から明らかなように、ここでは、聖なるロゴスのみがコンスタンティヌスの事績を正しく称讃できることが強調されている。
(9)テクストでは「この男」。
(10)ギリシア文には言葉遊びが認められる。

のであれば、わたしは、絵を描く者に倣って、[1]神に愛されたコンスタンティヌス[2]を記念して言葉による肖像画[3]を捧げねばなりません。[4]神への途方もない献身からわたしたちすべてに敬意を払われたコンスタンティヌス[5]のために、たとえ小さな取るに足らぬものだとしても、わたしができることをしなければ、わたしは自分自身を恥じ入るでありましょう。

二　いずれにしても、諸王の王である神によって授けられた皇帝にふさわしい寛厚な精神の諸事績を包含する記録[6]は、わたしにとって有益で必要なものになると考えられるのです。ネロ[7]の記憶や、この者よりもはるかに劣った不信仰で神なき暴君[8]の記憶が、厚顔無恥な著作家によって取り上げられ[9]、その醜悪な行為が美辞麗句で飾り立てられ[10]、浩瀚な物語に仕立てられているのに、他方神ご自身が、これまでまだ歴史が記録していない、かくも偉大な皇帝と一緒になる機会をわたしたちに許され、そのお方を見たり、知ったり、交わりをもつことをよしとされたのに、わたしたち[11]が沈黙するのであれば、それは恥ずべきことではないでしょうか。それゆえ、何よりもわたしたちは、よき行為の模倣こそがその希求するものを神的なエロース[12]へと高めるすべての者に、わたしたち自身の飾らない報告で高貴な行為を伝えねばなりません。

三　品性を高めることに役立たない、高潔ならざる者の生涯や事績を綴る者は、特定の者への依怙贔屓や敵意から、あるいはまた、自分たち自身の個人的な教養[13]を見せつけたいあまりでしょうか、その饒舌を言葉で誇示し、醜悪な行為の説明を不必要に大袈裟に行ない[14]、神のもとにあるおかげで悪しき行為に与らないですむ者にたいして、よき働きの教師ではなくて、忘却と闇で沈黙すべき教師として己を立てるのです。

四　他方、わたしが語る言葉は、語るべき主題の大きさに比して弱々しいものですが、それにもかかわらず、よき働きを虚飾なしで語ることで輝きを得るのです。神に愛されたコンスタンティヌス[15]の物語を想起することは[16]、彼に好意を寄せた者に、思いもかけぬ有益至極な読書を供するのです。

---

(1)テクストでは「死すべき絵の模倣をもって」。ここでの「死すべき」は「絵」を修飾しているが、「人間の」の意であろう。なおここで「絵」という訳語を与えたスキアグラフィアは「光と陰の濃淡のついた絵」を指す。
(2)テクストにはない固有名詞を補う。
(3)あるいは「言葉を介した肖像画」。
(4)エウセビオスはここで自分の仕事をコンスタンティヌスの肖像画を描くアーチストのそれに比している。伝記作家プルタルコスはアレクサンドロス伝を著わすにあたって「……画家が肖像画を描く場合、性格が示される顔や目の表情などをとらえ、他の部分はほとんど考慮しないように、わたしも大事業や戦闘は他人にまかせて、心の特徴に立ち入り、それによってそれぞれの伝記を記述しよう」と述べている（訳文は村川堅太郎編『プルタルコス』（筑摩書房）所収の井上一訳「アレクサンドロス」から）。
(5)テクストにはない固有名詞を補う。
(6)あるいは「書かれたもの」「描かれたもの」。
(7)ローマ皇帝（五四―六八年）。
(8)キリスト教徒を迫害した皇帝を指す。
(9)キャメロン（一九一頁）は、エウセビオスがここで対比のためにこう言っているのであり、実際に世俗の著作家たちの作品を読んだ上での発言だとは考えない。
(10)テクストでは「気の利いた解釈で美化され」。
(11)エウセビオスを指す。
(12)あるいは「神のエロース」。
(13)あるいは「（受けた）教育」「（受けた）訓練」。
(14)あるいは「悲劇の言葉で飾り立て」。
(15)テクストにはない固有名詞を補う。
(16)あるいは「記録すること」。

第十一章

一　わたしは、三度祝福されたコンスタンティヌス[1]が皇帝となってなされた多くのことは省略するつもりです。たとえば、戦争での会戦や戦闘、数々の殊勲と勝利、敵の敗走、数多くの凱旋、万民の安寧や個人の益のために発行された平時の勅令[2]、被統治民の市民生活[3]の向上のための法令の施行、皇帝となって奮励努力されたその他多く[4]のこと、そして誰もが記憶している事柄などです。ここでのわたしたちの目的は、神を愛するお方の生き方に関わるものだけを言葉にし、そして書くことなのです[5]。

二　しかし、これらのことだけでも無数あるので、わたしたちの耳に達したものの中から[6]、後世の者にとって最重要で語るに値するもの[7]だけを選び、これらのものだけを可能なかぎり簡潔に語るつもりです。もしそうすることが許されるであれば、言葉を尽くして、このコンスタンティヌス[8]を真に祝福されたお方として称賛したいからです。これまでそうすることができなかったのです。というのも、人の一生は不確かであるがゆえに、それが誰であれ、その者の生前[9]に「祝福されたお方[10]」と呼んで祝福してはならぬとされているからです。神を助け手として呼び求め、共働者である天のロゴスがわたしたちにその息吹きを入れてくれますように[11]。

第十二章

モーセの生涯、家族、青年時代

一　では、このお方の青年時代の初期からはじめましょう。古代の報告[12]によれば、かつて暴君の恐ろしい世代がヘブルびと[13]の民を虐げたのですが、神は虐げられた者に同情し、当時まだ幼少であった預言者モーセ[14]

(1) テクストにはない固有名詞を補う。
(2) あるいは「決定されたもの」。
(3) 「市民生活（ポリテイア）」。このポリテイアにはさまざまな訳語が与えられる。
(4) あるいは「神に愛されるお方の生き方」。
(5) 物語の主題が選別的になるという断り書きは、たとえば、プルタルコス「アレクサンドロス」一参照。
(6) テクストでは「わたしたちのもとへやって来たものの中から」。
(7) あるいは「記録するに値するもの」。
(8) テクストにはない固有名詞を補う。
(9) テクストでは「死の前に」。
(10) イエス・キリストを指す。
(11) エウセビオスは『教会史』の冒頭（第一巻一-三）でも、「わたしたちは、神がその道案内人になり、主の権能が（わたしたちと）共にあって働いてくれるように祈る。……」と述べている。
(12) 出エジプト記を指すが、エウセビオスはそれに直接言及しない。第一巻七-一に「古い言い伝え」という言葉が、史料の出所を曖昧にしておくために使用されていた。
(13) ギリシア語読みではヘブライオイ。
(14) ギリシア語読みではモーウセース。

を興し、暴君の宮廷と家族の団欒[1]の中で育て上げ、その知恵[2]に与れるように取り計らわれました[3]。時が経ち、モーセ[4]は大人の仲間入りをしました。そのとき、不当に苦しめられている者の擁護者[5]である正義［の女神］[6]が、彼らを不当に苦しめる者たちを追尾しはじめました。まさにそのとき、神の預言者モーセ[7]は、暴君の住む所[8]を離れて、至高者のご意志に仕えたのです。彼は、自分を育て上げてくれた暴君とは、行為や言葉で違うところを見せつけました。彼は、自分の兄弟[9]や親族の者を公然と[10]認めたのです。ついで神は彼をヘブルびとの全民族の指導者として立てられました。彼はヘブルびとを敵対者への隷属から自由にし、他方でこの暴君を[11]、神の追尾という罰で苦しめたのです。

二　この古代の言い伝えは、多くの人に一種の神話として[12]語り継がれました。かつては誰もが聞いたことのある話なのです[13]。ところが、今やこの同じ神が、神話の中の驚きよりも素晴らしい、そして最近見られただけにどんな物語よりも真実な出来事の確かな証人になることをわたしたちにもお許しになったのです。わたしたちの時代に万物の上におられる神にたいして性急に戦いを挑んだ暴君は、神の教会[14]を苦しめました[15]。この者たちの中にあってコンスタンティヌスは——彼こそはやがて暴君を殺《あや》めてくれる者になるのですが——まだ若くて、未熟で、顎髭が生えはじめた頃でしたが、あの神のしもべモーセ[16]のように、暴君の炉端に座られました[17]。しかし彼は、若かったにもかかわらず、無神論者[18]と同じ生き方を共有されなかったのです。

三　善なる本性は、神の霊の助けをもって、コンスタンティヌスをあの者[19]から引き離して敬神と神の恩寵のある生へと導きました。そればかりでなく、彼の父の熱心は、息子を挑発し善なるものを模倣させたのです。彼にはここでその記憶を甦らせるに値する父がおられたのです。わたしたちの時代の最高主権者の中で

(1)「家族の団欒（コルポス）」。ここでのギリシア語は「胸」「膝」「母の子宮」などを意味する。何かぬくもりを感じさせる場所を指すらしい。

(2)テクストでは「彼ら（暴君たち）からの知恵」。

(3)「取り計らわれました（プロノエーサイ）」。動詞プロノエオーの使用は、取り計らいの背後に神の摂理を示している。なお、出エジプト記二-一〇は、モーセが「大きくなると、（ファラオの）王女のもとへ連れて言った」と述べるだけであるが、使徒言行録七-二二は、「アッガダー的な」想像力から、モーセが「エジプト人たちのあらゆる知恵でもって教育を授けられ、その言葉と働きにおいて力強かった」と述べている。

(4)テクストにはない固有名詞を補う。

(5)「擁護者（アローゴス）」。ここでのギリシア語は法廷での弁護人を指す。

(6)ここでの「正義（ディケー）」は擬人化されている。この種の用例はヨセフスを主史料として使用した『教会史』の最初の三巻に頻出する。

(7)テクストにはない固有名詞を補う。

(8)「住む所（ドーマトス）」。ここでは前出「宮廷（オイコス）」を繰り返してはいない。

(9)兄のアロン、および姉のミリアムを指す。

(10)テクストでは「まことのロゴスをもって」。

(11)テクストでは「暴君の種族」。出エジプトのときにヘブルびとを追尾したエジプト人（の軍勢）を指す。

(12)あるいは「神話の構造をもつものとして」。

(13)この一節はモーセを知らない非キリスト教徒たちを念頭に置いているような印象を与えるが、モーセはヘレニズム時代やローマ時代に異教徒たちにもっともよく知られたユダヤ人の一人であった。

(14)テクストでは「彼の」。

(15)「苦しめました（カテポノウン）」。ここで使用されているギリシア語は、第一巻一二-一で使用されている「（苦役で）虐げる」と同じ。エウセビオスはここで彼の時代の暴君をファラオに見立てている、『教会史』第九巻九-五―八は、出エジプト記一五にもとづき、ローマ市内に入城できずテベレ川に沈められたマクセンティウスをファラオに比している。

(16)テクストにはない固有名詞を補う。

(17)この一節はコンスタンティヌスがモーセのように敵の宮廷で育て上げられたことを示唆する。実際、コンスタンティヌスはニコメディアのディオクレティアヌスの宮廷で養育された。

(18)テクストにはない固有名詞を補う。

(19)ディオクレティアヌスを指す。前註参照。

もっとも卓越した人物であるコンスタンティウス[1]です。このお方については、ご子息に関わる事柄との関係で、簡単に語っておく必要があるのです。

第十三章

コンスタンティヌスの父

一　四人の者[2]がローマ帝国の帝権を分有していたとき、このコンスタンティウス[3]だけは、他の三人とは違う[4]生き方をされ、万物の上におられる神と良き関係を保たれておりました。

二　彼ら三人は神の教会を包囲して壊しました。祈りの家[5]をその基礎に至るまで痕跡なきものにし、上から下まで破壊しました[6]。しかしコンスタンティウス[7]は、この者たちの忌むべき[8]瀆神行為に手を貸さず、彼らと同列になることはけっしてなかった[9]のです。彼らは神を畏れる男や女の市民を殺戮して自分たちの属州を汚しました。しかし彼は、ご自分の魂をこの穢れに染めることをされなかったのです。

三　彼らは恐ろしい偶像崇拝の諸悪の迷路に迷い込み[10]、まず自分たち自身を、ついですべての民を邪悪なダイモーン[11]の迷妄の奴隷としました。しかし彼は、ご自分の統治下にある者のためにもっとも深い平安を何よりも尊び、同じ腹からのために神への献身を危害など加えられないものとされたのです。他の三人はすべての民から苛斂誅求な税の取り立てを行ない、彼らにとってその生を死よりも苛酷で耐え難いものにしましたが、コンスタンティウスだけは、統治されている者に危害などが加えられない穏やかな統治を行ない、父上の心遣いにも劣らない精神で、ご自分の私財を投げ打って援助をされたのです。

四　このコンスタンティウスが示したその他無数の徳は、万人によって称賛されておりますので、ここではそのうちの一つか二つを、沈黙の中で見過ごされがちな例として使った後で、この著作の本来の主題に移りたいと思います。(13)

(12) の注記位置：コンスタンティウスが(12)示したその他無数の徳

---

(1) ラテン語読みではコンスタンティウス。死後クロルスの名で知られるコンスタンティウス一世（二五〇－三〇六年）を指す。

(2) ディオクレティアヌス、マクシミアヌス、マクシミヌス、コンスタンティウス（コンスタンティオス）を指す

(3) テクストにはない固有名詞を補う。

(4) 「違う（アコイノーネートン）」。この語と先行する「分有する（コイノーヌートーン）」の間には言葉遊びが認められる。「共有する」「共有しない」の訳語を与えることも可能。

(5) あるいは「祈祷室」、「礼拝堂」。ここでの「祈りの家」は建造物としての教会が前提とされる。

(6) キリスト教徒の迫害は、三〇三（三〇一？）年の二月（ラクタンティウス『迫害する者の死について』一二）か、三月（『教会史』第八巻二-四）にはじまった。

(7) テクストにはない固有名詞を補う。

(8) あるいは「血なまぐさい」「呪われた」。

(9) テクストでは、「けっしてまったく（メーダメー・メーダモース）」。これは必要以上の強調。

(10) テクストでは「諸悪の混乱で」。

(11) ここでエウセビオスは異教の神々を「邪悪なダイモーン」と見なすが、当時の他のキリスト教著作家もその例外ではない。ダイモーンの本来の意味は中立的であったはずであるが、キリスト教の世界においては悪のイメージがそれに付加された。

(12) テクストにはない固有名詞を補う。

(13) エウセビオスはすでに『教会史』第八巻一三-一三－一四で、コンスタンティウスに非常に好意的な記事を書いている。

第十四章

一　この皇帝については多くの話が流布しております。親切であるとか、高貴であるとか、神に愛されることを率先垂範して行なったとか、民から苛酷な取り立てを行なわず、予備の金を何も蓄えなかったために、当時至高の権力(1)を行使していた皇帝ディオクレティアヌス(2)は、彼のもとに使者を遣わすと、公益を軽視していると非難し、手許不如意を咎め、その咎め立ての証拠として、彼の国庫に何の蓄えもないことをあげたと言われております。

二　コンスタンティウス(3)は皇帝のもとからやって来た使者にそのまま留まるように求める一方、配下の全属州(4)の者の中の莫大な富を持っている者を召し出すと、自分は金を必要としている、今こそ各自は皇帝への自発の好意を示すときである、と告げられたのです。

三　これを聞いた者は、これこそは千載一遇の機会であるかのようにして、その尊い熱意を示し、即座にそして熱心に金子や銀子、そしてその他の金で国庫を一杯にしてみせました。彼らは他の者よりも多く出そうと互いに競い合い、しかも嬉々としてこれを行なったのです。

四　このことが起こったとき、コンスタンティウスは、正帝(5)のもとからやって来た使者をご自分の富の証人になるよう招集されました。そして彼は、彼らが目で見て納得したものを、手許不如意だとご自分を非難した者に伝えるよう命じ、さらにこうつけ加えられました。「これらの金はいかさま師からのものでもなく、不正な強奪によって得たものでもない。予は今これらの金を予のもとに集めたが、それらはそれまで予のために金の持ち主の手許にあったもので、預託物の忠実な管理人によって保管されていたようなものである」と。

五 これには彼らは仰天しました。言い伝えによると、この者たちが去った後[6]、この慈悲深い〔副〕帝は金の所有者を呼び集めると、その金すべてをもって家路につくように命じ、この者たちの従順で尊い好意を称賛されたそうです。

六 以上の行為は、今ここで取り上げている人物の慈悲を示す一例です。もう一つは、神的なものにたいする彼の聖なる関心を示す明白な証拠となるものです。

---

(1) テクストでは「権力の第一の地位」。

(2) テクストにはない固有名詞を補う。コンスタンティウスは二九三年にディオクレティアヌスにより西方でのマクシミアヌスのカエサルに立てられている。彼が正帝となったのはディオクレティアヌスが退位した三〇五年の五月一日。

(3) テクストにはない固有名詞を補う。

(4) テクストでは「諸民族の支配(領地)のもとにある者」。

(5)「正帝(メガルー・バシレオス)」。テクストでは「大皇帝」。この「大皇帝」はアウグストゥスに相当するものと見なされる。

(6) あるいは「この者たちが退出した後」。

第十五章

一　属州知事は、権力の座にある者の勅令でもって、神を敬う者を至る所で迫害しておりました。(1)真っ先に槍玉に挙げられたのはほかならぬ宮廷で、神に愛された殉教者は、その信仰のためにさまざまな試練を受けました。(2)彼らは、火や鉄、深海、そしてあらゆる方法の死に進んで耐えました。(3)これらは、全宮廷から短期間のうちに神を敬う者を一掃するためのものでした。そのため、それを実行した者は、神の加護を奪われることになりました。なぜなら、彼らは神を敬う者を追い立てることで、彼らのためになされていた祈りをも追い払ってしまったからです。

第十六章

コンスタンティウスの宮廷では

一　他方、敬虔な思慮から生まれた知恵がコンスタンティウスだけには閃きました。そこで彼は聞くに意想外な、行なってみせるには仰天すべきことを行なってみせたのです。彼は、宮廷にあってご自分の配下にあるすべての者、ほかならぬ家僕から高い地位にある者までに、次の選択ができるようにされたのです。すなわち彼らは、ダイモーン(4)に犠牲を捧げて彼のもとに留まるのを許されて通常の名誉(5)に与るか、(6)もしそれができなければ、彼自身に近づく道は完全に閉ざされ、彼の知遇や交わりから外される、と提案されたのです。

二　そのため、ある者は後者に、ある者は前者に分かれたので、二つのグループができました。そして各自の選択の理由が明らかにされると[7]、この意表を突いた人物コンスタンティウス[8]はその機略の秘密を明かし、一方のグループの者の臆病さと身勝手さを非難し、他方のグループの者を、神への献身の意識ゆえに、大いに称賛されたのです。ついで彼は、神を裏切った者は宮廷での奉仕に値しないと宣言されました。至高者について何の知識もないことが見破られた者ですが、いったいどのようにして彼らは皇帝の信を得ることができたというのでしょうか。コンスタンティウス[9]は、この者たちは宮廷から遠隔の地に追放されると定め、他方、真実のために証して神のしもべに値することを示してみせた者は、引きつづき皇帝のために奉仕すると宣言し、彼らを護衛の者や宮廷付きの警護の者に任命されたのです。そのさい彼は、この者たちを主だった大切な友人や家僕として扱い、彼らは大きな富以上のものとして敬意が払われる、と申されました。

(1) あるいは「駆り立てておりました」。
(2) あるいはもう少し強い調子の「いの一番に」。
(3)『教会史』第八巻一四-一三によれば、キリスト教徒が受けた迫害は、たとえば男たちの場合は、「火刑や、剣や、釘打ち、野獣や海底（に沈められること）や、四肢を切断され焼かれること、目を突かれくり抜かれること、全身を不具にされること、飢え、鉱山（での虐待）」などであった。
(4) ここでのダイモーンは複数形。
(5) この一節はコンスタンティウスが異教の神々に犠牲を捧げるのを強要していたことを示唆する興味深いものである。
(6) ここでの名誉は、宮廷内での昇進を意味する。
(7) あるいは「仕方」。
(8) テクストにはない固有名詞を補う。
(9) テクストにはない固有名詞を補う。

第十七章

一　この挿話はコンスタンティヌスの父がどのようにして覚えられているかを示すものです。神への熱心な献身のために、彼がどのような最期を迎えることができたかや、彼が敬意を払われた神が、帝国を共有した者と彼の間の大きな違いをどのようにして明らかにされたかなどについては、実際に起こった事の本質に注意を払えば学ぶことができるでしょう。

二　コンスタンティウス(1)は、長い歳月をかけて磨き上げた皇帝の徳を示されました。彼は万物の上に立たれる神だけを認め(2)、無神論者の多神性を非難し、ご自分の宮廷の全周囲を聖なる人びとの祈り(3)で固められました。彼は、以後その残りの生涯を静謐と平安の中に終えられたのです。煩いがなく、他の者に煩わせることがないのは幸いである、と言われているようにです(4)。

三　こうして統治の全期間を静謐と平和のうちに導くと、彼は一族の者全員、ご自分の子らや妻、そして家僕を一にして諸王の王である神に聖別して捧げられたのです。そのため、宮廷の中で一つとなった一団は、まさしく神の教会そのものでした(5)。その一団には神に奉仕する者もついており、彼らはこの皇帝コンスタンティウス(6)のために途切れることなく儀式を執り行なったのです。これらのことは、ただ彼のもとでのみ、なされえたことなのです。他の最高主権者(7)のもとではその名前はもちろんのこと、神を敬う者たち(8)のことさえ口にできなかったときにです。

第十八章

一　これらのことの直接の結果は神からの返礼で、(9)その結果、今や彼は至上の皇帝権に与れるようにされました。というのも、年上のディオクレティアヌスとマクシミアヌス(10)は、諸教会を攻撃した最初の年以降、

(1)テクストにはない固有名詞を補う。
(2)あるいは「神だけを、万物の上に立たれるお方（だけ）を」。
(3)宮廷のキリスト教徒を指す。
(4)この諺の出所は不明。エピクロスが口にしそうなものだという指摘はある。
(5)「まさしく神の教会そのものでした」。テクストでは「神の教会に欠けるものは何もなかったのです」。『教会史』第七巻一〇-二はウァレリアヌス帝に関してアレクサンドリアのディオニュシオスの言葉を引いているが、そこには「実際、彼の宮廷はすべて神を畏れる人たちで満たされ、一つの神の教会でした」とある。なお第四巻一七をも参照。
(6)テクストにはない固有名詞を補う。
(7)テクストにはない「最高主権」を補う。
(8)テクストでは「神を敬う者たちの種族」。キリスト教徒を指す。
(9)テクストでは「神からの返礼の（事柄）」で、この中性名詞複数形が動詞「ついてまわる」の主語となる。
(10)テクストにはない二人の固有名詞を補う。ディオクレティアヌス帝は三〇五年の五月一日にニコメディアに近い丘の上で退位し、ガレリウスを自分の後継者に、そしてガレリウスの甥であるマクシミヌスをカエサル（副帝）に指名した（ラクタンティウス『迫害する者の死について』一九）。同年同日マクシミアヌス帝はミラノで退位し、コンスタンティヌスは西方のアウグストゥス（正帝）、セウェルスをカエサル（副帝）に指名した。なお、ディオクレティアヌス帝とマクシミアヌス帝の退位は、『教会史』第八巻一三-一一参照。

突然の運命の変化に襲われ、そのため何とかして権力の座から身を引こうとしたからです。そしてついにコンスタンティウスだけが、第一のアウグストゥス(1)、セバストス(2)と宣言されました。彼はそれまでカエサルの冠で際立たされ、これらの者の間で上位の者とされておりました。そして彼は、彼らの間で傑出した働きをなした後、ローマ人の間で最高の名誉とされるもので飾られ、後継者に指名された四人の中にあって「第一のセバストス」の称号を与えられたのです。

二　彼は子に恵まれ、その点で他の最高主権者とは違っておりました。彼は息子や娘の大合唱隊をもっておられたのです(3)。しかし、彼が万人に共通の自然の法(4)が取り立てる借りを払い、その円熟した老齢を終えようとされたとき、神は今一度彼のために意想外な働きをなされ、彼のご子息たちのうちの第一の者であるコンスタンティヌスが帝国を引き継ぐよう計画されたのです。

第十九章

父の後継者となったコンスタンティヌスの資質

一　というのも、コンスタンティヌス(5)は帝国を共有している者たちと一緒だったからです。そして言われているように、彼らの中にあって彼は、あの古の神の預言者モーセ(6)のように生きられたのです。今や彼は少年期を脱して、立派な若者に成長されました。そこで、彼らの間で第一位の名誉に値するとされたのです。わたしたち自身は、このような彼を知ったのです。それは彼が年長の皇帝ディオクレティアヌス(7)と一緒に、その方の右に立って、パレスチナの属州を巡幸(8)されていたときでした。それは一目見ようと願った者にとって瞠目すべき光景でした。すでにして彼は皇帝としての確かな資質を窺わせたからです。

二　その美しい盛りの容貌と高い背丈で、彼にかなう者は他にはおりませんでした。その膂力で、彼は同世代の者にまさり、彼らにとって恐怖となるほどでした。(9)しかし彼は、肉体における優位よりも精神における諸徳を誇りとされました。彼は何よりもご自分の精神を自制(10)でもって飾られたのです。彼はまた、修辞学の教育(11)や、生得の英知、神から与えられた知恵などで抜きん出ておられました。

---

(1) これは二人のアウグストゥス（もう一人はガレリウス）のうちで「上位にある」ことを意味する。
(2) セバストスは「尊厳なる者」の意。
(3) ここでコンスタンティウスの子らが言及されるのは、他の三人が子に恵まれなかった事実を背景にすれば、コンスタンティウスがこの点でも神の恩寵を受けていたことが強調される。
(4)「共通の自然の法」。死を指す。
(5) テクストにはない固有名詞を補う。
(6) テクストにはない固有名詞を補う。
(7) テクストにはない固有名詞を補う。
(8) これはディオクレティアヌス帝が三〇一―三〇二年に行なった巡幸を指す。
(9) ここでは「理想的な皇帝の内なる徳はその外見に反映される」（キャメロン、一九七頁）という考えが見え隠れするが、イエスにしても、モーセにしても、ダビデにしても、幼年時代であるが、その身体的発育はつねに美化されて描かれている。なお、第三巻一〇・三―四はニカイアの公会議でのコンスタンティヌスを描いている。
(10) この語句は「精神」を修飾するのか、「自制」を修飾するのか判然としない。
(11) コンスタンティヌスは教育らしい教育を受けていなかったとする説もある。

第二十章

コンスタンティヌスにたいする策謀

一　それればかりか、この若者は男らしく、頑健で、背は高く、潑剌としておられました。[1] そこでそのときまで権力の座にあった皇帝たちは、[2] 嫉妬と恐怖心でもって彼を観察したのです。彼らは、彼と一緒にやっていくことは自分たちにとって安全ではないと考え、彼にたいして秘かに策謀をめぐらしました。もっとも、彼らは彼の父コンスタンティウス[3]に敬意を払っていたので、公然と殺害することだけは避けました。

二　若者はこれを察知しました。彼はこの策謀を神から与えられた洞察力でもって一度ならず再三見破ると、逃亡することで身の安全を図られたのです。彼は、この点でも、あの大預言者モーセに似ておりました。[4] 神は、このすべてにおいて、彼とともに働き、彼が父の後継者になるようあらかじめ心配りされておられたのです。[5]

第二十一章

コンスタンティヌス、臨終の父のもとへ駆けつける

一　策謀家たちの陰謀から逃れると、コンスタンティヌス[6]はただちに父のもとへ大急ぎで駆けつけました。

非常に遠隔の地であったにもかかわらず、父の命がまさに尽きようとしていたそのとき、彼は到着されたのです。(7) コンスタンティウスは予期していなかった息子がご自分の傍らに立っているのを見ると、寝台から身を起こし、(8) 彼に手をやってこう言われたのです。「生に決別しようとしている予にはただ一つの気がかりがあったが――これは息子の不在のことでした――、予の魂は今やそれから解き放たれた」と。そして彼は、「予は思う、死は今や予にとって不死よりもよいものだ」と言って、感謝の祈りを神に捧げ、ご自分の死後のためにさまざまなことを指図されたのです。

二　彼は合唱隊(9)のようにご自分を取り囲んで集まった息子や娘に指示を与え、そしてほかならぬ宮廷で、

---

(1) ここでの理想的な身体像は、第三巻一〇-三一-四参照。

(2) テクストにはない「皇帝たち」を補う。

(3) テクストにはない固有名詞を補う。

(4) 出エジプト記二-一一以下によると、モーセはエジプトでの殺人の発覚を恐れてミディアンの地に逃亡した。

(5) ギリシア語プロメテオーの使用は、エウセビオスの側に息子のコンスタンティヌスが父帝の後継者となったのは神の「摂理」であったとする理解がある。

(6) テクストにはない固有名詞を補う。

(7) ラクタンティウス『迫害する者の死について』二四-八も似たような話を報告しているが、そのどちらもこの時点のコンスタンティオスの所在地に言及していない。I. König 編『コンスタンティヌス資料編』四は、コンスタンティヌスが父帝に会った場所をボノニアとし、そこから二人はスコットランドのピクト族のもとへ遠征したとし、またコンスタンティウスは三〇六年の七月二十五日に亡くなったとしている。エウセビオスもラクタンティウスもともにこの遠征には触れていない。

(8) あるいは「寝台から（飛び上がるようにして）身を起こし」。死の床にある父が力を振り絞って寝台から身を起こす光景は、創世記四八-二のヤコブ参照。

(9) この言葉は前出参照。

しかも皇帝の寝台の上で、帝国のご自分の地域を、自然の法により、(1) ご子息たちの中の最年長のコンスタンティヌスに引き渡すと、(2) [永遠の] 憩いを得られたのです。(3)

第二十二章

コンスタンティヌス、皇帝に宣言される

一　帝国は皇帝不在の状態で残されたのではありません。コンスタンティヌスは父の紫の衣で着飾ると、父の宮殿から姿を見せ、見守るすべての者に、あたかも父の生まれ変わりであるかのように、ご自分の中で今なお支配しておられる父を示してみせられたのです。ついで彼は葬列を率い、ご自分の周囲にいる父の友人たちと一緒に父の亡骸を先導されました。おびただしい数の民衆と兵士の中の警護の者が、そのある者は先を行き、またある者は後方からつき従って進み、盛装して、この神に愛されたお方を一緒に見送ったのです。すべての者がこの三度祝福されたお方に歓呼と讃辞でもって敬意を払い、そしてこの亡くなられたお方の生まれ変わりとして、誰も彼もが一致して、ご子息の即位を栄えあるものとしたのです。彼らは、開口一番、歓呼の大声を上げてこの新皇帝をインペラトール、(4) 尊厳なるアウグストゥスと宣言したのです。

二　彼らは、大声を上げて、ご子息への讃辞でもって亡くなられたお方を飾り、(5) そして、そのような立派な父の後継者となったご子息を祝福したのです。彼の支配下の属州はすべて歓喜と言いようのない喜びで満たされました。というのも彼らは、ほんの短期日とはいえ、[皇帝不在で] 帝国のよき秩序(6)を失うことがなか

ったからです。

以上は、神が皇帝コンスタンティウスを介してわたしたちの世代に示された、敬虔で神を愛する者の最後でした。

第二十三章

神の教会を戦争の法でもって[7]攻撃した他の皇帝たち[8]ですが、わたしは、この話の中でその生涯の悲劇的結末を語り継ぐことや、よき働きの記録[9]を、［それとは］反対のものを並べて汚すのは適切でないと判断しました。暴君[10]のそれぞれに起こった出来事を自分の目や耳でもって知っている者にとっては、諸事件の体験は十分に冷静な警告なのです[11]。

---

(1) これは「自然の継承順位により」の意。
(2) テクストにはない固有名詞を補う。
(3) 三〇六年七月二十五日。『教会史』第八巻一三・一二参照。コンスタンティヌスはこの日ヨークでアウグストゥスと宣言される。
(4) インペラトールは、「最高主権者」の意。
(5) テクストでは「大声は……飾り」。
(6) テクストでは「よき秩序の天秤」。
(7) あるいは「戦争の掟でもって」。この語句には、「戦争になれば何をしても構わないという」という意が込められている。
(8) テクストにはないこの語を補う。
(9) あるいは「記憶」。
(10) テクストにはないこの語を補う。
(11) 『教会史』第八巻一三・一〇―一一参照。

第二十四章

一　さて、こうして全宇宙の導き手である神は、ご自身の意志として、[1] そのような父から生まれたコンスタンティヌスを全世界の統治者にして支配者[2]としてあらかじめ定めておられたので、[3] 彼以外の者はそのような引き立てを申し立てることはできなかったのです。他の皇帝[4]は、他の者たちの推挙によってその名誉に値するとされたのです。

第二十五章

コンスタンティヌス、父の領地に心配りする

一　さてコンスタンティヌスは、[5] 支配権が確立すると、まず最初に父の支配地に心配りし、それまで父上の配下に置かれていたすべての属州を大いなる人道主義でもって導かれました。[6] ライン川沿い[7]や西の大洋の近くに住む蛮人[8]が大胆になって反乱を起こしても、そのすべてを制圧し、彼らの獰猛な性格を穏やかなものへと変えられました。そして、他の民族の者であっても、頑強に抵抗し穏やかな生き方をさせるのができないと見るや、彼は撃退し、野獣を追い払うかのようにして、その支配地から追い払われたのです。

コンスタンティヌス、帝都ローマの惨状を知る

二　コンスタンティヌスは、[9] これらのことをご自分の意にかなう仕方で片づけると、その目を人の住む世界の他の地域へ向け、まず最初に、大洋で取り囲まれているブレトン島の諸民族のもとへ渡って行かれました。[10] 彼はこれらの諸民族を制圧すると、助けが必要とされる土地に奉仕ができないかと、世界の他の地域を調べられたのです。

---

(1) テクストでは「ご自身を介して」「ご自身を手段として」。

(2) あるいは「万物の統治者にして支配者」。この語句の使用はコンスタンティヌスの地位を非常に高めるものになっている。

(3) ギリシア語プロケイリゾーの使用は、エウセビオスがここで予定説的な解釈を行なっていることを示している。次行で「引き立て（プロアゴーゲーン→プロアゴーゲー）」の訳語を与えたギリシア語の構成要素がプロ＋アゴーゲーで、ここでの前置詞プロもまた予定説的な解釈を補完するものとなっている。

(4) テクストにはないこの語を補う。

(5) テクストにはない固有名詞を補う。

(6) 三〇五年五月一日以降コンスタンティウスの支配下にあった属州はゴール、ブレトン島、そしてスペインであるが、次節によれば、エウセビオスはブレトン島をコンスタンティウスの属州であったとは考えていないようである。

(7) ギリシア語読みではレーノス川。

(8) テクストでは「蛮人の種族」。

(9) テクストにはない固有名詞を補う。

(10) コンスタンティヌスのブレトン島への遠征は他の所からは知られていない。キャメロン（二〇二頁）は、エウセビオスがコンスタンティヌスの書簡を使用した可能性を示唆する。

第二十六章

コンスタンティヌス[1]は、大地の全体[2]が巨大な身体のようなものであることを認められました。そして、全体の頭であるローマ帝国の帝都が暴君マクセンティウス[3]への隷従で押さえつけられているのを知ると[4]、他の地域を支配している者に、彼らが年長であったため、ローマ防衛の機会[5]を最初は譲られました[6]。しかし、この者たちは誰一人として支援を与えることができず[7]、そうしようとした者でさえ恥ずべき最期に甘んじたとき、彼は、帝都をそのような惨めな状態にしておくなら、ご自分は生きている価値がないと宣言し、暴君追放の準備を開始されたのです。

第二十七章

コンスタンティヌス、神の助けを求める[8]

一　暴君が夢中になっている邪悪で魔術的な秘儀のために[9]、コンスタンティヌス[10]は、ご自分にとって、軍隊が供することができる以上の力強い助けが必要であることを知ると、神を助け手として求められました[11]。彼は武装した兵士の兵力やその数を二義的なものと見なされました。というのも彼は、神からの助けなくしては、これらの何もなしえないと考えられたからです。そして彼は、神からの力は抗えない無敵のものである、[12]と申されました。

二　彼はどんな神をご自分の助け手とすべきか[13]をよく考え、その熟考中、次のことに思いを馳せられたの

（1）テクストにはない固有名詞を補う。
（2）テクストでは「大地の全体的構成」「大地の全体的要素」。
（3）テクストにはない固有名詞を補う。
（4）マクセンティウスのローマでの暴君ぶりの一端は、『教会史』第八巻一四・一―一六参照。
（5）代名詞の代わりに、テクストにはない固有名詞を補う。
（6）エウセビオスはここでコンスタンティヌスによる帝都攻撃の遅延を擁護している。
（7）エウセビオスはここで具体的な名前をあげない。
（8）以下の話は、本書の中でもっとも有名な箇所である。エウセビオスは、マクセンティウスにたいする遠征と、三一二年十月二十八日になされたミルビオ橋での戦闘を、『教会史』第九巻九・二―八に依拠して再話しているが、興味深いことに『教会史』のこの箇所においてはコンスタンティヌスが見たとされる「十字架の幻」についての言及はない。
（9）『教会史』第八巻一四・五―六に「そしてこの暴君にとってこれらの悪事の行き着く先は魔術であった。彼は魔術に夢中になり、あるときは妊婦（の腹）を切り裂き、また、あるときは生まれたばかりの赤ん坊の内蔵を調べたり、ライオンを屠殺してみせたりした。そしてまたダイモネスを呼び出したり戦争を回避するため（という口実で）口にするのも憚られるある儀式を執り行なったりした。それは彼がこれらの儀式によって勝利を手中にできるように願ったからである。実際、このローマの暴君がその臣民を奴隷にするためにいかなることをやってのけたかを語ることは不可能である。そして、そのために彼らは現実に必要な食物の極度の欠乏と困窮に陥った。それは、わたしたちの同時代人によれば、ローマやその他の地でかつて起こったことがないようなものであった」とある。
（10）テクストにはない固有名詞を補う。
（11）以下での記述では多神教にたいする一神教の優越が対比的に描かれている。
（12）ギリシア文には言葉遊びが認められる。
（13）あるいは「どんな神をご自分の助け手として登録すべきか」。

です。すなわち、かつて権力を手にしようとした多くの者のうちある者は、その希望を多くの神々に託し、献酒や、犠牲、献納などで神々に仕え、最初は、都合のよい占いや幸運を約束してくれる託宣に騙されて不幸な結果に遭遇したことや、どの神々も、彼らに味方せず大きな災禍から彼らを守ってはくれなかったこと、彼らと反対のことをしたご自分の父だけが彼らの迷妄を告発したこと、彼自身は生涯にわたってすべてのものを超越する神に敬意を払い、そのお方を帝国の救済者、守護者、すべての繁栄の与え手[1]としていたことなどです。

三　彼はこれらのことをご自身の判断材料とし、多くの神々に信を置いた者が多くの破滅に遭遇し、そのため彼らには、子孫も、若枝も、根も、またその名前も記憶も残されなかったこと、それに反して彼の父の神は、彼の権力[2]を認める非常に多数の明白な証拠を父に与えられたことなどを考慮されたのです。彼はまた、かつて暴君にたいして戦いを仕かけた者[3]のことを熟慮されました。彼らは多くの神々と一緒になって戦闘隊形を整えたのですが、恥ずべき最期を遂げておりました。その一人は会戦すらしないで屈辱的な撤退を余儀なくされ[4]、一人は自軍の中で殺害され不慮の死を遂げているのです[5]。

さて、彼はこれらの事例すべてを判断のために集めると、存在しもしない神々のために空しいことを行ない、かくも多くの証拠を前にして道を踏み外しつづけることは愚かであると結論づけ、ご自分の父の神だけに敬意を払うべきだとされたのです[6]。

第二十八章

コンスタンティヌス、十字架の幻を見る

一　そこでコンスタンティヌスは、祈りの中でこのお方を呼び求めはじめ、このお方がどのような方であるかがご自分に明らかにされ、その前途(8)にたいしてご自身の右手を差し伸べて助けてくれるよう嘆願し、大声を上げて乞い求めました。彼がこれらのことを祈り真摯に嘆願すると、まったく意想外なある神的なし

(7)

---

(1)ここでのギリシア語コレーゴスは、本来、合唱隊の費用を賄ったパトロンを指す。

(2)あるいは「軍隊」。

(3)あるいは「遠征をした者たち」。セウェルス、リキニウス、ガレリウスが考えられるが、キャメロン(二〇三頁)は、エウセビオスはここでセウェルスとガレリウスだけを考えていると想像する。

(4)これはガレリウスに言及するものである。

(5)これはセウェルス帝の死に言及するものである。これによれば、セウェルス帝の死が暗殺か何かであったような印象を読む者に与えるが、ラクタンティウス『迫害する者の死について』二六-一〇-一一は、彼が捕まった後処刑されるか自決したことを示唆する。

(6)コンスタンティヌスの父コンスタンティウスが、この時点で真の一神教徒であったという保証はどこにもない。

(7)テクストにはない固有名詞を補う。

(8)あるいは「前途に横たわるもの」「前途に横たわる危険」。

るし[1]が現われたのです。[2]もし誰か他の人が語ったのであれば、それは、多分、受け入れ難いものとなったでしょう。しかし、その出来事があった[3]後で相当な期間が経ってから[4]、わたしがかたじけなくも接見と知遇の栄を得たとき、勝利者となられた皇帝がこの話を、直接わたしに語り、しかも、その言葉の真実性を誓いで保証されたのですから、いったい誰がその話を信じることを躊躇するのでしょうか。とくにその後の歳月が彼の言葉が真実である証拠を供したのですから。

二　真昼の太陽の頃で[5]、一日がすでに午後になりかけていた頃[6]、コンスタンティヌス[7]によれば、彼はまさしく己の目で、ほかならぬ天空に、太陽の上に懸かる[8]、その形状が光で示された十字架のトロパイオン[9]を目にされたのです。それには「これにて勝利せよ[10]」と書かれておりました。[11]彼と兵士全員がその光景を見て驚愕しました。兵士はそのとき、彼がある場所に[12]率いて行く遠征に同道していて、その奇蹟を目にしたのです。[13]

第二十九章

コンスタンティヌス、夢を見る

そしてコンスタンティヌス[14]によれば、彼はその幻が何であるのかが分からず、すっかり当惑されたそうです。彼が夢中になってあれこれ思案しつづけていると、いつしか夜になっておりました。そして睡眠中の彼に、神のキリスト[15]が、天空に現われたしるしと一緒に現われ、彼に天空に現われたしるしの写しをつくり[16]、これを敵の攻撃から身を守る護符として使用するよう勧められたのです。

（1）あるいは「神のしるし」。
（2）以下で語られる物語は、本書の中でもっとも有名なものである。エウセビオスは『教会史』第九巻九‐二一八ですでに語ったものに依拠して、ここでのマクセンティウスにたいする遠征と三一二年十月二十八日のミルビオ橋での戦闘を再話しているように見えるが、この物語はその遠征から切り離されている。
（3）テクストにはないこの語句を補う。
（4）もしこの物語が三三六年に語られたものであれば（キャメロン、二〇六頁）、三一二年からはすでに二五年以上経ていることになる。
（5）テクストでは「真昼の太陽の時刻の頃で」。同一の表現は第四巻六四‐二に認められる。
（6）テクストでは「一日がすでに傾きはじめていた頃」。
（7）テクストにはない固有名詞を補う。
（8）この語句は「不敗の太陽神（Sol Invictus）」にたいする勝利を暗示するように思われる。
（9）ここでのトロパイオン（トロフィー）はエウセビオスが以下で繰り返し使用するもので、「十字架の勝利」の意を内包するように思われるが、「軍旗」の意で使用されているという指摘もある。
（10）「これにて勝利せよ（トウトイ・ニカ）」。
（11）テクストでは「それには『これにて勝利せよ』と読む文字がついていました」。
（12）この語句はエウセビオスが「十字架の幻」をマクセンティウスにたいする遠征と結びつけていないことを示唆する。
（13）エウセビオスはここで、兵士たちを証人として引き合いに出すことにより、「十字架の幻」の客観性を確立しようとしている。
（14）テクストにはない固有名詞を補う。
（15）あるいは「神の（子の）キリスト」。
（16）このための貨幣はコンスタンティノポリスでは三二七年に、トリーア（前一五年にアウグストゥスが建設した、ドイツ西部のモーゼル川に臨む都市）とローマでは三三六年から三三七年にかけて発行されたが、そこに描かれている詳細はここでのそれとは異なる。

第三十章

コンスタンティヌス、十字架のトロパイオンをつくらせる

朝になると、コンスタンティヌス[1]はすぐに起き上がり、この不思議な出来事[2]を友人たちに語りました。ついで金細工職人や宝石職人を集めると、彼らの間に腰をおろしてそのしるしの形状を説明し、金や宝石を使ってそれを模した物をつくるよう命じられたのです。以上は、神がこれを嘉されたので、皇帝ご自身がわたしたち[3]にもその目で見て受け入れるようにされたものです。

第三十一章

十字架のトロパイオン

一　それは次のような形状につくられておりました。金箔で覆われた長い縦棒[4]に横棒が取りつけられ、十字架状になっておりました。縦棒[5]の突端には宝石や金が塡め込まれた花冠がしっかりと取りつけられておりました。そこには救い主の呼称の象徴が、最初の文字を介してキリストの名を暗示する二つの要素で示されておりました[6]。ロー（P）がちょうど真ん中でキー（X）と交差していたからです。後になって、皇帝はつね

にこれら二つの文字を帯びたヘルメットを着用されたのです。

二　横棒は縦棒によって二分され［そこには］布が(7)、すなわち、留め合わされた宝石で紋章が描かれている皇帝織り(8)が垂れ下がってついており、太陽光線で燦然と輝いておりました(9)。それには多くの金糸が織り込まれていたため、それを目にする者には言い尽くせぬ美しさを醸し出しておりました。

さて、横棒に取りつけられたこの軍旗ですが、その縦と横の幅は同じものでした。まっすぐな縦棒は、下端からずっと上へと高く伸びていて、十字架のトロパイオンの下、織り布の上端近くで、神に愛された皇帝の金の胸像と、同じく彼のご子息たち(10)のそれを帯びていたのです。

(1) テクストにはない固有名詞を補う。
(2) あるいは「口にすることなどできぬ出来事」。
(3) エウセビオス自身を指す。
(4) あるいは「長槍」か。
(5) テクストにはない「縦棒の」を補う。
(6) テクストでは「最初の文字を介して……二つの要素を示しておりました」であるが、もしここで「最初の二つの文字を介してキリストの名を暗示しておりました」と書かれていたら、より分かりやすい文章となっていたであろう。
(7) あるいは「目の細かい亜麻布」。
(8) このような名称で呼ばれる特別な織物があったのであろうか。
(9) 文法的には、この語句は「宝石」のみを修飾する。
(10) コンスタンティヌスには四人の息子、クリスプス、コンスタンティヌス二世、コンスタンティウス二世、そしてコンスタンスがいたが、ここではその子らの名前は明らかにされていない。母と一緒に処刑されたクリスプスの胸像は三二七年までに、貨幣から取り除かれている。

三　皇帝はつねにこの救いのしるしを、(1) 全敵対勢力にたいする護符(2)として用いられました。彼は、［十字架を］模した物(3)を全軍の先頭に立たせるのだ、と命じられました。

第三十二章

幻が現われたときのこと

一　とはいえ、これらは少しばかり後になってからなされたのです。幻が現われた時のことですが、コンスタンティヌスは、(4) この尋常でない幻に仰天し、ご自分に現われた神以外の他の神を拝さないと決めると、(5) ご自分の問いかけに答えてくれる者を招集されました(6)。彼は彼らに、この神が何であるか、幻の中で現われたしるしをどう説明するのか、と尋ねられたのです。

二　彼らは、その神は一にして(7)唯一の神の、唯一人生まれた子であり、(8) 皇帝に現われたしるし(9)は不死の象徴であり、かつて地上に来られたときに獲得した死に打ち勝った勝利のトロパイオンだった、と述べました。彼らはそのお方の到来の理由を教えはじめ、人類にたいする経綸(10)について詳しい説明を行なったのです。

三　コンスタンティヌスはこれらの説明(11)を学ぶと同時に、ご自分の目で見ることになった神顕現に驚き、そして天の幻についてなされた説明に照らして、決然と気持ちを固められたのです。これらの知識が神の教えとしてご自分に伝えられたと得心されたのです。そして彼は今や、神の霊感を受けた文書(12)に触れてみようと考えられました。神の祭司たちをご自分の顧問官(13)に任命すると、彼はご自分に現われた神をあらゆる儀式でもって敬意を払う必要があると考えられたのです。そして以後、ご自分のうちに生じたよき希望に守られると、彼はついに暴君の威嚇的な炎[14]を消すことに勇躍乗り出されたのです。

---

(1) 十字架を指す。

(2)「護符（アムンテーリオン）」。同じような言葉は前出第二十九章にも見られる。

(3) ここでの（十字架を）模した物は複数形。

(4) テクストにはない固有名詞を補う。

(5) ここでの神は複数形が適切である。

(6) ここでのギリシア語ムステースは、本来、「奥義の手ほどきをする者」を指すが、ここではエウセビオスの念頭に神の子についてや司教や司祭が置かれているであろう。

(7) この後に父なる神を指して「一にして唯一の神の（テゥー・トゥー・ヘノス・カイ・モヌー）」が見られるので、ここでは動名詞の主語として「彼は（アウトン）」あるいは「この方は（トゥートン）」の方がよいかもしれない。

(8)「唯一生まれた子（モノゲネー・パイダ→モノゲネース・パイス）」。「独り子として生まれた子」。ヨハネ一・一八に「唯一生まれた神／独り子として生まれた神（モノゲネース・テオス）」という表現がある。

(9) テクストにはない「皇帝に」を補う。

(10)「経綸（オイコノミア）」。ここでの「経綸」は神のグランド・デザインと理解しておきたいが、キャメロン（二一三頁）は「現代の神学者たちが曖昧な仕方で化身として言及するもの」と述べている。

(11) テクストにはない固有名詞を補う。

(12) あるいは「聖なる文書」。聖書、中でも新約聖書を指す。

(13)「顧問官（パレドロス）」。あるいは「傍らにいる者」。コンスタンティヌスの傍らにいる名誉を与えられた者を指すが、もしてこれが史実であれば、宮廷とキリスト教の密着・蜜月時代の到来を物語るものとなる。

(14) テクストでは「暴君の炎の威嚇」。

第三十三章

マクセンティウスの犯罪

一　さて、上述のように帝都を制圧していたマクセンティウス[1]ですが、彼は今や忌むべき所業や聖ならざる所業に熱中したため、その穢れた不浄な行為でやり残さなかった犯罪は何一つなかったのです[2]。実際彼は、法に則って結婚した女をその夫から引き離し[3]、彼女たちをもっとも恥ずべき仕方で侮辱した後に、夫のもとへ送り返したりしました[4]。彼は卑賤でも無名でもない者だけではなく、ほかならぬローマの元老院で最高の地位を占めている者[5]にも侮辱的に振る舞ったのです[6]。彼は自由人として生まれた無数の女を恥ずべき仕方で凌辱したのですが、それでもなお、その抑制のきかぬ飽くことなき欲望を満たすことはできなかったのです。

二　しかし彼は、キリスト教徒の女性をも手込めにしようとしたとき、その凌辱に都合のよい手段を思いつくことはもはやできなかったのです。実際、彼女たちは、その体を不道徳のために彼に委ねるよりも早く、その魂[7]を死に引き渡したのです[8]。

第三十四章

実際、一人の婦人[9]、すなわち長官職にある元老院議員[10]の妻は——彼女はキリスト教徒でした[11]——、そのような所業のためにこの暴君に仕える男たちが家にやって来たことや、自分の夫が、恐怖から、彼女を捕まえて連れ去るようにと命じた[12]ことを知ると、普段着を身にまとうからと[13]言って少しの時間の猶予を求め、[14]奥の部屋に入って一人になると、自分の胸に[15]剣を突き刺したのです。彼女は即死して、自分の軀《むくろ》を[自分を]連行するはずの者たちに残したのです。彼女は、いかなる言葉よりも雄弁な行為によって、[16]現在および将来の

---

(1) テクストにはない固有名詞を補う。
(2)『教会史』第八巻一四-二は、マクセンティウスについて「彼はあらゆる類の邪悪な行為に惑溺し、彼がし残さなかった忌むべき淫乱な行為は一つもなく……」と述べている。
(3) 同一の語句は『教会史』前掲箇所に見られる。
(4) ほとんど同一の表現が『教会史』前掲箇所に見られる。
(5)『教会史』前掲箇所では「ローマの元老院で最高の位に達した人たちの中のもっとも際立った人」。
(6) あるいは「泥酔漢のように振る舞ったのです」。
(7) あるいは「命」。
(8) ほとんど同一の表現が、『教会史』第八巻一四-一四に見られる。
(9) 以下の話は、『教会史』第八巻一四-一七でも語られているが、詳細において若干異なる。ルフィヌス（四世紀）によれば、この婦人の名前はドロテア。
(10)『教会史』前掲箇所によれば、彼女の夫は「ローマの長官」であったが、「元老院議員の一人」であるとは特定されていない。
(11)『教会史』前掲箇所では「彼女もキリスト教徒であった」とし、キリスト教徒の女性の貞節がより強調されているように見える。
(12)『教会史』前掲箇所では「許した」。
(13)『教会史』前掲箇所では「身支度するように装って」。
(14)『教会史』前掲箇所では「少しの猶予を求め」。
(15)『教会史』前掲箇所では「自分に」。
(16)『教会史』前掲箇所では「雄弁な行為そのものによって」。

すべての人びとに[1]、キリスト教徒の間で喧伝されている貞節[2]こそは征服も壊されもしない唯一の財産であることを示したのです。

以上は彼女が証ししたものです。

第三十五章

一　[3]すべての人が、一般民衆も統治者も、著名な者も無名な者も、このような所業を大胆不敵にも行なった者の前では[4]臆病になり、恐ろしい暴虐に疲弊しました。彼らは黙し、この苛酷な隷従に耐え忍んだのですが、それでもこの暴君の殺人鬼の獣性から解放されることはまったくなかったのです[5]。たとえば、あるときマクセンティウス[6]は、些細な口実で、市民を自分の衛兵に引き渡して殺しました。また、おびただしい数のローマ市民が、よりによって市中で[7]殺されましたが、それもスキタイびと[8]や蛮人によってではなく、ほかならぬ同胞市民の槍や武器によってなのです。

二　[9]実際、それぞれの財産[10]をねらわれた元老院議員の殺害ですが[11]、それは数え上げることさえできません。なぜならば、おびただしい数の者[12]が、さまざまな機会に、もっともらしいそれぞれの理由で[13]殺されたからです。

第三十六章

一　この暴君マクセンティウス[14]にとって、これらの悪事の行き着く先は魔術[15]でした。彼はそれに夢中になり、あるときは妊婦の腹を切り裂き、また、あるときは生まれたばかりの赤ん坊の内臓を調べたり、ライオンを屠殺してみせたりしたのです。そしてまたダイモーン[16]を呼び出したり、戦争を回避するためという口実

(1) テクストでは「すべての人びとに、すなわち現在の人びとと将来の人びとに」。なお「将来の人びとに」のギリシア語は、『教会史』前掲箇所のそれとは少し異なっている。
(2) 『教会史』前掲箇所では「勇気」。
(3) 以下は、『教会史』第八巻一四-三の繰り返し。
(4) 『教会史』前掲箇所では「彼の前では」。
(5) あるいは「殺人鬼の獣性に休みはまったくなかったのです」。
(6) テクストにはない固有名詞を補う。
(7) 『教会史』前掲箇所では「都の中で」。
(8) ギリシア語読みではスクタイ。
(9) 以下は、『教会史』第八巻一四-四の繰り返し。
(10) 『教会史』前掲箇所のギリシア語は少しばかり異なる。
(11) 『教会史』前掲箇所では「どれほど多くの元老院議員がその財産をねらわれて殺されたか」。
(12) ここでの「おびただしい数の人びと」が先行する「ローマ市民」を指すのではなく、ローマの元老院の議員を指すのであれば、これはひどい誇張。
(13) あるいは「でっちあげられたそれぞれの口実で」。
(14) 以下は、『教会史』第八巻一四-五で語られているものの繰り返し。
(15) テクストにはない固有名詞を補う。
(16) ここでのダイモーンは複数形。

で口にするのも憚られるある儀式を執り行なったりしたのです。というのも、彼はこれらの儀式によって勝利を確実にできるよう願ったからなのです(1)。

二　さて、彼はこのようにローマで暴君として振る舞い、統治される者を言い知れぬ圧政で苦しめ、最後は彼らに［生きて行くのに］必要な食物の窮乏と欠乏をもたらしたのです。それはわたしたちの世代の者がかつてローマで他の時代に起こったなどと記憶していないほどひどいものでした。

第三十七章

コンスタンティヌスの出陣

一　コンスタンティヌス(2)は、この間、これらのことすべてに憐れみを覚え(3)、この暴虐にたいし、さまざまな準備を重ねて武装されました。もちろん彼は、万物の上におられる神をご自分の庇護者とし、キリストを救済者にして助け手として呼び求められました(4)。そして、真に救いのしるしである勝利のトロパイオンをご自分の武装兵や護衛の者の前に置くと(5)、ローマ人のために先祖から伝えられた自由を守ろうと、全軍を率いられたのです(6)。

二　一方(7)、マクセンティウスは、臣下の者の好意よりはいかさまの奸計の方を信じて、都の城門(8)の外にすら出ようとはせず(9)、数え切れぬほど多数の武装兵や軍団兵の無数の群れによって(10)、自分が隷属させていたあ(11)らゆる場所や、地方、都市などを守ろうとしました。しかし皇帝コンスタンティヌス(12)は、神からの助けにし

つかりと寄り頼んで、この暴君の第一、第二、第三の拠点[13]を攻撃されました。そして、そのすべてを最初の

---

(1)ラクタンティウス『迫害する者の死について』四四によれば、コンスタンティヌスがイタリアに侵入したとき、マクセンティウスは市の城外に出れば殺されるという託宣を信じて何の行動も起こさなかった。

(2)以下の話は、『教会史』第九巻九-二の繰り返し。

(3)『教会史』前掲箇所に、コンスタンティヌスは「ローマでの圧政に苦しむ者たちを憐れんだ最初の人物であった」とある。

(4)『教会史』前掲箇所に「彼は天の神と、そのロゴス、(すなわち)全人類の救い主であるイエス・キリストご自身に祈り、(自分の)同盟者に(なるように)求めた」とある。

(5)この語句は『教会史』前掲箇所には見られない。

(6)『教会史』前掲箇所では「全軍をしたがえて進んだ」。

(7)以下の話は、『教会史』第九巻九-三で語られているものの繰り返し。

(8)ここでの城門は複数形。

(9)ラクタンティウス『迫害する者の死について』四四によれば、マクセンティウス帝は都の城外に出れば破滅するという託宣を受けていた。

(10)ゾシムス第二巻一五は、コンスタンティヌスの兵力を九万の歩兵と八〇〇〇の騎兵であったとし、マクセンティウスの兵力をローマとその近郊から集めた八万と、カルタゴ人四万、そしてシチリア人などからなる総計一七万の歩兵と一万八〇〇〇の騎兵から成っていたとする。『ラテン語頌辞』九(一二)三-三、五-一-二によれば、マクセンティウスの兵力の総数は一〇万で、コンスタンティヌスのそれは四万に満たなかった。ラクタンティウス『迫害する者の死について』四四-一二をも参照。

(11)『教会史』前掲箇所では、この後に「ローマ近郷とイタリア全土の」という語句が来る。

(12)テクストにはない固有名詞を補う。

(13)戦闘はCisalpine Gaul (Segusio スサ?)、トリノ、ベローナで行なわれた。『ラテン語頌辞』九(一二)五-八は三一三年に行なわれた戦闘に、同書四(一〇)二一-二二、二五は、三一二年に行なわれた戦闘に言及している。

一撃で易々と陥落させると、イタリアの地の大部分に軍を進められたのです。(2)

第三十八章

コンスタンティヌスの勝利

一　コンスタンティヌスはついにローマに迫る所までやって来ました。(4)しかし、そのとき神ご自身は、皇帝がこの暴君のためにローマ人との戦いを強いられることがないよう、(5)鎖によってであるかのように、(6)この暴君を城門から遠く離れた所に引きずり出されたのです。そして、はるか昔に不信仰な者への［警告として］聖なる文書に記されたこれらのことは、大半の者には作り話としか信じられず、信仰のある者にとってだけ信じるに足るものであったのですが、今や事実そのものによって、(7)信仰のあるなしにかかわらず、すべての者によって信じられたのです。その奇蹟(8)を目の当たりにしたからです。

二　たとえば、(9)往時のモーセ自身と神を畏れるヘブルびとの時代に、(10)(11)

［主は］ファラオの戦車とその軍勢を海に投げ込み、
選り抜きの騎手や指揮官たちをエリュトラ［海］(12)に沈めた(13)

のですが、それと同じように、マクセンティウスや、彼の武装兵や衛兵も、「石のように(14)［水］底に沈んで行った(15)」のです。そのとき彼は、コンスタンティヌスとともにおられた神が送られた軍勢を前にして逃げ出し、それでもって神の友コンスタンティヌスを何とか(16)捕らえようと目論み、(17)彼自身が小舟を連ねて巧みに橋をつくり——その橋は己を破壊する装置になりました——、行く手の河を渡ろうとしたのです。コンスタンティヌスの神は彼の右についておられましたが、この惨めな男マクセンティウス[18]は自身を破滅させることになる秘密の装置をつくってしまったのです。[19]そこで彼については、わたしたちは次のように言うことができるのです。

彼は坑をつくり、それを掘ったが、

(1)この語句は、『教会史』前掲箇所には見られない。
(2)『教会史』前掲箇所では「進め、ついにローマに迫るところまで来ました」であるが、本書では「ついにローマに迫るところまでやって来ました」は切り離されて三八-一の冒頭に置かれている。
(3)テクストにはない固有名詞を補う。
(4)以下の話は、『教会史』第九巻一四-四以下で語られているものの繰り返しである。
(5)『教会史』前掲箇所のギリシア語は少しばかり異なる。
(6)『教会史』前掲箇所のギリシア語は少しばかり異なる。
(7)ここでの事実は複数形。『教会史』前掲箇所では単数形。
(8)あるいは「意想外な出来事」。
(9)以下の話は、『教会史』第九巻九-五以下の繰り返し。
(10)テクストでは「ヘブルびとの種族」。
(11)『教会史』第九巻九-五では「モーセ自身と神を畏れる昔のヘブルびとの時代に」。
(12)『教会史』第九巻九-五では「エリュトラ海」。
(13)ここでの引用は出エジプト記一五-四から。『教会史』前掲箇所での引用(『教会史』第九巻一五-四-五)には「大海が彼らを覆った」の語句が加わる。
(14)『教会史』第九巻九-五のギリシア語は少しばかり異なる。
(15)引用は出エジプト記一五-五から。
(16)テクストにはない固有名詞を補う。
(17)この語句は『教会史』前掲箇所には見られない。
(18)テクストにはない固有名詞を補う。
(19)この一節は、『教会史』前掲箇所には見られない。

自分のつくったその穴に陥るだろう。
その労は自分の頭上に帰り、
その邪悪さは自分の脳天に下るだろう。(1)

四　さて、こうして神のご意志により、(2) 連結し合った装置(3)とそれらの中に隠された仕掛け(4)は、予想だにしなかったときに壊れ、(5) 橋は沈みました。それらの小舟は兵士もろとも一瞬にして川底に消えました。まずその惨めな男自身(6)が、次には彼の楯持ちと衛兵(7)が、聖なる託宣の予告どおり、水嵩の増した河に、「鉛のように(8)沈んで行った」(9)のです。(10)

五　そこで、神の助けで勝利を得た者が、たとえ同じ言葉ではなくとも、少なくとも行為そのものによって、あの偉大なしもべモーセや彼に従った者たちと同じように、あの古の不信仰な暴君(11)にたいしてうたった同じ歌をうたい、次のように言うことは許されるでしょう。

わたしたちは主に向かってうたおう。
［主が］栄光に満たされ、ほめ称えられたからである。
［主は］馬と騎手を海に投げ込まれた。
［主は］わたしの救いのために、
助け手と楯になられた。(12)
主よ、神々の中にあなたのようなお方がおられるでしょうか。
誰があなたのようでしょうか。

聖なる者の間で称えられ、
栄光［ある業］の中で瞠目され、
奇蹟を行なわれるお方が。(13)

(1)引用は詩篇七-一五―一六から。
(2)テクストでは「神のうなずきでもって」。
(3)これは「互いに（ロープか何かで）結びつけられた小舟」を指す。『教会史』第九巻九-七では「河にかけられた橋」。
(4)この語句は、『教会史』前掲箇所には見られない。「仕掛け」が具体的に何を指すのかは不明。
(5)この語句は、『教会史』前掲箇所には見られない。
(6)『教会史』第九巻九-七では「不信仰の権化（であるあの暴君）自身が」。
(7)この語句は、『教会史』前掲箇所には見られない。
(8)『教会史』前掲箇所のギリシア語は少しばかり異なる。
(9)出エジプト記一五-一〇参照。
(10)『ラテン語頌辞』九（一二）一七によれば、橋には大勢の者たちがおり、マクセンティウスは馬に乗って河を渡ろうとしたときに溺死した。ラクタンティウス『迫害する者の死について』四四-九によれば、マクセンティウスは逃げようとしたときには橋はすでに壊されていた。
(11)ファラオを指す。
(12)引用は出エジプト記一五-一―二から。『教会史』第九巻九-八では「主はわたしの助け手であり、楯である。（主は）わたしのために救いになられた」。
(13)引用は出エジプト記一五-一一から。

第三十九章

コンスタンティヌス、帝都に入城する

一　コンスタンティヌス[1]はこれらのことやそれに近いことを、万物の支配者でそのときの勝利[2]の立役者である神[3]に向かって、あの偉大なしもべモーセのように[4]、[5]行為そのものでうたわれました。彼は、勝利の歌をうたいながら、帝都[6]に入城されたのです。

二　［すると］[7]すぐに、全元老院議員や、そこにいた他[8]の著名な者や卓越した者[9]は、あたかも獄舎から解放されたかのように[10]、ローマの全市民とともに[11]、目を輝かせ、歓呼と狂喜で彼を出迎えました[12]。男たちは、妻子やおびただしい数の家僕と一緒になって[13]、抑えることなどできぬ大声を上げて「解放者！」とか、「救済者！」「恩恵者！」と叫びつづけました。

三　しかし[14]、神への敬虔を生来持ち合わせていた彼は[15]、彼らの歓呼に思い上がることも[16]、その喝采に気持ちを昂揚させることもなかったのです。彼には神の加護があったことが分かっていたからです[17]。そこで彼はただちに、この勝利の立役者［である神］に感謝の祈りを捧げられたのです[18]。

第四十章

ローマの市中に建てた列柱

一　彼は、すべての人びとに、刻まれた大きな文字で救い主のしるしを告知されました。そのさい彼は、(19)

(1)以下の話は、『教会史』第九巻九-九で語られているものの繰り返し。
(2)この語句は、『教会史』前掲箇所には見られない。
(3)テクストにはないこの語句を『教会史』前掲箇所から補う。
(4)テクストにはない固有名詞を補う。
(5)この語句は、『教会史』前掲箇所には見られない。
(6)『教会史』前掲箇所では「ローマに」。
(7)以下の話は、『教会史』第九巻九-九で語られているものの繰り返し。
(8)この語句は、『教会史』前掲箇所には見られない。
(9)この語句は、『教会史』前掲箇所には見られない。
(10)この語句は、『教会史』前掲箇所には見られない。
(11)『教会史』前掲箇所では「女や幼児やローマのすべての市民とともに一団となり」。
(12)『教会史』前掲箇所では「心底から目を輝かせて(彼を)出迎え、解放者、救済者、恩恵者と歓呼して狂喜しました」。ただし次行参照。
(13)この語句は、『教会史』前掲箇所には見られない。
(14)以下の話は、『教会史』第九巻九-一〇で語られている内容の繰り返し。
(15)『教会史』前掲箇所では「彼は神への敬虔さを生まれつきもっている人がそうであるように」。
(16)『教会史』前掲箇所では「得意になる」。
(17)『教会史』前掲箇所では「よく分かっていたからです」。
(18)この語句は、『教会史』前掲箇所には見られない。
(19)以下の話は、『教会史』第九巻九-一〇-一一で語られたものに依拠している。

それを敵に打ち勝った勝利の大きなトロパイオン(1)として帝都の中央に建てられました。そして以下［の碑文］をローマの統治の救済的なしるしとして、また帝国全土の護符として、消えることなき文字ではっきりと刻まれたのです(2)。

二　ついで彼は、時を置かずに、ご自分の姿を表わした像の［右］手に(3)十字架(4)を置いた高い塔をローマの繁華街に建て、以下の碑文(5)をラテン語で一字違わず刻むように命(6)じられました。

予は、勇気の真の証しであるこの有益なしるしによって、汝らの都を暴君の頸木から救って解放した。さらに、予は元老院とローマ市民を自由にし、往時の名声と光輝を取り戻した。

第四十一章

戦い後のローマ

一　神に愛された皇帝は、ときにはこうした仕方で、勝利をもたらす十字架を誇らしげに告白しつつ、ほかならぬローマ人に神の子を大胆に告知されたのです。

二　元老院や全市民(7)をも含めて、都に住んでいる者はみな、苛酷な暴虐の圧政から［解放されて］息を吹き返したかのように、より純粋な陽光を享受し、みずみずしい新しい生の誕生(8)に与っているように見えました。太陽が没する大洋に国境が接している民族はすべて、それまで自分たちを抑圧した諸悪から自由にされると、勝利者であるお方、神を畏れるお方、すべての者に恩恵を与えられるお方を讃美しながら、祭典を楽しみました。そして彼らはみな、異口同音に、神の恵みから、共通の善であるコンスタンティヌスが夜明けをもたらされた(9)と人類に告げたのです。

三　皇帝書簡の公開とその結果

皇帝書簡(10)も全土で公開され、財産没収の憂き目にあった者にその所有を［再び］楽しむことを許し(11)、不当な流刑に耐えていた者を自分たちの家庭(12)に呼び戻したのです。それはまた獄や、あらゆる危険や恐怖から、

---

(1)『教会史』第九巻九-一〇では「救い主の受難のトロパイオン」。

(2)この辺りには、内容上重複するものがある。「帝都の中央に建てられました」＝「ローマの繁華街に建て」。「以下（の碑文）を……」＝「以下の碑文を……」。

(3)『教会史』第九巻九-一〇から「右」を補う。

(4)『教会史』第九巻九-一〇では「救い主のしるし」であるが、写本によっては「救い主の十字架のしるし」、「十字架のしるし」。

(5)『教会史』第九巻九-一一のギリシア語は少しばかり異なる。

(6)『教会史』第九巻九-一一のギリシア語は少しばかり異なる。

(7)テクストでは「市民の大半」「大勢の市民」。

(8)テクストでは「再生」「新たなる誕生」。

(9)あるいは「明かりをともした」。

(10)ここでの「皇帝書簡」が具体的に何を指すのかは不明。教会に礼拝の自由が与えられるようになったことなどに関しては、『教会史』第十巻五-二―一四に見られる皇帝布告の写し（ミラノ勅令）および、それにつづく同書第十巻五-一五―一七の「恩恵が正統教会だけに与えられたことを示唆する、コンスタンティヌスの別の勅書の写し」を参照。

(11)ここでのギリシア語は「恩恵として許し」のニュアンスをもつ。

(12)あるいは家庭の中心である「炉床」。

暴君の残虐のもとでこれらのもとに投げ出されていた者を自由にしたのです。

第四十二章

コンスタンティヌス、司教たちに敬意を払う

一　皇帝自身は神に奉仕する者たちを招き、彼らに敬意を払い、彼らこそは最高の心遣いに値するとされました。彼は、行為と言葉でもって、この者たちをご自分の神のために聖別された者として好意を示されたのです。そのため彼は、ご自分と一緒に食卓に与る者[1]として、身なりの点では貧相に見えても、そんなことには頓着せず彼らを同席させたのです。多くの人はうわべだけで人間を見ますが、彼は各人の中で敬われている神に敬意を払うべきだと考えられたのです。彼は遠征に出るときにはいつも[2]、[その遠征先が]どこであれ、彼らを同行させ、ここにおいても、彼らが仕えるお方がご自分の右におられると確信しておられました。

二　実際、コンスタンティヌスはまた[3]、神の教会にもご自分の懐から潤沢な資金[4]を提供し、祈りの家[5]を拡張し、[天に向かう]高いものにされ[6]、他方では、教会の聖なる建造物を多くの奉献物で美しく飾られました[7]。

第四十三章

皇帝の恩恵

一　コンスタンティヌス(8)は、貧しい者にはあらゆる種類の生活必需品(9)を配られました。またそれとは別に、ご自分のもとにやって来る外の者(10)にたいしては、人道的で恩恵をほどこす者として振る舞いました。広場で物乞いする一部の気の毒な打ち捨てられた者には、金子や必要な食べ物ばかりか、その体に合った覆いをも与えてやるのでした。本来はよき生まれであったが不幸にもその境遇が変わってしまった者には、より潤沢に物資を与えられました。そのような者には、皇帝の寛厚な精神により、素晴らしい恩恵がほどこされたの

(1)「ご自分と一緒に食卓に与る者」については、第三巻一五、第四巻二四、二六参照。
(2)具体的にどの遠征を指しているのかは不明。
(3)テクストにはない固有名詞を補う。
(4)あるいは広義の意味での「援助」。
(5)教会堂を指す。
(6)教会堂に尖塔でもつけたりしたのであろう。
(7)コンスタンティヌスと教会建築については、第二巻四五–一参照。
(8)テクストにはない固有名詞を補う。
(9)この一節にはクレーマタが二度出てくるが、ここでは文脈により「生活必需品」の訳語を、他では「金」の訳語を与える。
(10)「外の者」とは「教会の外にいる者」を指すように見える。第四巻二四に同一の表現が見られる。

です。一部の者には土地を下賜し(1)、他の一部の者にはさまざまな役職を与えて敬意を払われました。

二　不幸にも孤児になった者には、父親代わりになって面倒をみつづけ、寡婦となった女性がいれば、彼女が無防備になるのを一族の後見人のようにして心配し、知り合いの者と一緒にさせ、また両親を奪われて孤児となった女子には金持ちの男性を世話されるのでした。

三　太陽は地平線上に昇り、その光の輝きをすべてのものに惜しみなく与らせますが、コンスタンティヌスもそれと同じで、彼はあたかも天の光源体(2)とともに昇っていくかのように、宮廷から、昇る太陽とともに輝き、彼の面前にやって来る者すべてをご自身の寛大な善意の光線で明るく照らし出されたのです。とにかく、彼の近くに行けば必ず何らかの益を享受できたのであり、彼から助けを得ることを期待した者にとって、そのよき期待が失望に終わることは一度としてなかったのです。

第四十四章

コンスタンティヌスが公会議を招集すれば

一　コンスタンティヌスは(3)、すべての者にたいして等しくこのようでした。しかし、神の教会にたいしては、格別の心遣いを進んで示されました。一部の者が(4)、いろいろな土地で(5)、見解を異にして互いに争っていたとき、彼は、神によって立てられた［双方に］共通の監督であるかのように、神に奉仕する者たちの公会議(6)を招集されたのです(7)。

二　彼はこの者たちの議論の場に居合わせることや、検討されている問題に一緒に関わることを厭わず、[8]すべての者に神の平安があるようにと公平な立場を取られました。彼はご自分が多くの列席者の一人にすぎないかのように、衛兵や武装兵、それにあらゆる種類の警護の者を振り払い、神への畏れだけを身にまとい、信頼する友人[9]の中のもっとも忠実な者に囲まれて彼らの間に座られたのです。

三　ついで彼は、よりよい見解の方に説得されると見た者や、健全で一致した立場に立とうとした者をこの上なく好意的に迎え入れ、ご自分がどんなに全員の一致[10]を喜ぶ者であるかを示しましたが、頑迷な者[11]には背を向けられました。

---

(1) 土地の下賜には法的な手続きが必要であるが、エウセビオスがここでその史料をもっていたのかどうか疑われている。

(2) 太陽を指す。「光源体」という用語は、七十人訳『創世記』一-一六参照。

(3) テクストにはない固有名詞を補う。

(4) 教区の監督たちを指す。

(5) エウセビオスの叙述に特徴的な具体性を欠く言及の仕方である。

(6) ここでの公会議は複数形であるが、どの公会議がエウセビオスの念頭に置かれているのかは不明。『教会史』第十巻五-一八―二〇、二一―二四はローマでの公会議、二回目の公会議に言及する。

(7) キャメロン（二二一頁）は、この一節は、三二五年のニカイアの公会議の状況を反映したものにすぎないと想像するが、多分、それは正しいであろう。

(8) あるいは「無価値なことだとは見なさず」。

(9) あるいは「信頼する腹心」。

(10) テクストでは「全員の共通の一致を」。

(11) あるいは「説得できなかった者」。

第四十五章

一　一部の者はコンスタンティヌス(1)にたいして不躾な振る舞いをしました。しかし、彼はそれを根に持つことはなく、冷静になって騒ぎ立てなどしないよう、落ち着いた穏やかな声(2)で彼らに命じられました。そのため、彼らの一部の者は彼の助言を尊重して逆らうことをやめました。しかし彼は、冷静な判断力に至らない矯正不能な者は神に委ねられました。彼は、誰にたいしても、その人を傷つけるようなことなどまったく考えられなかったのです。

アフリカでの争い

二　おそらくここから、アフリカ(3)の地(4)でかくも熾烈な抗争(5)をしていた者たちが、犯罪にすら手を出す事態が起こったのです。悪しきダイモーンが現在の繁栄の謳歌(6)を明らかに妬み、この者たちを道を踏み外した行為へと駆り立てたのです。彼らへの皇帝の怒りを煽るためです。

三　しかし、ダイモーンの妬みは増長できなかったのです。皇帝が、なされている所業を笑止千万なものとして退けられ、ご自分は[この事態を]悪しき者に煽動されたためだと理解している、と発言されたからです。というのも、その犯罪は正気な者の所業ではなくて、どう見ても頭のおかしくなった者か、悪しきダイモーンによって気が狂わされた者の所業だったからです。彼らは処罰ではなく、憐れみをほどこされる必要がありました。皇帝はけっしてこの愚か者たちの狂気に傷つけられることはなかったのです。ただ、溢れんばかりの人道主義から彼らに同情されたにすぎません。

第四十六章

一　こうして皇帝は、万物の後見人[7]であられる神にあらゆる行為を介して仕え、神の[8]教会に倦むことなき心遣いをお示しになったのです。神は彼に報われました。神はすべての蛮人[9]を彼の足下に置き[10]――そのため彼はつねにどこにおいても敵にたいしてトロパイオンを高く掲げることができたのです――、また彼を彼らすべての者の中での勝利者と宣言し、敵愾心をもつ者や敵に恐ろしい存在とされたからです。[11]もちろん彼は、

---

(1) テクストにはない固有名詞を補う。
(2)「落ち着いた穏やかな声」で語りかけることは、皇帝に必要な資質の一つ。
(3) ギリシア語読みではアフロイ。
(4) その首都がカルタゴである、ローマの属州アフリカを指す。
(5) ドナトゥス派の者と正統教会の争いを指す。
(6) ここでの繁栄は教会が享受している自由を指す。
(7) あるいは「守護者」「監督」「支配者」。
(8) テクストでは「彼の」。
(9) テクストでは「蛮人たちのすべての種族」。
(10) この表現は、詩篇八-六、一八、三八、一七-三九、およびコリント人への第一の手紙一五-二七、ヘブル人への手紙二-七参照。
(11) 学者の中にはここに三一三年夏のフランク族への遠征（『ラテン語頌辞』一二（九）二一-五）を見る者もいる。

生来そのようなお方ではなく、もっとも洗練され、もっとも穏やかで、(1)またもっとも人道主義的なお方で、このようなお方はかつてほかにはおりません。

第四十七章

コンスタンティヌスにたいする陰謀

一　この間、(2)権力の座から退いた者のうちの第二の者(3)マクシミアヌス(4)がコンスタンティヌス(5)殺害の陰謀を企てて捕まり、ひどく屈辱的な仕方で死にました。(6)この男の名誉を称えた碑や像、その他各地で(7)建立される類のいっさいのものが不敬虔でもっとも不信仰な人物に属するものとして取り壊されましたが、［そのような皇帝は］彼がはじめてでした。(8)

二　ついでこの者の後に、同じ一族の他の者たち(9)がコンスタンティヌス(10)にたいし秘かに陰謀を企てているところを捕まりました。神が幻でこれらすべての陰謀をご自分のしもべ(11)であるコンスタンティヌス(12)に意想外な仕方で明らかにされたからです。(13)

三　実際、神はコンスタンティヌス(14)が神的な顕現を受けるに値するとしばしば考えられ、神的な幻がもっとも意想外な仕方で彼に示し、(15)これから起こるすべての出来事の予知能力をお与えになったのです。(16)神ご自身がご自分のしもべに授ける価値があるとされた、これらの語ることなどできぬ神の恵みによる不思議を言葉で言い表わすことなどはできません。

四　コンスタンティヌス(17)は、これらの不思議でもって無事安全に守られて、以後の生涯を歩まれました。彼は、統治される者の忠誠を喜び、またご自分の統治下ですべての者が明るく暮らしているのを見て喜び、

(1) 民数記一二‐三でモーセも「穏やかな」人物とされている。
(2) 以下は、『教会史』第八巻一三‐一五で語られているものからの引用。
(3) 『教会史』前掲箇所では「(いったんは)退位したが再びその地位に就いた人物」。写本によっては、「(いったんは)退位したが再び(その地位に)就こうとした人物」。
(4) テクストにはない固有名詞を補う。マクシミアヌスはマクセンティウス帝の父。
(5) テクストにはない固有名詞を補う。
(6) マクシミアヌスの最後は、『ラテン語頌辞』六(七)一四―二〇とラクタンティウス『迫害する者の死について』二九‐三―八が伝えている。後者によれば、マクシミアヌスはコンスタンティウスから自決を命じられて首吊り自殺をした。その時期は三一〇年頃とされる。
(7) この語句は、『教会史』前掲箇所には見られない。
(8) 「四人の皇帝の中の最初の者である」という意。
(9) これは三二六年に奇怪な死を遂げたファウスタとクリスプスへの言及と思われるが、それにはリキニウスとの親族の者と企てた陰謀に失敗し、三一五―三一六年に処刑された(I. König編『コンスタンティヌス資料集成』一四―一五)コンスタンティヌスの異母姉妹アナスタシアの夫バッシアヌスが含まれるかもしれない。
(10) テクストにはない固有名詞を補う。
(11) この言葉の使用にモーセとの対比が見られる
(12) テクストにはない固有名詞を補う。
(13) あるいは「啓示されたからです」。
(14) テクストにはない固有名詞を補う。
(15) モーセも神から直接の啓示を受け、主を見ている(民数記一二‐六―八参照)。
(16) 『教会史』第十巻八は、リキニウスの犯罪的愚行とその最期を描いているが、そこに「神はコンスタンティヌスの友人・後見人・庇護者であり、秘かに暗闇の中で企てられた陰謀を彼のために明るみに出して頓挫させられた」とか、「神はご自分の愛されたこの子のためにすべての策略と悪事を明らかにされた」という表現が見られる。
(17) テクストにはない固有名詞を補う。

神の教会の輝きに無上の歓喜を覚えられたのです。

第四十八章

コンスタンティヌスの即位十年

以上は、皇帝即位十年[1]までの彼でした。

コンスタンティヌス[2]は、その年、各地で全国民の祝典を祝い、万物の王である神に、火も煙も立たぬ犠牲[3]であるかのように、感謝の祈りを捧げられました。これらのことは彼に喜びを与えつづけましたが、それも、東方の属州民の窮状を聞き及ぶまででした。

第四十九章

東方におけるリキニウスの犯罪

一　そこでは[4]、恐ろしい獣[5]が神の教会や属州民を脅かしている[6]、との報告が彼にありました。悪しきダイモーン[7]が、神に愛された者が行なっているものと競うかのように、その反対のことを行なっており、そのためローマ帝国全体が、昼と夜のように、二つの部分[8]に分割されているかのようでした。闇が東方に住む者の上を覆い、燦々《さんさん》とした陽光がその他の地域の住民を照らしておりました。

二　後者の者にはおびただしい数の恩恵が神から与えられたので、そこで生起しているものの光景は、よきものを憎む妬みの霊(9)にとっても、また世界の他の地域(10)を疲弊させている暴君リキニウス(11)にとっても、耐え

(1)コンスタンティヌスが正式にアウグストゥスの称号を得たのは、三〇七年の九月にファウスタと結婚したときとされるが、彼は三〇六年の七月二十五日に軍隊により皇帝と宣言されている。したがって、皇帝即位十年祭の期間は、三一五年の七月から三一六年の七月までとなる。

(2)テクストにはない固有名詞を補う。

(3)ギリシア文には言葉遊びが認められる。キリスト教の典礼は、そのはじめから、動物祭儀をともなわないもので、そのため、ここでこのように形容されている。ユダヤ教の中でもエッセネ派（クムランの宗団）などはエルサレムの神殿に背を向け、動物祭儀を拒否したことで知られる。対ローマの戦争（六六―七〇年）に破れて神殿を喪失した以降のユダヤ教は、犠牲を捧げる場所を失う。

(4)以下本巻五〇-二までは、『教会史』第十巻八-二―六を下敷きにしたもの。多くの語句がそこから引かれているが、いくつかのものは他の箇所からである。

(5)リキニウスを指す。この語句は、『教会史』第十巻九-三にも見られる。

(6)あるいは「待ち伏せしている」。

(7)同じ語句は本巻四五-二に見られた。なお、「悪を愛するダイモーン」という語句は、『教会史』第十巻八-二に見られる。

(8)あるいは「その他の部分」。コンスタンティヌスの支配する帝国の西半分を指す。

(9)あるいは「繁栄を憎む妬みの霊」。同じ語句は、『教会史』第十巻八-二に見られる。

(10)「世界の他の地域」。あるいは「世界の他の部分」。帝国の東半分を指す。なお、ここでの「地域」を表わす語は、前出のモイラからメロスに変えられている。

(11)テクストにはない固有名詞を補う。

がたいものでした。(1) 彼は、帝国が繁栄しているとき、(2) 偉大な皇帝コンスタンティヌスとの婚姻(3)による姻戚関係に値する人物とされたのですが、(4) 神に愛された者(5)に倣うことはやめ、不信仰な者が選択したものと悪しき所業を熱心に模倣したのです。(6) 彼は上位の人が差し伸べる友誼の右手を受けるのではなく、(7) その生涯の悲惨な最期を己の目で目撃した者たちの判断に従おうとしたのです。

第五十章

リキニウスに与えたコンスタンティヌスの好意

一 そこでリキニウス(8)は恩人にたいして(9)休戦なき戦い(10)を仕かけ、誓いや、親族関係、協定などを足蹴にしました。(11) あのもっとも寛大なコンスタンティヌスは、(12) 純粋な好意の象徴を彼に与え、自分の妹と結婚して自分の一族に加わり、皇祖たちに連なる姻戚関係(13)や連綿とつづく帝室の血に与るのがふさわしい人物とし、東方に住む者にたいして最高権力(14)を享受する特権(15)を許されたのです。(16) ところが、これらの好意とは相容れないことを考えたこの男は、(17) この上位の人物を陥れるためにあらゆる装置を用意し、(18) あるときにはある陰謀を、また他のあるときには別の陰謀を考え出したのです。(19) 恩恵を与えてくれたこのお方に悪で報いるためでした。

---

(1) 似たような語句「目にする光景は耐えがたいものであった」は、『教会史』第十巻八-二に見られる。

(2)同じ語句は、『教会史』第十巻八-二に見られる。
(3)リキニウスは三一三年の二月にコンスタンティヌスの異母姉妹であるコンスタンティアと結婚している。『教会史』第十巻八-四は「皇帝(コンスタンティヌス)はすべてに慈悲深かったので、純粋な好意の象徴を(彼に)与え、彼との姻戚関係を渋ったりせず、妹との華麗な結婚を拒まなかった」と述べている。ラクタンティウス『迫害する者の死について』四三-二、四五-一をも参照。
(4)『教会史』第十巻八-二では「偉大な皇帝コンスタンティヌスに次ぐ第二の地位と、婚姻による(コンスタンティヌスとの)至高の姻戚関係に値する人物とされていたが」。
(5)『教会史』第十巻九-二では複数形で「よき人びと」。
(6)『教会史』第十巻九-二では「不信仰な暴君の卑しさと悪しき所業を熱心に模倣した」。
(7)『教会史』第十巻八-二では「上位の人を敬愛しつづけるのではなく」。
(8)テクストにはない固有名詞を補う。
(9)『教会史』第十巻八-三では「全世界の恩人を妬んで」。
(10)『教会史』前掲箇所では「聖ならざる凶悪な戦い」。
(11)『教会史』前掲箇所では「自然の法を尊重せず、誓いや、血縁、協定などを足蹴にした」。
(12)テクストにはない固有名詞を補う。なお、『教会史』前掲箇所では「皇帝はすべてに慈悲深かったので」。
(13)『教会史』前掲箇所では「皇祖たちの立派な出自」。
(14)「東方に住む者にたいして」。『教会史』第十巻八-四では「義兄弟として、また共同統治者として」。
(15)あるいは「すべてのものにたいする権力(支配)」。ここでの語句「すべてのものにたいする」を後出の「東方に住む者たち」を修飾するものと理解することも可能で、その場合、全体の訳文は「東方に住むすべての者を支配する権力」となる。
(16)『教会史』前掲箇所では、この後に、「(コンスタンティヌスは)彼にその統治と行政のために(自分の版図に)劣らぬローマ人配下の諸民族の土地を贈った」がつづく。
(17)『教会史』第十巻八-五では、この後に「連日のように」がつづく。
(18)『教会史』前掲箇所では「考案し」。
(19)『教会史』前掲箇所では「あらゆる陰謀を考えた」。

友情を装ったリキニウス

二　最初は狡猾に、友情を装ってすべてのことを行なっておりました。[1] それでもって、犯罪は発覚しないと踏んだのです。[2] しかし、コンスタンティヌスの神は、[3] 暗闇の中で企てられた陰謀を明るみに出されました。[4] 最初の犯罪が見破られると、リキニウス[5]は第二のごまかしに移りました。あるときには友情のしるしである右手を差し伸べ、あるときには誓約でもって協定を確認しました。ところが彼は、突然、合意事項を反古にし、今一度使節を送って協定を求めたりしました。[6] しかし、またもや恥ずべき虚言を吐き、最後は公然と戦争を宣言したのです。[7] そしてついに、思慮なき狂気から、[8] 皇帝が[9]拝していると知っていた神ご自身[10]を敵にまわして、性急に戦おうとしたのです。

第五十一章

リキニウスの対教会措置

一　リキニウス[11]は最初、かつて一度もその支配に非協力ではなかった[12]臣下の第一の者たちで神に奉仕する者[13]に、穏やかに口出しをしました。[14] 彼らを告発するために悪質な口実を探し求めていたからです。しかし、この者たちを告発するいかなる瑕疵《かし》も、いかなる手段もまったく見出せないと分かると、リキニウス[15]は、司教たちは互いに連絡を取り合うことがあってはならない、彼らのうちの誰も近隣の教会を訪ねることは許されない、いかなる教区会議も、いかなる評議会も、そして共通の益のための討議の開催もされてはならない、と命じる法令を発行したのです。

二　[16]それはわたしたちへの侮辱の口実にすぎません。人はその法令を破って罰せられるか、その命令に屈

---

(1) ここで「狡猾に」の訳語を与えた表現は「策略とごまかしによって」とも訳しうるもの。『教会史』前掲箇所では「その時彼は、最初は企みを隠蔽しようとして友人であることを装った。策略とごまかしにしばしば訴えれば」。

(2)『教会史』前掲箇所では「自分の目的が達せられると高をくくったのです」。

(3) テクストにはない固有名詞を補う。

(4)『教会史』第十巻八-六では「しかし、神はコンスタンティヌスの友人・後見人・庇護者であり、秘かに暗闇の中で企てられた陰謀を彼のために明るみに出して頓挫させられたのです」。

(5) テクストにはない固有名詞を補う。

(6) キャメロン（二二六頁）は、ここでの記事はキバライ（Cibalae）の戦い（彼女はその年代を三一四年ではなく三一六年とする方が妥当であるとする）でのコンスタンティヌスとリキニウスの衝突がエウセビオスの念頭にあると想像する。この衝突の後、三一七年の三月一日に、リキニウスとコンスタンティヌスの間に協定書が結ばれているからである。ゾシムス第二巻一八–二〇はここでの出来事を詳しく記し、リキニウスの側ではなくてコンスタンティヌスの側に裏切りと陰謀があったと非難している。

(7)『教会史』前掲箇所にはこれに該当するものはない。

(8)『教会史』第十巻八-九に「彼は健全な判断力を失って完全に気が狂うと」という表現が見られる。

(9)『教会史』第十巻八-八では「彼」。

(10)『教会史』前掲箇所では「全（宇宙の）神」「すべてのものの神」。

(11) テクストにはない固有名詞を補う。

(12)『教会史』前掲箇所では「彼の支配に盾突いたことのない」。

(13)『教会史』前掲箇所では「神を畏れる者」。

(14)『教会史』前掲箇所では「穏やかに用心深く攻撃しようと画策しました」。

(15) テクストにはない固有名詞を補う。

(16) 以下は、『教会史』前掲箇所には該当する箇所は見られない。

して教会の定めを破るかしました。教区会議に諮ることによってしか、重要な問題は解決されません。神の定めは、司教の叙任(1)はこれ以外の方法ではなく、ただこのようにしてなされる、と規定しております(2)。

この神を憎む男リキニウス(3)は、自分が、神に愛された人物コンスタンティヌス(4)にたいして反対のことを行なっていることを承知していたために、とくにこのようなことを命じたのです。後者は、聖なる法(5)への敬意から、神の祭司たちを一堂に集めることで平和と協調の端緒をつくったのにたいし、前者はよき定めを破ろうと画策し、調和のある一致を分断しようと試みたのです。

第五十二章

神の友と神を憎む男の違い

さらに、神の友コンスタンティヌス(6)は、神に仕える者(7)を宮中に受け入れるのを適当であるとされましたが、この神を憎む男リキニウス(8)はその反対のことを考え出し、自分のもとにいる神を拝する者すべて(9)を宮中(10)から追放し、そしてとくに自分付き(11)のもっとも信頼の置けるもっとも忠実な男たちを流刑に処し、さらには、かつてその高貴な働きのために自分のもとで名誉や地位を得ていた者を他の者の奴隷とし、家僕の仕事をするよう命じたのです。彼は彼らの私財をすべて幸運な贈物であるかのように奪い取り、そのさい、救い主の名前を口にした者を脅したのです。

この男は、実際、情熱的で抑制のきかぬ精神の持ち主で、数え切れぬほど多くの淫行や口にするのも憚られる恥ずべきことを行ないました。彼は貞節を人間性の徳[12]として信じることができず、自分自身に悪の不名誉を適用したのです。

第五十三章

キリスト教徒にたいするリキニウスの法令

一　そのためリキニウス[13]は第二の法令を制定し、男たちは女たちと一緒になって神への祈りの場に同席してはならない、女たち[14]は徳を教える聖なる学塾[15]に通ってはならない、司教たちは女たちに神を敬わせる言葉

(1)「司教の叙任」。あるいは「司教の按手礼」。
(2) ニカイア公会議決議四、三二五によれば(キャメロン二二八頁)、新しい監督の叙任式には少なくとも三人の監督の出席が必要であった。
(3) テクストにはない固有名詞を補う。
(4) テクストにはない固有名詞を補う。
(5) キリスト教を指す。
(6) テクストにはない固有名詞を補う。
(7) 司教たちを指す。
(8) テクストにはない固有名詞を補う。
(9)『教会史』第十巻八‐一〇では「すべてのキリスト教徒」。
(10) ここでの宮中は複数形であるが、『教会史』前掲箇所では単数形の「彼の宮中」。
(11) 以下の詳細は、『教会史』前掲箇所には見られない。
(12) あるいは「飾り」。
(13) テクストにはない固有名詞を補う。
(14) あるいは「女たちの種族」。
(15) 信仰の教理を教える学校を指す。

を教えてはならない、女たちが女たちの教師として選ばれる、としたのです。

二　これらの法令がすべての者によって嘲笑されると、彼は教会を破壊するために別の陰謀を企てました。彼は、慣習となっている平信徒の集会は城門の外の大気の清浄な場所で行なわれなければならない、なぜならば、城門の外の大気は市中の礼拝所のそれよりもはるかに清浄であるから、と言ってのけたのです。

第五十四章

一　しかし、多くの者はこの言葉に従順に聞き従ったりはしませんでした。そのため彼はついに、隠していた頭を剝き出しにし、各都市の兵士(1)は、ダイモーン(2)に犠牲を捧げなければ、指揮官(3)の地位を剝奪されると命じました。そのためどの属州においても、指揮官の地位に神を畏れる者がいなくなり、これらの法の制定者自身も、自分の所から聖なる者を奪ったために、祈りを欠くことになりました。(4)(5)

二　いったいこれらのことの他に何を思い起こす必要があるのでしょうか。何ぴとも獄で苦しんでいる者に食べ物を与えて人道的に扱ってはならない、鎖に繋がれて飢えで死にかけている者に憐れみをかけてはならない、また何ぴとも自然の感情に動かされて隣人に同情したくなっても、けっして親切であったり、親切な働きをしてはならない、と彼は命じたのです。(6)そして、法令の中でもとくに次のものはまったく恥ずべきものであり、ことの外不法なもので、(7)あらゆる人間的感情を排除するものでした。それは、憐れみをかける者は憐れみをかけられた者と同じ罰を受け、人道的な奉仕をした者は足枷をつけられて獄に投げ込まれ、す(8)

でに罰を受けている者と同じ罰を与えられる、と定めていたのです。

第五十五章

一　このような内容のものがリキニウスの法令でした。[9] 結婚に関する法令の彼の改変や死者に関する法令の驚くべき適用などを数え上げる必要があるのでしょうか。彼は立派に思慮深く定められたローマ人の古来からの慣習法を大胆にも無効にし、それに代わるものとして、野蛮で未開な法を持ち込みました。彼は、臣下の者を陥れるために無数の口実を考え出しました。[10] たとえば彼は、過剰の税を取り立てたい貪欲から、[11] 土

(1) 以下の一節のみ、『教会史』第十巻八-一〇に該当するものが見られる。
(2)『教会史』前掲箇所では「各都市の兵士は、（キリスト教徒とそうでない者とに）選り分けられ」。
(3) ここでのダイモーンは複数形。
(4)『教会史』前掲箇所では「名誉ある地位」。
(5) キリスト教徒を指す。
(6) 以下の内容は、『教会史』第十巻八-一一に該当する。
(7)『教会史』前掲箇所では「法を定めたのです」。
(8)『教会史』前掲箇所では「ことの外厳しく」。
(9) 以下の話は、『教会史』第十巻八-一二以下を下敷きにしたもの。
(10) これに該当する語句は、『教会史』前掲箇所には見られない。
(11) これに該当する語句は、『教会史』前掲箇所には見られない。

地の再評価を思いつき、最小のものでも規模において大きいと見なされるとしたのです。(1)

二　たとえば、彼はまた、もはや領地には不在で、亡くなって埋葬されて久しい(2)者の納税台帳を作成し、ここから自分のために恥ずべき利得を得たのです。(3)彼の卑しさに際限はなく、その飽くなき貪欲に限界はなかったのです。(4)そのため彼は、すべての宝物殿を莫大な量の金銀や金子で満たしながら、窮乏を訴え出ました。(5)彼はその精神をタンタロス(6)の［卑しい］パトスでずたずたにされていたのです。

三　彼(7)はまた、何の悪事もしていない者を処罰するためにとんでもない方法(8)を考案しました。(9)財産を没収し、(10)貴人で著名な者を引いて行かせ、その正妻(11)を卑しい家僕(12)に与えて侮辱したのです。そして彼は、その肉体が寄る年波ですでに衰えていたにもかかわらず、多数の既婚の女性や未婚の処女を凌辱しました。(13)これらのことを詳述する必要はないでしょう。その晩年の常軌を逸した振る舞いに較べれば、初期のものなどは取るに足らぬ小さなものでした。

第五十六章

教会に向けられたリキニウスの狂気

一　さて、リキニウス(14)の狂気は、最後には、教会にたいして武器を執り、とくに自分と対立していると見てとった司教を攻撃し、神に愛された偉大な皇帝の友人を敵と見なしました。

二　その(15)ため、彼はとくにわたしたちへの怒りを先鋭化し、健全な判断力を喪失して(16)完全に気が狂ってしまいました。彼は自分よりも前にキリスト教徒を迫害した者や、その追い求めた悪しき所業のために彼自身が滅ぼしたり懲罰を加えたりした者、(17)そして、悪事の最初の首謀者――それが誰であれ――が、神によって送られた鞭で打たれているのを己の目で見て目撃者となった者(18)の記憶を、心の中に甦らせてみることはなかったのです。(19)

(1)これに該当する語句は、『教会史』前掲箇所には見られない。
(2)『教会史』前掲箇所では「(黄泉に)下って久しい」。
(3)『教会史』前掲箇所では「……に追徴金を課して私腹を肥やしたのです」。
(4)これに該当する語句は、『教会史』前掲箇所には見られない。
(5)『教会史』前掲箇所では「さまざまな機会に金銀を取り上げ」。
(6)タンタロスはフリュギアの王。
(7)『教会史』第十巻八-一三では「この人類を憎む男」。
(8)あるいは「野蛮な」。
(9)『教会史』前掲箇所では「追放し」。
(10)これに相当する語句は、『教会史』前掲箇所には見られない。
(11)『教会史』前掲箇所では「その正妻を(夫から)引き離し」。
(12)『教会史』前掲箇所では「一部の卑しい家僕」。
(13)『教会史』前掲箇所では「そして、この酔いどれの老いぼれ自身はと言えば、その魂の抑制のきかぬ劣情を多数の既婚の女性や未婚の処女たちで満たしたのです」。
(14)テクストにはない固有名詞を補う。
(15)以下は、『教会史』第十巻八-九を下敷きにしたもの。
(16)『教会史』前掲箇所のギリシア語は少しばかり異なる。
(17)その事例は『教会史』第九巻一一-六参照。
(18)これに該当する語句は、『教会史』前掲箇所には見られない。
(19)『教会史』前掲箇所では「眼前に思い起こしもしなかったのです」。

第五十七章

リキニウス、神の罰を受ける

一　この男が教会の包囲攻撃を開始し、己の魂を神を畏れる正しい者の血で汚した第一号となると、[1]神から遣わされた罰が彼を追いかけ、[2]その追求は、ほかならぬ彼の肉体にはじまり、魂にまで進みました。

二　というのも、突然、[3]彼の陰茎[4]の中ほどが化膿し、次にその奥に瘻孔の潰瘍が生じたからです。それは不治のもので、中央の内臓部まで冒して行きました。そこからは口で数え切れぬほど多くの蛆が発生し、死臭が発散したのです。そのばかでかい肉体全体は、大食が災いして[5]ぶよぶよの大きな脂の塊に変わり、それがそのとき腐乱し、近づいた者には耐えがたい身の毛のよだつ光景を供したと言われております。[6]

リキニウス、悔い改める

三　彼はかくも多くの悪を道連れに消滅しそうになったとき、遅ればせながらそのときに、[7]教会にたいする[8]残虐な行為を認めました。そこで彼は神に[9]自分の罪をはっきりと告白し、[10]キリスト教徒への迫害をやめ、法令と勅令によって、バシリカ様式の教会を建てるよう促し、[11]自分のために[12]なされていた慣習としての祈りを捧げるよう命じたのです。[13]

第五十八章

リキニウス、ガレリウスとマクシミヌスの運命を無視する

一　迫害を開始した者は[14]、このような罰を受けたのです。わたしたちが今ここで語っている人物リキニウ

(1) 以下は、『教会史』第八巻一六-三-四、第八巻一七-一を下敷きにしたもの。
(2) ここでは「罰」が擬人化されている。『教会史』では、「罰」や「復讐」などがしばしば擬人化される。なお、『教会史』第八巻一六-三でのギリシア語表現は少しばかり異なる。
(3) 以下の病状の進行についての記述は、伝聞の形式を取っているものの（「……と言われております」）、迫害する者の惨めな最期という文学形式に則って描写されたもので、真実性などあまりないであろう。「講釈師、見てきたような嘘を言い」のレベルのものと見るのが正しい。
(4) テクストでは「肉体の口にしてはならぬ部分」。
(5)『教会史』第八巻一六-四では、この後に「そして病気になる前から」が挿入されている。
(6) この語句は、『教会史』前掲箇所には見られない。
(7) この語句は、『教会史』第八巻一七-一には見られない。
(8)『教会史』前掲箇所では「神を畏れる者たちにたいする」。
(9)『教会史』前掲箇所では「全宇宙の神」。
(10)「はっきりと告白し」。『教会史』前掲箇所のギリシア語は少しばかり異なる。
(11)『教会史』前掲箇所では「ついで側近たちを呼び集めると、キリスト教徒への迫害を即刻やめ、皇帝の法令と勅令によって（キリスト教徒に）彼らの教会を建てるように促し」。
(12)『教会史』前掲箇所では「皇帝のために」。
(13)『教会史』前掲箇所のギリシア語は少しばかり異なる。
(14) 以下本巻五八-一-二は、『教会史』第八巻一四-一三-一四（マクシミヌス帝のもとでの迫害）にもとづく。この箇所はすでに三三-三六（マクセンティウス）とマクシミアヌス（四七-一）で使用されている。

ス[1]は、これらの出来事の目撃者であり、これらのことを経験から正確に知っておりましたが、それらすべてを完全に忘れてしまい、第一の者ガレリウス[2]に科せられた罰も、第二の者マクシミヌス[3]になされた正義の罰も想起はしなかったのです。

二　後者は、悪事の競技会において悪名を競うかのように、第一の者を凌駕しようと努力さえし、わたしたちにたいする新しい処罰方法の考案を誇ったのです。火や、鉄器具、釘打ちも、野獣や深い海に沈めることも彼を満足させるものではなく、彼は今やこれらすべてに加えて、新しい処罰方法を考案し、視覚器官[4]が破壊されねばならない、と定めたのです[5]。そこで男子ばかりでなく、子供や女たちの非常に多数が、その右目の視力や足の関節を鉄器具や鏝で傷つけられて、鉱山での強制労働に引き渡されたのです[6]。

三　これら[7]の悪事のために、しばらくすると、神の正義の裁き[8]がこの者を追尾しはじめました。彼は自分が神々と見なしたダイモーン[9]や、無数の武装兵に望みをかけて戦争[10]に行きました。彼は、神からの助けが得られぬと分かると、彼には似つかわしくない皇帝の飾りを剝ぎ取りました。臆病で女々しいことに、兵士の群れの中にこっそりと紛れ込み[11]、そして逃亡することで生き長らえようと画策したのです。彼は、野原や村々に身を潜めると[12]、家僕の服装をしました。そうすれば、発見されることはないと考えたのです。

四　しかし彼は、すべてを見ておられる摂理[13]の大きな眼を逃れることはできなかったのです。というのも、自分の命がこれからも無事であることを願ったまさにそのとき、彼は燃え盛る火の矢の一撃を食らって前のめりになると、その全身が神によって送られた火で焼き尽くされたからです。その外形はすべてそれまでの姿形をとどめるものではなく、ただ幽霊のように、骸骨と化した乾いた骨だけが彼のものとして残されました。

第五十九章

一　神の一撃がさらに厳しいものになったとき、その両目は飛び出しはじめ、ついには眼窩から落ち、彼を不具にしました。それこそは、彼が神の殉教者にたいして真っ先に考えついた処罰であり、彼は神のもっ

（1）テクストにはない固有名詞を補う。
（2）テクストにはない固有名詞を補う。ガレリウスの死は三一一年。
（3）テクストにはない固有名詞を補う。マクシミヌスの死は三一三年。
（4）テクストでは「光の感覚器官」。
（5）ここでのギリシア語は、法令によって「定めた」ことを示唆する。
（6）『教会史』第八巻一四-一三では「四肢を切断され焼かれること、目を突かれくり抜かれること、全身を不具にされること、さらに飢え、鉱山（での虐待）、足枷などを耐え忍び……」。
（7）以下の記述の中の語句の一部は、マクシミヌスの最期を記述する『教会史』第九巻一〇-一一-四に見られる。
（8）ここでは神の裁きが擬人化されているが、前出の正義（ディケー）が「正義の裁き」に改められている。
（9）ここでのダイモーンは複数形。
（10）この語句は、『教会史』第九巻一〇-一二に見られる。
（11）この語句は、『教会史』第九巻一〇-四に見られるが、ここでの「臆病で女々しいことに」は、「臆病で卑劣で女々しいことに」である。
（12）この語句は、『教会史』前掲箇所に見られる。
（13）ここでの摂理は、神と同義語。

とも正しい審判[1]によりその処罰を科せられたのです。かくも大きな災禍に息絶え絶えでしたが、ついには彼もまたキリスト教徒の神を認め、神を相手にした自分自身の戦いをやめたのです。彼もまた自分より前の者が行なったように、〔迫害の〕取り消しを命じ、文書化された法令や勅令でもって、神々と信じたものに関して自身の迷いを告白し、個人的な体験から、キリスト教徒の神のみを認めるに至ったと証ししたのです。

二　リキニウスは、これらのことを、他の者からの風聞からではなくて事実そのものから学んだのですが、その判断は、月明かりのない闇によって包まれたかのように、相変わらず同じ犯罪に執着していたのです。

(1) ここでの「審判」の原意は「票決」。

第二巻

第一章

リキニウスによる教会攻撃

一　さてこうして、この人物[1]は、神の敵対者[2]が潜む深い穴に真っ逆さまに落ちて行きました。彼は不信仰な者の破滅を己が目で見たのですが、自分自身の悪のために、この者たちの熱心を追い求めはじめ[3]、キリスト教徒にたいする迫害に、長い間消えていた火であるかのように、今一度点火し、不信仰の炎をそれまで以上に恐ろしい火へと煽り立てたのです。

二　恐ろしい[4]獣[5]か何かのように、あるいはとぐろを巻く蛇[6]のように、神を相手とする戦いの激情と脅しの息づかいをしながらも、彼はまだ[7]、コンスタンティヌスへの恐れから[8]、自分の配下の地にある神の教会を公然とは攻撃しておりませんでした。しかし、悪の毒液を隠し持っていて[9]、司教たちへの策略を秘かにかつ小出しに実行し[10]、そして、属州の統治者[11]の陰謀によって、司教たちの中のもっとも著名な者を取り除きはじめたのです。彼らを殺害する手口は、それまで一度も聞いて知られていたものではない[12]新手のものでした[13]。ポントス[14]のアマセア[15]での仕打ちは、どんな悪質な蛮行も及ばぬものでした。

第二章

一　そこでは、第一回の包囲攻撃につづいて、神の教会の一部はまたも上部から基礎まで破壊され、(16)一部

(1)あるいは「既述の人物」。
(2)あるいは「神を敵にして戦う者」。
(3)この語句は、律法への「熱心」をうたったゼーロータイへの批判を繰り替えしたヨセフスの『戦記』の記述を想起させる。
(4)以下第二巻一-二-三-二の内容は、『教会史』第十巻八-一四-九-三を下敷きにしたもの。
(5)リキニウスを指す。彼は、『教会史』第十巻九-三でも「恐ろしい獣」にたとえられている。
(6)このイメージは、第三巻三参照。
(7)これに該当する語句は、『教会史』前掲箇所には見られない。
(8)『教会史』前掲箇所では「上位の人(コンスタンティヌス)への恐れから」。
(9)これに該当する語句は、『教会史』前掲箇所では見当たらない。
(10)『教会史』前掲箇所では「またもや秘かに策略によって事を運び」。
(11)『教会史』第十巻八-一四では「知事」。
(12)『教会史』前掲箇所では「それまで一度も聞いていない」。
(13)『教会史』前掲箇所では「変わったものでした(クセノス・ティス・エーン)」。
(14)ギリシア語読みでもポントス。
(15)ギリシア語読みではアマセイア。『教会史』第十巻八-一五では「ポントスのアマセアや他の都市」。キャメロン(一三一頁)によれば、イリス河のほとりに建てられたこのアマセアの教会には、すでに二四〇年頃に司教がいた。
(16)同じ表現は、『教会史』第十巻八-一五にも見られる。

は地方知事によって閉鎖されました(1)。それは信者(2)が集まり、法的に許された奉仕を神に捧げたりしないようにするためでした(3)。この命令を下した者は、自分のためにこれら(4)がなされているとは考えず——彼は偽りの良心で勘ぐっていたのです——、わたしたちがこれらすべてを行ない、神に嘆願するのは、コンスタンティヌス(5)のためだと曲解しておりました。

二　追従を口にする彼の取り巻き(6)は、自分たちこそはこの不敬虔な男が喜ぶことをやっているのだと信じ込み、最大の敬意が払われている教会の指導者(7)に死罪を科し(8)、そのため何の悪事も働いていない者(9)が、何の口実もなしに、殺人犯のようにして引かれて行って罰せられたのです。そのとき一部の者は、先例のない死に方に耐えました。彼らの身体は剣で細かく切り裂かれ、そしてこの残忍で、どんな悲劇物語で聞く以上に(10)身の毛のよだつ罰(11)の後、魚の餌食として海の深みに投げ捨てられたのです。

三　この悲劇のために、敬神の念の篤い者は再び避難し、今一度野原が、今一度荒れ野が、神に奉仕する者(12)を受け入れたのです。暴君(13)はこうした仕方で目的を達成すると、次にすべての者を再び迫害することに思いをめぐらしはじめました。彼にはその目的を達成する権力があり、事を運ぶのに妨げとなるものは何一つなかったのです。もしご自分の民の擁護者であるお方(14)が、これらのことでご自分に奉仕するコンスタンティヌスを導かれながら(15)、これから起こる事態に先んじて、暗闇や闇夜の中からのように、大きな明るい光を照らさなかったならば(16)、それは即座に実行に移されていたでしょう。

第三章

コンスタンティヌス、戦闘の準備をはじめる

一　コンスタンティヌスは、上述の惨状の報告を聞くと、これ以上耐えうるものでないと判断し、考え抜

(1)テクストでは「地方知事は一部を閉鎖しました」。『教会史』前掲箇所では「彼らは一部を閉鎖しました」で、そこでの「彼ら」は特定されていない。

(2)テクストでは「(教会へ行くのを)慣習としている者たち」。

(3)『教会史』前掲箇所では「神への然るべき奉仕を行なったりさせないためでした」。

(4)『教会史』第十巻八-一六では「祈り」。

(5)『教会史』前掲箇所では「神が愛しておられる皇帝」。

(6)『教会史』第十巻八-一七では「知事たちの中の取り巻き」。

(7)『教会史』前掲箇所では「一部の監督」。

(8)あるいは「斬首にし」。斬首については、『教会史』第五巻二一-四参照。『教会史』前掲箇所では「犯罪人に加えるような罰を加え」。

(9)『教会史』前掲箇所のギリシア語は少しばかり異なる。

(10)これに該当する語句は、『教会史』前掲箇所には見当たらない。

(11)『教会史』前掲箇所では「光景」。

(12)『教会史』第十巻八-一八では「そして渓谷や山がクリスト ス(＝キリスト)に奉仕する者」。

(13)『教会史』前掲箇所では「この不敬虔な男」。

(14)あるいは「ご自分の民のために戦われるお方」。『教会史』第十巻八-一九では「ご自分に属する魂の擁護者である神」。

(15)『教会史』前掲箇所では、この語句の前に「御腕を高く掲げながら」の語句が来る。

(16)『教会史』前掲箇所では、この語句の前に「大きな明るい光」を修飾する「突然すべての人のために救いをもたらす」が来る。

いた結論に達しました。彼は、生来の人道主義から、弾圧されている者の保護[1]に決然[2]と乗り出されたのです。彼は、多くの人[3]を救うために、一人の男を取り除くことは敬虔で聖なる行為である、と判断されました。彼が己の人道主義を大いに発揮して、同情に値しないリキニウス[4]に憐れみをかけているかぎり、後者には何の反省もなかったのです。なぜならば、後者は悪の追求をやめることはけっしてなく、臣下の者への怒りをただ増し加えるだけだったからです。彼によって悪を働かれた者には、もはや何の救いの希望も残ってはいなかったのです。

二　皇帝は、これらのことを心に留めると、悲惨のどん底にいる者に救いの手を差し伸べようと躊躇なく決断されました。そのため彼は、軍団を武装させるために通常の準備を開始し、歩兵の全密集部隊と騎兵の一団を集めると、神へのよき希望のしるし[5]を先頭に彼らを率いたのです。

第四章

一　コンスタンティヌス[6]は、他のどんなときよりも、そのとき祈りが必要であることを確信しておられたので、神の祭司たちを同道させました。この者たちは魂のよき守護者として、自分と一緒にいて、自分の傍らにいなければならぬ、と彼は考えられました。

リキニウスが受けた託宣と進軍

二　それにたいして、暴虐を楯にしたリキニウスは[7]、神がともに働かれたので、まさにそのために[8]、敵にたいする勝利がコンスタンティヌスにもたらされたことや、上述の祭司たちが彼と一緒にいて、しかもつねに彼の傍らにいることや、救いのための受難のしるし[9]が彼や彼の全軍を導いていることなどを知った上でのことだと思われますが、これらすべてを笑うべきものであると見なし、それらを嘲笑し瀆神的な言葉で罵倒したのです。とはいえ、リキニウス自身は霊媒師[10]や占い師、エジプト人の薬の調合師[11]、魔術師、犠牲を使う占い師、そして彼が神々と考えた預言者たちを自分の傍らに置いたのです。そして彼は、神々と見なしたものを犠牲の捧げ物で宥めると、自分の遠征の結果がどのようなものになるかと尋ねてみたのです。

三　すると、この者たちはリキニウスに、すべての託宣を仰々しく麗々しく告げ、彼が遅滞なく敵に勝利

（1）テクストでは「攻撃回避」、あるいは「復讐」。
（2）テクストでは「断固たる決意と生来の人道主義を一つにすると」。
（3）テクストでは「人間の種族の多く」。
（4）テクストにはない固有名詞を補う。
（5）具体的には軍旗を指す（第二巻一-二八―三一参照）。
（6）テクストにはない固有名詞を補う。
（7）テクストにはない固有名詞を補う。次出のリキニウスも同じ。
（8）あるいは「それ以外の理由からではなくて」。
（9）前出「神へのよき希望のしるし」参照。
（10）この言葉はここでしか使用されていない。
（11）ここでの「薬」は「毒薬」を指す。

し戦争に打ち勝つ、と異口同音に約束したのです。鳥占い師(1)は、吉兆が鳥の飛翔の方向によって示されていると報告し、犠牲を使う占い師は、内臓の鼓動も同じような吉兆を示していることを明らかにしました。

四　そこでリキニウスは、このような偽りの約束で胸を膨らませると、大いなる自信をもって進軍し、皇帝との会戦に死力を尽くそうとしました。

第五章

開戦前のリキニウスの演説

一　会戦がはじまろうとしたとき、リキニウスは、自分の楯持ち(2)や腹心(3)の中のとくに選んだ者を、聖なる場所の一つと見なされている場所に召集しました。そこは水が流れ込んでいる薄暗い木立の杜でした。彼はそこに、神々であると考えたものの似姿を石で彫り、その石像を置いておりました。彼は灯心に火をつけ、いつもの犠牲を捧げると、次のような挨拶をしたと言われています。

二　「友人ならびに同志諸君、これらはわが父祖の神々である。われわれはこれらの神々に敬意を払っている。大昔の父祖から畏怖するために受け継いだからだ。われわれに立ち向かってくる戦列の指揮官は、父祖の慣習を破り、無神論者の見解に立っている。何を血迷ったか、氏素性の分からぬ外国の神を認め、己の軍隊をこの神の恥ずべきしるしで辱めている。彼はこの神を信頼し、武器を手にして進軍してくる。その第一の相手は、何よりも、われわれではなくて、彼が軽視した神々なのである。

三　ところで、今というこの時は、どちらが誤った見解を抱いているかを決定するであろう。それ[4]は、われわれが敬意を払っている神々と彼らが敬意を払っている神々[5]の間の審判者となろう。それは、当然のことながら、われわれを勝利者と宣言し、われわれの神々こそは真の救い主にして助け手であることを示すであろう。しかし、もしその正体やその出自の分からぬコンスタンティヌスの神が、われわれの軍勢――それは非常に多数で、多分、数の上では相手を圧倒している――を打ち破るならば、以後誰も、どの神を拝すべきか迷いはしまい。なぜなら、勝利した者の側へ寝返って、その者に勝利の賞品を捧げればいいからである。

四　もし今われわれが嘲笑している外国の神の方が優れているならば、われわれがその神を認め畏敬するのを、何ものにも妨害させない。われわれは蝋燭を空しく点火したことになるこれらの神々に決別を口にする。しかし、もしわれわれの神々が打ち勝てば――それは疑いないことであるが――、ここでの勝利の後には、神なき輩たち[6]にたいし戦いを挑もうではないか」。

---

(1) 鳥占い師は、鳥の飛翔する方向や鳴き声などから託宣する。
(2) あるいは「警護の者」。
(3) テクストでは「友人たちの中の受け入れられている者」。
(4) ここでの「それ」は、今という「時（カイロス）」を指す。
(5) テクストでは「他の側の神々」。ここでは単数形扱いで「他の側の神」とはされていない。
(6) あるいは「無神論者ども」。

五　リキニウスはそこにいた者にこう語りかけたのです。これらの言葉を実際に聞いた者が、それからしばらくすると、これを書いているわたしたちにこの情報をくれたのです[1]。彼は、以上のように語りかけると、自軍に会戦の行動を起こすよう命じました[2]。

第六章

開戦前に見られた幻

一　これらのことがなされているとき、言葉では形容できぬ幻がこの暴君の配下の町々で見られたそうです[3]。コンスタンティヌス麾下の武装兵から成る各種の部隊が、すでに戦闘に打ち勝ったかのように、白昼、町々の中を経巡っているのが見られたというのです。実際には何も起こっていなかったのですが、それらは見られたというのです。そのとき目撃された幻は、神懸かった圧倒的な力で、これから起こることを啓示したそうです。

戦端が開かれ、コンスタンティヌスが勝利する

二　この後、両軍が交戦しました。戦端を開いたのは、友好協定を破ったリキニウスでした[4]。そこでコンスタンティヌスは、全人類の上におられる救い主の神に寄り頼み、ご自分の武装兵士にそれを合い言葉として与えられました。彼は最初の戦闘部隊を打ち破り、ついで時を置かず、次の会戦でも優位に立ち、ついに

より大きな勝利を手にされたのです。救いのトロパイオンが彼につき従う密集部隊を率いたのです。

第七章

趨勢が明らかになると、敵兵の逃亡があり、優勢となった側の者が追跡しました。皇帝はこれを認めました。そして、もしどこかで自軍の部隊が困難に陥っていれば、そこにいる者に、勝利に導く一種の手段(5)として、救いのトロパイオンを傍らに置くように命じられました。するとただちに勝利がそれとともに与えられるのでした(6)。勇気と力が、神の定め(7)か何かと相俟って、奮戦している者を鼓舞したのです。

---

(1) エウセビオスを指す。第一巻二八‐一、第一巻三〇、第二巻八‐二参照。

(2) エウセビオスはここでの情報を、前掲箇所のリキニウスの演説の内容を直接それを聞いた者からだとしている。しかし、ここの関連箇所と見られる、『教会史』第十巻九ではそれへの言及はない。キャメロン(二三二頁)は、ここでのリキニウスの演説はエウセビオスの創作である可能性を指摘している。

(3) 「……そうです(ファシン)」。ここでは伝聞の形式を取っている。

(4) テクストにはない固有名詞を補う。

(5) 「手段(アレクシファルマコン)」。ここでのギリシア語は「解毒剤」を意味する。

(6) テクストでは「それと一緒に現われるのでした」。

(7) あるいは「神的なモイラ」。

第八章

一　そこで皇帝は、ご自分の楯持ちの中の、体力や、気力、敬神の念などでまさっている者に、軍旗への奉仕に一意専心するよう命じられました。この者たち(1)の数は五〇人を下回るものではなく、彼らの唯一の任務は、武器を手に、軍旗を取り囲んでそれを警護し、交代でそれを肩に乗せて運ぶことでした。

二　皇帝は、随分と後になって時間にゆとりができると、今これを書いているわたしたち(2)に直接これらのことを語り、その話に記憶に値する驚くべき出来事をつけ加えられたのです。

第九章

皇帝が語ってくれた軍旗にまつわる話

一　皇帝によれば、会戦中、兵士の一団が大きな衝突音を聞き混乱に陥りました(3)。そのとき、軍旗を肩に乗せて担いでいた兵士が混乱に陥り、それを別の兵士に手渡しました。戦闘から逃れようとしたのです。兵士がそれを受け取り、男が軍旗の保護外に踏み出るやいなや、飛来した槍が腹部を突き刺し、彼の命を奪ったのです。

二　男がそこに死体となって横たわり、臆病と忠誠の欠如の代価を支払っていたとき、救いのトロパイオンは、それを振ってみせた兵士には命の守護者となりました。槍はしばしばその担ぎ手に打ち込まれましたが、担ぎ手は救われたのです。トロパイオンを警護する者が投げ込まれる槍を受けたからです。それは尋常ではない奇蹟でした。[4]敵兵の槍は、［軍旗の］棒の至近距離に達すると、そこにしっかりと突き刺さり、担ぎ手は死なずにすんだのです。[5]あたかも、この奉仕にあたっている者には何も命中することができなかったかのようにです。

三 以上の話は、皇帝ご自身から直接聞いたもので、わたしたちの創作ではありません。彼はわたしたちのことを聞くと、[6]他の話に加えて、これをも報告されたのです。

四 皇帝は、神の権能により、[7]最初の戦闘での勝利を掴むと、[8]ついに前進を開始し、兵士の部隊を整然と動かされたのです。

---

(1) テクストでは「男たち」。
(2) エウセビオスを指す。
(3) テクストでは「大きな衝突音と混乱が兵士の一団を捉えました」。
(4) テクストでは「すべての向こう側にある」。
(5) テクストでは「死は担ぎ手を解放したのです」。
(6) 「エウセビオスから、彼が著作するということを聞く」の意。
(7) あるいは「神の軍隊」。
(8) 一部の学者は、ここでの戦闘は三一六年のキバラエ（Cibalae）での戦闘を指すものと考えるが、キャメロン（二三三頁）は、この戦闘が三二四年のクリソポリスでの会戦に言及する可能性をも否定しない。

第十章

会戦の様子

一　最前列の敵兵は、兵士の最初の攻撃に耐えることができず、武器を手から落とすと、皇帝の足下に降伏しました。彼は何の危害も加えずに彼ら全員を受け入れ、男たちの命が助かったことを［大いに］喜ばれました。

二　他の者は武器を捨てず、会戦しようとしました。皇帝は彼らに友好的な呼びかけをしましたが、それが受け入れられないと見ると、兵士に襲撃させました。すると敵兵は、即座に、背を向けて敗走したのです。そのさい、一部の者は捕らえられると、戦争の法により、殺害され、また一部の者は同士討ちをして己の剣で滅びました。

第十一章

コンスタンティヌスの寛大さ

一　敵兵の指揮官リキニウス(1)は、この事態に愕然としました。そして自分自身が自軍の兵士による支援のない丸裸の状態にされたことや、自分が召集した非常に多くの精兵や同盟軍の者が逃げ去ったこと、神々であると考えたものへ託した希望が、結局の所、空しいものであったことなどを認めると、まさにそのとき、この指揮官は屈辱の逃亡を余儀なくされたのです。[2] 彼は少数の者と一緒に逃げ、領地の内陸部を無事に横断しました。この逃亡者が無事安全を手にできるように、神に愛されたコンスタンティヌス[3]が配下の者に深追いをせぬよう命じておられたからです。というのも皇帝は、彼がどんな悪に手出しをしたかを認めるに至ったとき、彼がその狂人的な大胆不敵な態度を捨て、心を入れ替えて正気に立ち戻ることを期待されたからです。

二　皇帝は過剰な人道主義からこれらのことを思いつき、悪に目をつぶり、赦しに値しない者にそれを与えようとされたのです。ところが、後者は悪から手を引くどころか、悪の上に悪を積み重ね、より悪質な犯罪に手出しをしたのです。この者や古代の暴君について、「神は彼の心を頑なにされた」[4]と言われているとおりです。

(1) テクストにはない固有名詞を補う。
(2) この辺りの記述は、マクシミヌスの逃亡に触れる『教会史』第九巻一〇-六の記述に類似している。
(3) テクストにはない固有名詞を補う。
(4) 出エジプト記九-一二。ただしそこでは「神」ではなくて「主」。

第十二章

皇帝の祈りと嘆願

一　リキニウスがこのような悪事に関わりながら己を破滅の淵に追いやっていたとき、皇帝コンスタンティヌスは、二度目の遠征の準備の必要を認めると、ご自分の時間をご自分の救済者に捧げられました。彼は幕舎の外でそこから遠く離れた所に天幕を張ると、そこにおいて節度正しい清い日常を送り、神に祈りを捧げられたのです。それはちょうど、聖なる託宣が請け合うように、宿営の外に天幕を張った古代の神の預言者に似ておりました。そこでは信仰と敬神の念が皇帝のもとで証明されたごく少数の者だけが彼につき従いました。会戦のために出撃することがあれば、そのときの彼の所作は、通常、次のようなものでした。彼は安全を期して性急ではなく、すべてを神の意志に従って行動しようとされました。

二　彼はご自分の時間を捧げてご自分の神へ嘆願すれば、しばらくすると神から啓示を受けるのでした。すると彼は、神の霊に突き動かされたかのようになって、突然、天幕から飛び出し、ただちに部隊を動かし、遅滞なく剣を取るよう彼らに促されたのです。兵士は一団となって襲撃すると、敵兵を激しく打ちのめし、短時間で勝利し、敵を打ち負かした記念碑を立てるのでした。

第十二章

一　皇帝コンスタンティヌスは、(7) 出撃するさいには、こうしてご自分とご自身の兵士の一団を導くのを長い間の慣習とされました。彼はつねにご自身の神をご自分の前に置かれ、(8) すべての行動を神のご意志に適うように努め、多くの死傷者が出ぬよう腐心されたのです。

敵兵にたいする皇帝の寛大さ

二　そのため彼は、自軍の兵士ばかりか敵兵の身の安全にも心配りされました。そこで配下の者には、戦

(1) テクストにはない固有名詞を補う。
(2) テクストにはない固有名詞を補う。
(3) たとえば、出エジプト記三三-七―一一など。
(4) 出エジプト記三三-七に「モーセは自分の天幕を取ると、宿営の外の、宿営から遠く離れた所に張った」とある。エウセビオスはここでもコンスタンティヌスをモーセに擬らしている。モーセは、第一巻一二-一でも古代の預言者として言及されている。
(5) 出エジプト記三三-一一によれば、モーセの天幕で彼に奉仕したのはヌンの子ヨシュアであるが、ここではこの者たちの奉仕にヨシュアの奉仕がイメージされている。
(6) テクストでは「若者のようになって打ちのめし」。
(7) テクストにはない固有名詞を補う。
(8) あるいは「魂の前に」。

闘に打ち勝っても捕虜となった者の命を救ってやるように、彼らも同じ人間[1]であることを忘れぬようにと説かれたのです。そして武装兵の憤りが抑制のきかぬものであると見てとれば、金子を与えてその激情を抑えつけられました[2]。そのときは、敵兵の一人を生け捕りにした者には一定の金子が与えられる、と告げられました。この意表を突いた皇帝の理解が人びとの命を救う動機[3]となり、その結果、ほかならぬ蛮人の中の多数の者が救われたのです。皇帝が彼らの命を金子で買われたからです。

第十四章

一　皇帝は、他の機会にも、こうした行為やそれに類した行為を数え切れぬほど多く行なわれました。このときもまた、皇帝はいつものように、戦闘前に、ご自分のために天幕を張り、ご自分の時間を神への祈りに捧げておられました。皇帝は安逸で快適な生活をすべてご自分には無縁なものとして退け、断食と肉体の酷使で[4]ご自分を苦しめ、そうすることで祈りをともなった嘆願で神の好意を勝ち得たのです。彼はご自分の右側に神を助け手としてもち、神が彼の思いの中に入れていたものすべてを行なわれたのです。

二　こうして皇帝は、共通の益のために不眠不休の心遣いを示し、自軍の兵士だけではなく、敵兵の身の安全をも願われたのです[5]。

第十五章

リキニウス、和解の条件を求めるかのように装う

リキニウスは、そのときまで逃げ回っておりましたが、友好的な和解の条件をまたもや求めるかのように偽り装いました(6)。皇帝は彼にそれを与えようと準備さえされ、彼が生き延びるに有利な、またすべてに有利な協定の条件を申し出られたのです。この男は、この協定に積極的に応じるふりをし、誓いでその誠実さを確かなものにしてみせました。ところが彼は、またもや武装兵を秘かに集めはじめ、今一度戦争と戦闘を開始したのです。彼は同盟者である蛮人をかり集め、またそれまでの神々には欺かれたので、他の神々を探し求めました。彼はそのときまで神々について語っていたのですが、その記憶を心に留めおくことなどいっさいせず、またコンスタンティヌスの守護者である神(7)を進んで認めようともせず、愚かにも、これまで以上に多くの、そしてより珍奇な神々を熱心に探し求めたのです。

(1) テクストでは「同じ種族の人間」。
(2) テクストでは「この者たちに馬勒をつけられました」。
(3) テクストでは「餌」。
(4) 断食と肉体の酷使、すなわちアスケーシスは修道僧の行の一つであった。エウセビオスはここでコンスタンティヌスのイメージを修道僧のそれに高めようと腐心している。
(5) あるいは「祈られたのです」。
(6) テクストにはない固有名詞を補う。
(7) あるいは「コンスタンティヌスのために戦われる神」。

第十六章

リキニウス、戦端を切る

一　ついでリキニウス[1]は、コンスタンティヌスの軍隊がそれによって打ち勝つことを学んだ救いのトロパイオンに神懸かった隠された力がどんなに多く宿っているかを経験によって知ると、自分の武装兵に向かって、敵意からそれに向かって行くことなどけっしてしてはならず、不注意にそれに目をやってもならぬと説いたのです。なぜなら、その力は恐ろしく、彼にとって敵対的で戦闘的だったからです。彼らはそれとの会戦を避けねばならなかったのです。そして彼はこれらのことを命じた後、その人道主義のゆえに一歩退き、彼にたいしてその死を引き延ばしているコンスタンティヌス[2]との戦闘に打って出たのです。

二　こうして一方の側は、はなはだ数の多い神々を信頼し、命なき彫像や人間の像[3]に守られて、兵士の大軍勢[4]とともに進軍しました。他方、敬神の念を胸当てとしたコンスタンティヌス[5]は、救いをもたらし命を与えてくれるしるしを、恐怖心を呼び覚まし悪を寄せつけぬものとして、大勢の敵対者にたいして立てたのです。彼はしばらくの間は抑制し、はじめこそ控え目でした。ご自分が結んだ協定のために、最初に戦端を切るようなことはされなかったのです。

第十七章

コンスタンティヌス、勝利を収める

しかし、敵対者がすでに剣に手をやり頑迷であると見てとると、皇帝は激怒され、わずか一撃でもって敵の全軍を敗走させ、敵やダイモーン(6)にたいして勝利されました。

第十八章

ついで皇帝はこの神を憎むリキニウス(7)自身を、次には彼につき従っていた者を、戦争の法に従って裁き、それぞれに相応の罰を与えられました。この戦争で神に陰謀を企てた者は、暴君リキニウス(8)と一緒に、相応の罰を受けて滅びました。占い師が告げた希望でつい最近まで舞い上がっていた者は、事実上、コンスタン

(1)テクストにはない固有名詞を補う。
(2)テクストにはない固有名詞を補う。
(3)テクストでは「死すべき者の似姿」。
(4)テクストでは「兵士の一団の大軍勢」。
(5)テクストにはない固有名詞を補う。
(6)ここでのダイモーンは複数形。敵の神々、偶像を指す。
(7)テクストにはない固有名詞を補う。
(8)テクストにはない固有名詞を補う。

ティヌスの神を真の神として受け入れ、そのお方こそ真実の唯一の神であると認める、と告白したのです。

第十九章

勝利の祝祭

一　さて今や不敬虔な男たちが取り除かれたので[1]、太陽の光は、以後、暴君の専制支配を浄化しました。東方の諸民族が西方のそれに[2]融和され、ローマ人の支配下の全地が結び合わされたのです。その体全体は、首のように、全体を束ねる一つの統治体によって秩序づけられ、単独支配者の権威が隅々にまで行き渡りました。真の宗教の光の煌めきが、それまで「暗闇と死の陰に座している者たち[3]」に喜びで輝く日々をもたらしたのです。どこにおいてもすべての者が勝利者コンスタンティヌス[4]をほめ称え、救済者であるこのお方の神のみを知ると告白したので、もはやかつての悪事の記憶はなかったのです。

二　神を敬うあらゆる徳で傑出していた「勝利者なる皇帝[5]」――彼はこの称号をご自身のために、すべての敵対する者や敵にたいして神からご自分に与えられた勝利のゆえに、もっとも適切な呼び名として、ご自分のためにつくられたのです――は、東方を引き継がれました。彼は一なるローマ帝国を往時のように統合されたものとしてご自身の支配下に置かれ、神の単独支配を万人に宣言する最初の者となり、彼自身がローマ支配下にあるすべてのものの舵取りをされることになったのです[6]。

三　それまで[7]すべての者を苦しめていた悪の恐怖のいっさいが取り去られました[8]。すべての属州や都市の民衆は晴れやかに祝祭を執り行ない、(9) 以前は打ちしおれていた者も、喜びを満面に浮かべて互いに眺め合いました。(10) 彼らのうたう合唱や賛歌は、(11) まず何よりも先に諸王の王である神を、(12) ついで抑えることのできぬ声で、(13) 征服者コンスタンティヌスと、(14) 彼のもっとも有徳で神に愛されたカエサルたちをほめ称えたのです。(15) 往時の悪事は忘れ去られ、不敬虔な行為のいっさいは忘却の中に投げ捨てられました。現在のよきことが享受

---

(1)『教会史』第九巻一一-一に「さて、こうしてマクシミヌスが取り除かれると」とあるが、ここでの語句「取り除かれる」はここからのものであろう。

(2) テクストでは「他の半分に」。

(3) ルカ一-七九に「暗闇と死の陰に座している者たちを照らし……」とあり、イザヤ書九-一に「闇の中を歩む民は、大いなる光を見、死の陰の地に住む者の上に、光が輝いた」とある。

(4) テクストにはない固有名詞を補う。

(5) この称号は碑文の証拠により確認されている。Barnes, CE 77参照。

(6) キャメロン(二三六頁)によれば、エウセビオスはここで「一なる神の支配のモデルとして一なる皇帝」を見ようとしている。

(7) 以下の内容は、『教会史』第十巻九-七以下を下敷きにしたもの。

(8)『教会史』第十巻九-七では「そのため、それまで彼らを苦しめた者たちの恐怖はすべて人びとから取り去られました」。

(9)『教会史』前掲箇所では「そこで人びとは連日晴れやかな楽しい日を祝い」。

(10) この語句は、『教会史』前掲箇所に見られる。

(11)『教会史』前掲箇所では「人びとは町や地方でうたい踊り」。

(12)『教会史』前掲箇所では「まず何よりも諸王の王である神をほめ称えました。彼らはそうするように教えられていたのです」。

(13) この語句は、『教会史』前掲箇所では見られない。

(14) テクストにはない固有名詞を補う。

(15)『教会史』前掲箇所では「この敬虔な皇帝と神に愛されたその子息たちを」。

され、さらにこれから起こる繁栄が待望されたのです。(1)

第二十章

布告や法令の発行

一　それまで人の住む世界の他の半分を占める地域でそうであったように、わたしたちの間でも、皇帝の人類愛に満ちた布告(2)が発行されました。(3)神に向かって敬虔の香りを放つ法令(4)が、繁栄についてあらゆる約束をなし、(5)属州の諸地域の住民には有益で役立つものを与え、(6)神の教会にはそれに関連する措置を告げ知らせたのです。

二　これらの布告や法令(7)は、まず第一に、偶像礼拝を拒否したために属州の知事によって追放と流浪の刑に服していた者を祖国へ呼び戻し、次に、同じ理由から、市の参事会に登録されていた者(8)をその職務遂行から自由にし、また財産を取り上げられていた者にそれらを取り戻すように促しました。

三　神の大義のために、試練のときに忍耐心で傑出していて、強制労働のために鉱山に送り込まれていた者や、島流しの判決を受けた者、あるいは公的な仕事で奴隷のように働くことを強制された者は、それらすべてからの自由を完全に享受したのです。

四　皇帝の恩恵はまた、確固たる敬神の念のため軍隊内の地位を剝奪された者の不名誉を忘れることはなく、次の二つのどちらかを自由に選べるようにしました。すなわちそれは、彼らのものであったものを取り戻し、往時の地位に返り咲くか、もし彼らが私人としての生活に惹かれるならば、公共の奉仕仕事から恒久的に免除されるというものでした。

五　侮辱と不名誉のために、縫製工場(9)での労働という判決を下された者も、他の者と同様に、自由が与えられました。

第二十一章

皇帝の書簡は、以上のことを、これらのことを堪え忍ばねばならなかった者のために定めておりました。個人の私財に関しては、法令は明快に宣言しております。というのも、信仰告白をしてその最期を全うした

(1)『教会史』第十巻九-八にほとんど同一の語句が見られる。

(2) ここでの布告は複数形。

(3) ここで言及される布告や法令は、リキニウスの敗北と死後に発行されたもので、他方『教会史』第十巻で言及されているものは三一三―三一四年、三二四年に発行されたもの。

(4) ここでの法令は複数形。

(5)『教会史』第十巻九-八に「各地では勝利者である皇帝の人類愛に満ちた布告や寛容と真の敬虔を内包する法令が公布されました」とある。

(6) あるいは「恩恵として与え」。

(7) テクストでは「これら」。

(8) 資産家たちが市の参事職についたが、経済的な負担は非常に大きかった。

(9) あるいは「女性たちの仕事」。

神の聖なる殉教者の財産ですが、法令は[1]、近親の者がそれを引き継ぐ、しかしもし近親の者が一人もいなければ、教会がその相続物を受け取る、と命じていたからです。またこの恩恵の書簡は、売却や寄贈[2]によりかつて国庫から第三者に移された財産で、現在でもそこに残されているものは、その本来の所有者に返却される、と命じておりました。この伝達された恩恵の書簡は、かくも多くの恵みを神の教会に与えたのです。

第二十二章

皇帝はこれ以外にも、その寛大な精神から[3]、教会の外の民衆[4]やすべての属州に、数の上でこれらにまさる贈物をされました。これらの贈物のため、東方に住む者はみな[5]、かつて評判で聞き知っていたものがローマ帝国の西方の地域[6]でなされているのを見ると、その恩恵に与っている者を祝福し、自分たちもまた、いつの日か、同じ恩恵に与ることができるようにと祈っておりました。ところが今や彼らは、自分たち自身も祝福されていると見なすことができ、かくも偉大な皇帝が、太陽のもとにある世界にこれまでの歴史[7]がいまだかつて語ったことのないような革新的なもの[8]を、人類のために[9]、明るく照らし出してくれた、と告白したのです。彼らはそう感じたのです。

第二十三章

コンスタンティヌスの告白

一　いっさいのものが、救済者である神の権能により、皇帝のもとに置かれました。すると彼は、すべての者に、恩恵をご自分に与えてくれるお方を明らかにし、ご自分ではなくてそのお方を勝利の立役者と見なすと証しされたのです。そして彼は、まさにこのことを各地に送った書簡の中で、ラテン語とギリシア語の双方で、宣言されました。

二　人は、テクストそのものを見ることで、この宣言の素晴らしさを学ぶことでしょう。テクストは二つありました。一つは神の教会に宛てたもので、もう一つは各都市の教会の外にいる民衆に宛てて送られたも

(1) ここでの主語は明示されていない。「皇帝」を主語とすることも可能。

(2) あるいは「恩恵」。

(3) テクストでは「皇帝の寛大な精神は」。

(4) テクストでは「外の民衆」。ここでの「外」は「教会の外」を意味する。第四巻二四参照。

(5) テクストでは「わたしたちの側にいる者はみな」。ここでの「わたしたちの側」は「東方」を指す。

(6) テクストでは「他の半分の地域」。

(7) テクストでは「太陽が輝く全歴史」。

(8) 訳文はキャメロン（一〇三頁）から。テクストでは、「太陽の光線のもとにある歴史がいまだかつて語ったことのないような」。

(9) テクストでは「死すべき種族のために」。

のです。ここで後者を含めるのは、それが今扱っている主題に関連するようにわたしには思われるからです。この法令の実際のテクストが歴史の中で生き延び、わたしたちの後の世代の者のために保存され、人びとがわたしたちの話の真実性を信じてくれますように。

三　以下は、わたしたちのもとで保管されている皇帝の法令の真正な写しです。皇帝の直筆の署名が、一種の押印として、宣言の真実性を証しします。(1)

第二十四章

パレスチナの地方知事たちへ宛てたコンスタンティヌスの書簡

一　「勝利者(2)コンスタンティヌス・マクシムス・アウグストゥス(3)からパレスチナ(4)の地方知事たち(5)へ

キリスト教の至聖なる祭儀を正しく遵守する者は、それにたいして敵対的な態度を取り鼻先でせせら笑う者から区別される。その違いはあまりにも大きいが、そのことは至高者について正しい理性的な考えをもつ者には、これまではじめから明らかであり、どんな疑念をも差し挟むものではなかった。

二　そして今や、どんな疑念も愚かしく、偉大なる神の権能がどんなに大きなものであるかが、より明白な行為やより輝かしい成功により、これまで以上にはっきりと示された。至聖なる法(6)を心から畏怖し、その戒めのどれをも等閑にしない者にとって、その得るところの恵みは無限で、何かを企図しようとするときに与えられる力は最高で、よき希望をもってその結果を待ち受けた。他方、不信仰の判断に立つ者には、その選択にたいして、相応の結果がともなった。

三　もし恩恵の源泉である神を認めなかったり、相応の仕方でそのお方を畏怖しないならば、いったい誰が恩恵を手に入れることになるのだろうか。事実そのものが、予の言葉を確認してくれる。

第二十五章

もしその始元から今日まで連綿とつづいている時の中に理性的に入り込み、[7]歴史の中のすべての出来事を思慮深く観察するならば、人は次のことを知るであろう。すなわち、正義と廉直を己の行動の指針とした者

(1) エウセビオスはここで申し立てるように、皇帝の直筆の署名のある法令の写しをもっていたのか。この申し立てに異議を唱える研究者も少なくない。なお、本書には全部で一五の書簡や法令などの資料が引用されているが、以下がもっとも長いものである。

(2) コンスタンティヌスに冠せられるこの称号は、以下頻出する。一々は指摘しない。

(3)「マクシムス・アウグストゥス (Maximus Augustus)」。ギリシア語読みではメギストトス・セバストス。

(4) ギリシア語読みではパライスティネー。

(5) ここでの地方知事が複数形であるのは、この書簡が、エウセビオスの住むパレスチナのカエサリア（カイサレイア）の地方知事のもとにも送られてきたことが示唆される。

(6) キャメロン（二四〇―二四一頁）によれば、ここでの「至聖なる法」は、キリスト教徒の新約聖書かキリスト教を指すが、エウセビオスはここでラクタンティウスらにキリスト教著作家の語法 (lex divina) にしたがっている。

(7) テクストでは「駆け込み」。

は、その手がけた事でよい結果を出してきたばかりか、甘い根っ子からのように、甘美な果実を収穫してきた。しかし、不正な犯罪に手を染め、至高者にたいして思慮なき狂気をぶつけるか、人類(1)にたいして何一つ聖なる心配りをせず、流刑とか、恥辱、没収、殺戮、その他この種の犯罪を多く行ない、悔い改めることなどはけっしてせず、その心をよりよきものへ向けることもしない者は等しくその報いを受けてきた。これらの結果は、理不尽なものではなく、また理由なきものでもなかった。

第二十六章

一　真摯な目的から行動を起こし、至高者への畏怖の念を絶えず心に留め、そのお方への信仰を断固として守り、たとえ現下に恐怖や危険があっても、それを自分たちの将来の希望にのしかかるものとせず、たとえしばらくの間苦しみを経験したとしても、より大きな名誉が自分たちを待ち受けていると信じる者は、自分たちに見舞った不幸を深刻には受け止めず、そのなめた苦しみが大きければ大きいほど、手にした評判はそれだけ輝かしいものであった。

二　しかし、正義を軽んじたり至高者を認めなかった者や、そのお方を求める信仰の探求者に気まぐれな暴力を振るったり残虐な仕打ちをした者、そしてほかならぬ自分が、もっともらしい口実で彼らに仕打ちした張本人であることを認めようとしなかった破廉恥漢、至高者に畏怖心を抱きつづけた者が幸福で祝福されていたことを認めようとしなかった者、この者たちの兵士の多くは倒れ、多くは敗走に転じ、そして彼らの軍団の隊列全体が屈辱の敗北の中で崩れたのである。

第二十七章

一　このようなことが発端となって激しい内戦[2]が起こり、このようなことが発端となって破壊的な略奪が起こるのである。そしてそこから、一方では生活必需品の欠乏が起こり、他方では多くの災禍がすぐに発生する。そこからまた、かくも悪質な不敬虔の導き手は、恐ろしい破滅の災禍でその最後を迎えるか、屈辱の生を紡ぎ出し、それが死よりも厳しいことを知ったのである。彼らはその不正な行為に見合う罰を受けたのである。

二　それぞれの者がこうむった災禍は、その者がどの程度、聖なる法[3]にたいして戦いを挑むことができると判断した狂気に導かれたかを示すものである。そのため、彼らはこの世の生で苦しめられるばかりか、黄泉の世界[4]の罰[5]よりも恐ろしい恐怖を覚悟しなければならない。

(1) テクストでは「人間という種族」。
(2) あるいは「重武装の内戦」。
(3) キリスト教を指す。
(4) テクストでは「地の下」。
(5) 悪しき者が死後に受ける罰を指すが、それはギリシア的な観念である。ヨハネの黙示録二〇-一一-一五によれば、悪しき者は罰を受けるために死者から甦る。

第二十八章

一　そのようなかくも由々しい不信仰が人類を圧し潰し、共同体が一種の疫病のようなものによって完全な滅びの危機にさらされ、延命の治療がすぐにでも必要とされるとき、神(1)はどんな救済を思い描かれるのであろうか。災禍からどんな解放を思い描かれるのであろうか。そのお方(2)は、どこから見ても、神的なるお方と考えられる。それは唯一真に存在し、つねに不変の権能をもたれる。予は至高者から与えられた恩恵を告白するのに厳かな言葉を使う。もちろん、それは豪語するためではない。

二　そのお方は予の奉仕を調べ、それがご自身の意向に適うと判断された。そこで予は手始めに、ブリトン人(3)のもとにあるあの海と、自然の定めにより太陽(4)が没する地域(5)からはじめ、すべてのものを支配下においている恐怖を撃退し蹴散らしたので、予の下働きによって教えられた人類(6)は、もっとも畏怖すべき法(7)のための奉仕を回復させると同時に、至福の信仰が至高なるお方の手引きにより盛んになるであろう。

第二十九章

一　予は予が負うている恩恵を片時も忘れることはない。予はこの最高の奉仕が、予に恩恵として与えられた贈物だと信じたので、東方の地にまで進んだ(8)。そこはより深刻な災禍で圧し潰され、われわれからの癒しを叫び求めていた。同時に予は、予の命のすべて、予が吐く息のすべて、そして予の思いの奥深い所にあるもの、これらすべてを偉大なる神に負っていると固く信じている。

二　予はよく承知している。天における希望を誠実に追い求め、その希望を天に(9)しっかりと繋ぐ者は、人間の依怙贔屓《えこひいき》に寄り頼むことをしない。彼らはこの地上のより劣った悪しきものから己を分かったが、それに応じて、大きな名誉を享受したのである。

三　それにもかかわらず、予は、彼らにしばしば強いられた拘禁や不当な拷問を、何の罪も犯罪も犯していない者からできるだけ遠ざけてやることが、予の責務であると考えている。もし、(10)神に奉仕をしているということでこれらの者を迫害しようと躍起になっている者のもとで、彼らの魂が忍耐強く揺るぎないものであることが十分に認められ、他方、神のしもべのもとで、彼らの栄光がより輝かしいより祝福された所にまで高められていないのであれば、それはまったく馬鹿げたことになろう。

---

(1) あるいは「神的なもの」。
(2) テクストでは「それは」。
(3) ギリシア語読みではブレッタノイ。
(4) テクストでは「よりよい必然によって」。
(5) テクストでは「太陽の没することが定められている」。
(6) テクストでは「人類という種族」。
(7) キリスト教を指す。
(8) テクストの時制は歴史的現在。
(9) テクストでは「神の領域に」。
(10) テクストでは中性形の「神的なるもの」。

第三十章

一　ところで、自分たちの祖国を流刑と引き換えにした者であるが、彼らはみな、神への信仰を蔑ろにせず、そのお方のために己を全身全霊で聖化していたため、それぞれ異なる時期に、裁判官の厳しい判決に服したのである。また参事会の名簿[2]に含まれている者であるが、以前その中に数えられていなかった者もいる。それゆえ、この者たちは、祖国やそれまでの休息が回復されるので、全人類の解放者である神[1]に感謝の捧げ物を携えるがよい。

二　また、財産を奪われた者であるが、彼らは全財産の喪失に衝撃を受けたまま、悲惨な状況の中で今日まで暮らしてきた。彼らにはかつての家屋や相続権、財産などが返却される。至高なるお方の好意を心ゆくまで享受するがよい。

第三十一章

一　さらに、その意思に反し島々に留め置かれている者であるが、予らは彼らがここでの配慮を享受するよう命じる。彼らは、たとえ近づくのが困難な土地や、周囲を海に囲まれた土地に閉じ込められていても、陰鬱で人気のない荒れ野から自由にされ、祈り求めていた願いを満たして最愛の祖国へ戻るであろう。

二　この者たちは、長期にわたり、不潔な環境の中に身を置き困窮の生活を送ってきた。そこで彼らは、帰国の機会を掴んだ以上、将来の不安から解き放たれる。われわれは神に仕える者であると申し立て、予自身そうであると信じているが、もし彼らが予らのもとで恐怖のもとで暮らしていると噂されるならば、それはまったく馬鹿げたこととなろう。誰もそんなことを信じないように。他の者たちがなした悪事(3)を正すこと(4)、これが予らの習慣である。

第三十二章

一　また、鉱山での劣悪な条件下での労働や、公共の仕事のために下働きを強要されていた者であるが、彼らは、終わりなき過酷な労働と引き換えに甘美な休息を得、これからは落ち着いた人間らしい(5)生活を送り、その労働の途方もない不快を穏やかな憩いへと変えるであろう(6)。

二　もし、市民に保証された自由な発言権を奪われ、不名誉を被った者がおれば、その者は、長期の流刑

(1)あるいは「神的なもの」。
(2)第二巻二〇-二参照。
(3)あるいは「異民族」。
(4)あるいは「罪」。
(5)テクストでは「威厳をもって」「(人間としての)尊厳をもって」。
(6)テクストでは「溶融したのである」。

で故国から引き離されていたので、相応の喜びをもって、往時の地位を再び手にして速やかに祖国に帰国する。

第三十三章

さらには、かつて軍団の高い地位に就いていたが、無慈悲で不当な口実でその地位を外された者であるが——彼らは至高者を認めると告白し、そのお方を自分たちの地位よりも尊いものにした——、その者の意志は尊重され、もし軍務を好むのであれば、それまでの地位に留まり、そうでなければ、名誉ある退役の後、自由な休息を享受する。というのも、焦眉の危険を前にしてかくも大胆に決然とした態度を示した者が、そう望めば、休息か名誉を選択してそれを享受するのは適切で、当然のことだからである。

第三十四章

一　さらにまた、そのよき出生にもかかわらず、(1)その高貴な地位を力によって奪われ、裁判官の決定に服し、たとえば、女たちの出入りする地区(2)や亜麻布の織り物工場に送り込まれて、普通ではない悲惨な労働に耐えた者や、国庫づきの奴隷と見なされた者であるが、この者たちは、それまで享受していた諸種の栄誉や自由のよき恵みを享受することになる。彼らは相応の地位を要求し、以後完全な幸せの中で暮らすがよい。

二　無法で非人間的であると思われる狂気により、自由ではなく隷従を強要された者や、その不慣れな仕事をしばしば嘆いた者、ある日突然自分が自由人(3)ではなくて家僕であることを知った者であるが、この者たちは、予らの法令(4)により、往時の自由を手にし、先祖代々の地位が回復され(5)、それまで行なっていた不適切な家僕の仕事を記憶から消し去り、自由人にふさわしい働きに従事するがよい。

第三十五章

一　各人がさまざまな口実で奪われた財産の返還問題は軽んじられてはならない。最高の神々しい殉教(6)の試練を怯むことなく決然と受けているときにその私財を奪われた者、聖証者(7)として立ちつつ己のために永遠の希望を準備した者、信仰を蔑視せず迫害する者に屈しなかったために流刑(8)を強要され私財を奪われた者、そして死罪に定められたのでもないのに私財の剝奪の憂き目にあった者であるが、予らは、この者たちの相続物が一族の者に帰属すると定める。

（1）テクストでは「かつての（よき）生まれも彼らにとって何の役にも立たず」。
（2）具体的にどこを指すのかは不明。
（3）テクストでは「自由人の種族」。
（4）あるいは「命令」。
（5）テクストでは「自身を先祖のもとへ戻してやり」。
（6）あるいは「証し」。
（7）あるいは「告白者たち」。迫害下にあってキリストを証しした者を指す。
（8）あるいは「（他国に）住むこと」。

二　法令は親族の中のより近い者と明白に規定しているので、相続物の帰属先を決めるのは容易である。そしてまた、その死が自然死であれば、より近親の者が正当な相続人になる。

第三十六章

しかし、もし、上述の者、すなわち殉教者や、聖証者、またもっともらしい口実で移動させられ、しかる後流刑された者の中で、正当な相続人となる近親者が一人も残っていなければ、それぞれの土地の教会をつねにその相続物の受取人とするがよい。もしそのために彼らが労苦を惜しまなかった教会がこの受取人となるのであれば、それは祖国を離れている者にとってもけっして由々しきことではないであろう。これには次のことをもつけ加えねばならない。すなわち、もし上述の者の中に私財の一部をその望む者に遺贈する者がいるなら、その第一の所有権者が彼らとなるのは言をまたない。

第三十七章

一　この法令に曖昧な箇所は一つとしてなく、誰もが何が合法的であるかを容易に知ることができるように、すべての者に次のことを公知する。もし、上述の者の土地や、家屋や、果樹園、あるいはその他何かを所有している者がおれば、その者はそれを告げ可及的速やかに返還する。それは正しいことであり、彼らのためになることである。

二　というのも、多くの場合、一部の者が[1]不法な所持により大きな利得を得ているように見え、予らがこの者たちの口実を受け入れ難いと判断しても、それにもかかわらず、もし彼らが何をどこで、どれほど集めたかを進んで認めれば、彼らに嘆願させ、この罪の赦しを予らから得させるがよい。その貪欲な精神がこのような矯正手段によって癒され、また同時に、至高なる神が、これを後悔のようなものと認めて、犯された罪にたいして寛大であられるためである。

第三十八章

というのも、そのような財産の現在の所有者——もしこの呼称を彼らに適用することが適切であるか、可能であれば——とされている者は、多分、弁明のために、すべての恐怖の光景が多様であったとき、すなわち、残虐な仕方で追放されたり、情け容赦のない仕方で滅ぼされたり、無差別に追い立てられたり、何の理由もない者の財産没収が頻繁になされたり、迫害が飽くことなくつづいたり、財産が売り飛ばされたりするような状況では、拒否することなどできなかった、と申し立てるであろう。しかし、もし一部の者がそのような弁明の言葉に寄り頼み、けっして満たされることなき企てに執着するならば、彼らは、この種のことは

(1) テクストでは「彼らのうちの一部の者が」。

自分たちにとって処罰されないですむものでないことを知るであろう、とくにわれわれの熱意(1)が至高者への奉仕にあるときには。恐怖の必然(2)がかつて受け取るよう強要したものを、今所有するのは危険である。以上とは別に、[人間の]飽くことなき欲望をあらゆる仕方で、議論や手本で、小さなものにする必要がある。

第三十九章

しかし国庫は、たとえ上記の物件のどれかを所有していても、その所有権を現認することは許されない。聖なる教会にたいして敢えて申し立てしなかった類のもの、たとえば、しばらくの間不正に所有していたものは正当にも教会に戻される。そして正しくも教会に帰属するように見えるものはすべて、その物件が家屋であれ、田畑や果樹園であれ、その他何であれ、所有権者として何の制限もなしに、すべてが旧状のままで、この予らの法令により回復される。(3)

第四十章

さらに、殉教者の亡骸によって敬意が払われていて、栄えある[天への]出立の記念碑の立つ場所であるが、それらが教会に帰属することを誰が疑ってかかるであろうか。また誰がそう命じないであろうか。このようなことに関して神の同意の下に積極的な措置が講じられる。これ以上素晴らしい贈物はなく、これ以上に喜ばしく多くの益ある労苦も他にはない。不正義で邪悪な者の悪しき口実で取り上げられた物件は、正しくも罪なき教会に戻され維持される。

第四十一章

しかし、すべての場合を想定する法令の条項は、国庫から合法的な購入手続きにより何かを買い入れた者や、贈与によりそれを所有している者についても、何も語らないですますことはしない。その飽くことなき欲望の触手をそのようなものにまで伸ばしている者は、以下のことを知るがよい。そのような者は、購入したもののために、彼らへの予らの好意(4)を遠ざけようとするかもしれないが、可能かつ適切な仕方で、それを享受できないわけではない、と。以上の条項は、これで十分とする。

---

(1) あるいは「われわれの側からのもの」「われわれの側から発露されるもの」。

(2) あるいは、受け入れなければ破滅がもたらされるという意味で「破壊的な必然」。ここでの「必然」は擬人化されている。なお、この後でも「強要した(スネーナグカゼ)」、「必要である(アナンカイオン)」に、この語と関連する単語が使用されている。

(3) テクストでは「回復されることを、予らは命じた」。

(4) あるいは「博愛(主義)」。

第四十二章

しかし、数々の明白で説得力のある証拠は、全能なる神の力と、予のためになされるのが適切であるとされた助言や支援とにより、それまで全人類を押さえつけていた暴虐が、太陽の下にあるすべての土地から取り除かれたことを示しているので、汝ら一人ひとりは、新たに打ち立てられた権威が何なのか、何が恵みあるのかをじっくりとよく観察してみるがよい。それは、言うなれば、もっとも邪悪でもっとも厄介な者の種を取り除き、そして破壊したのである。それは今一度取り戻された善なる者の幸福を全地に惜しげもなく拡散させる。それは今一度、神の法(1)それ自体に、どこまでも敬虔な気持ちで日々の奉仕を行ない、また己を聖化した者にその儀式を執り行なう全権限を与える。もし彼らが、言うなれば、深い闇の中から見上げて、現在の新たな体制を認識するならば、彼らは以後、そのお方に向かって適切な宗教的な奉仕とそれにふさわしい敬意を示すであろう。

以上は、予らの支配する東方の地域でも公知されるようにするがよい(3)」。

第四十三章

法令の実行

以上は、わたしたちのもとへ送られた皇帝の最初の書簡が命じたものです。法令の中で言及された条項は、ただちに実行に移されました。少しばかり前まで暴君の残虐によってなされていた犯罪からの完全な転換が許られ、これらが自分たちのために定められた者は、皇帝の恩恵を享受したのです。

第四十四章

皇帝の取ったさらなる措置

皇帝は、これらのことからさらに立ち入り実際的な措置を取られました。彼はいくつもに分けられた属州

---

(1) あるいは「徳」。

(2) キリスト教を指す。

(3) ここまでは書簡として引用されてきたが（冒頭の言葉を見よ）、キャメロン（一三九頁）は、この結語が「法令」の形式を踏んでいると指摘するT・バーンズの見解を紹介している。

の諸民族[1]のもとへ統治者を、大半の者を救いの信仰のために清めて、送り込まれました。彼は、異教主義をよしとしていた者[2]に、犠牲を捧げるのを禁じられました。同じ法令が属州統治の高位にある者や、知事の権限をもつ最高位の者にも適用されました。彼らがキリスト教徒であれば、彼はその呼称を公けの場で使うことを許されました。違う立場にある者には、偶像を礼拝しないようにと命じられました。

第四十五章

二つの法令の発行

一　次に、二つの法令が同時に発行されました。[3]一つは都市や地方で長い間行なわれてきた偶像崇拝の汚れを清めるためのものでした。清めれば、大胆になって木像を立てたり、占いやその他のいかさまに手を染めたり、また犠牲一般を捧げる者がいなくなるからでした。もう一つは、祈りの家の建造物を建てることや、神の教会の拡張[4]に関するものでした。多神教の狂気の障害が取り除かれた以上、ほとんどすべての人間が神に立ち戻るかのようでした。

二　皇帝がこのようなことを考え、各地の指導者たちに書き送っていたことは、神に関する彼の聖なる法令によって示されました。法令は、金子の出費を惜しんではならぬとしましたが、実際の諸費用は皇帝の基金から賄われました。[5]皇帝は、この最初の書簡をわたしに個人的に送った後、各地の教会の責任者にもこれと同じような書簡を書き送られたのです。

第四十六章

エウセビオスへ宛てたコンスタンティヌスの書簡

一　「勝利者コンスタンティヌス・マクシムス・アウグストゥスからエウセビオスへ

親愛なる兄弟よ、予は今日まで、不敬神な思いと暴虐が救い主なる神[6]に奉仕する者を迫害してきたと信じている。そして予はまた、すべての教会の建造物が手入れなきため朽ちるか、時の不正義への恐怖から、受けるべき本来の心遣いを十分に受けないできた、と確信するに至っている。

(1) キャメロン（二四三頁）によれば、諸民族は行政単位に「分断」されていた。

(2) ここで使用されている「異教主義（ヘレニゼイン）」は、本来は、「ギリシア化する」「ギリシア語を話す」の意で用いられていたが、四世紀以降、それはキリスト教徒により「異教主義を実践する」「異教徒である」の意で使用されるようになった。

(3) ここで言及されている「二つの法令」は現存しない。したがって、以下に書かれているものの内容の真実性を検証することはできない。

(4) テクストでは「横幅と奥行きを増すこと」。

(5) 諸費用が皇帝の基金から賄われたが、その例は、第三巻二九参照。

(6) あるいは「神の（子の）救い主」。

二　しかし今、自由が回復され、偉大なる神の摂理とわれわれの奉仕によってあの竜(1)が公共の行政府から追い出されたので、予は、神の権能がすべての者に明らかにされたと見なし、また恐怖や信仰心の欠如から罪の中に陥り、『あってあるお方(2)』を認めるに至った者は、真の正しい生活の秩序に至ると考える。

三　それゆえ、汝自身が教会の責任を負っている所では、また他の司教や長老、あるいは助祭がその地の教会の責任を負っていることを汝が承知している所では、汝は教会の仕事を熱心に行なうよう督励するがよい。現存のものを再興するか、より大きなものにすることによって、また必要ならば新たに建てることによって。汝自身や汝を介した他の者は、統治者や知事職にある者から必要なものを求めるがよい。というのも、これらは、汝の『聖性(3)』によって提案されるものに熱意をもって協力するために指示されたものだからである。

親愛なる兄弟よ、神が汝を守られるように」。

四　以上は、各属州の教会の責任者に宛てた書簡の内容でした。属州の統治者は、これに従って行動することが命じられ、そのための法整備が大至急なされたのです。

第四十七章

神々の礼拝に反対する書簡

一　皇帝は神への敬虔の実践をさらに押し進め、各属州の属州民にたいし、ご自分より前の権力者による偶像崇拝の迷妄を峻拒する教えを送られました。彼は支配される者が万物の上におられる神ご自身を認め、彼の信じるキリストを救い主としてはっきりと受け入れることは、(4) 理により適っていると説かれました。

二　皇帝の署名入りのこの文書は、ラテン語から翻訳されたものです。本書でそれを引くことは必要なことです。全人類に聞いてもらうために以下のことを宣言される皇帝ご自身の声を、わたしたちが聞いているような気になれるからです。

(1) リキニウスを指す。第一巻二章、第三巻三―一参照。なお、この竜にはヨハネ黙示録に登場する竜が重ねられているであろう。
(2) 神を指す。出エジプト記三―一四参照。
(3) これは一種の呼称。
(4) テクストでは「登録すること」。

第四十八章

属州民へ宛てたコンスタンティヌスの書簡

一　「勝利者コンスタンティヌス・マクシムス・アウグストゥスから東方の属州民へ(1)

自然の至高の法のもとで認識されるものはすべて、すべての者に、神的な秩序における摂理と配慮の十分な証拠を供してくれる。健全な理性と視覚による正しい把握こそは、真の徳がもつ単独の推進力に突き動かされて、神の知識へと高められるが、その思いが、知識のまっすぐな道を歩みその到達に向けられている者は、そのことに何の疑念も抱かない。したがって、賢い人間であれば、大勢の者がそれとは反対の立場に惹かれるのを見ても、動揺することはけっしてない。

二　というのも、徳のもたらす恵みは、もし悪が、それとは反対に、歪んだ狂気をぶつけてこなければ、気づかれないで終わる。そのため、冠が徳のために約束されているのである。そして裁きはいと高き神によってなされる。予は、予の希望が何であるかを汝ら全員に、可能なかぎり明確に宣べ伝える。

第四十九章

一　予は歴代の最高主権者を、その獣のような性格ゆえに、非常に残酷であったと見なしている。予の父コンスタンティウスだけは(2)、穏健な働きをなし、自身の行為すべてにおいて、素晴らしい敬虔な心で救い主なる神を呼び求めたのである。

二　しかし、他の者はすべて精神を病んでいて、穏健よりも獣性を身につけていた。彼らは増長し、自分たち自身の益のために真の教え(3)を歪めた。彼らの恐るべき邪悪は極限に達したので、宗教上の事柄と世俗の事柄(4)が順調に行なわれていたとき、内戦の火が再び彼らによって放たれたのである。

第五十章

そのときアポロンは、天からではなくて、ある洞穴か、薄暗い奥まった所から、地上の正しい者が彼が真実を語るのを妨害したため、三脚の台(5)から偽りの託宣をなした、と宣言したと言われている。それゆえ、これは祭司職にある彼が、長い髪の毛を下に垂らし、狂気に駆り立てられながら、人類の中の悪として嘆いたものなのである。しかしわれわれは、これがどんな結末に立ち至ったかを見てみよう(6)。

(1) テクストでは「至高の法でもって取り囲まれている」「至高の法によって抱かれている」(キャメロン、一一一頁)。
(2) テクストにはない固有名詞を補う。
(3) あるいは「ロゴス」。
(4) テクストでは「神的な事柄と人間的な事柄」。
(5) これはアポロン神殿の犠牲を捧げるための青銅の三脚台を指す。
(6) 異教の託宣のいかさまについては、第二巻四－五、五四参照。

第五十一章

一　いと高き神よ、予は今あなたを呼び求めます。予がまだ少年であったとき[1]、予はそのとき、時のローマの最高主権者[2]の中で第一位の地位を保持していたディオクレティアヌスが[3]——その者は臆病者だった、まことに臆病者だった——、その精神を迷妄によって騙されて、自分の警護兵に向かって、「地上で正しい者たちは誰なのか？」と盛んに問い立てるのを耳にした。すると宮廷の犠牲祭司[4]の一人が答えて、「多分、キリスト教徒たちです」と言ったのである。

二　彼はその答えを蜂蜜の一滴のようにして飲みほすと、犯罪の処罰のための剣を罪なき聖徒[5]に向けた。彼は、遅滞なく、殺戮の勅令を書いた。あたかも殺人で汚された剣の先でもってかのようにである。そして、行政官に、新しい拷問の考案にその生来の才を発揮するように促したのである。

第五十二章

実際そのとき、畏怖の念をもって神を礼拝する者[6]は、執拗な残虐さで科せられた常軌を逸した傲慢に連日耐え抜いたが、人はその力を見ることができたのである。かつていかなる敵も傷つけることがなかった貞節が、すぐに怒り狂う市民の酔いどれの暴力のための玩具となった。どんな火刑が、どんな尋問が、どんな拷問が、男女や年齢に関係なく、すべての者に科せられなかったというのか。そのとき大地ははっきりと涙し、すべてを包含する宇宙は血で汚されことを泣き、その日は、その光景を悲しんで顔を隠したのである。

第五十三章

しかし、これらの結果は何か。当時われわれのもとから逃げ出した者を秘かに受け入れ、彼らを人間的に保護した蛮人は、今、これらのことを誇りにしている。というのも、蛮人は彼らに安全ばかりか、無事安全に彼らの宗教を実践する機会を与えたからである。そして今ローマ人(7)は、当時ローマ世界から追い立てられ、

---

(1) ここではコンスタンティヌスは「少年（パイス）」として言及されている。以下に見る迫害の再開への言及により、この時期は三〇三年と特定される。なお、ここでの「少年」時代への言及により、その誕生はしばしば二八〇年代とされるが、キャメロン（二四五−二四六頁）は、若さの強調と短期間のうちに皇帝の地位に上り詰めたことの強調はコンスタンティヌスにとって有利なものであり、したがってここに恣意的な操作がある可能性を示唆する。

(2) ここでの最高主権者は複数形。東方には正帝としてディオクレティアヌス帝、副帝としてガレリウス帝が、西方には正帝としてマクシミアヌス帝が、副帝としてコンスタンティウス帝がいた。

(3) テクストにはない固有名詞を補う。

(4) 「犠牲祭司（テュエポロス）」。ここでのギリシア語は異教の祭司が宮廷にいたことを示唆する。

(5) テクストでは「罪なき聖性」。ここでは「聖性」が擬人化されている。

(6) テクストでは「神礼拝のあの畏怖の念」。

(7) テクストでは「ローマ人の種族」。

蛮人のもとへ難を逃れたキリスト教徒によってこのぬぐい去れない汚れを帯びている。

第五十四章

しかし、なぜ予がこれ以上、これらの悲しみやこの全世界の悲嘆を語らねばならぬのか。あの者たち、アケローン[1]の穴[2]での永続的な処罰をもっぱらとしていた、忌むべきものの実行犯は、恥ずべき最期を遂げて消え失せた。彼らは内戦に関わり、自分たちの名前も種族も残すことはなかった。もしピュティア[3]の神託のいかさまの予言が彼らにたいして偽りの力を発揮しなかったならば、こんな災禍は彼らに起こらなかったであろう。

第五十五章

一　至高なる神よ、予は今あなたに嘆願いたします。あなたがオリエントの人びと[4]や、長期にわたる災禍で打ち砕かれたあなたのすべての属州民にたいして、慈悲深くあって下さい。そして、あなたのしもべ[5]である予を介して癒して下さい。おお、万物の主よ、聖なる神よ、予のこの嘆願は不当なものではありません。なぜなら、予はあなたのお導きにより、救いのための働きに着手し、それを達成したからです。予は、どこであれ、あなたのしるし[6]を楯として、勝利の軍勢を率いました。一般市民がどこで何を求めようと、予は、あなたの力のしるし(7)に従い、敵に向かって進軍いたします。
二　このため予はあなたに、愛(8)と畏怖が純粋にない交ぜになった予の魂を捧げます。というのも、予はあなたの名前を心底愛し、あなたが多くの証拠(9)で予に示されたあなたの権能を恐れ、予の信仰を揺るぎないものにするからです。それゆえ予は、これらの汚れた不信仰な者が愚かにも破壊し傷つけたあなたの至聖なる家(10)を建て直すために、予の双肩を仕事に差し出し、奮励努力いたします。

（1）ホメロス『オデュッセイア』第十歌五一五によれば、アケローンは「ハーデースのかびくさい館」（高津春繁訳）の川で、ギリシア人たちは刑罰の科せられる場所としてイメージした。次註参照。
（2）ここでの「穴（パラトロン）」は複数形。バラトロンはアテーナイのアクロポリスの背後にあった、亀裂の入った穴を指し、そこには犯罪人が投げ込まれた。
（3）ギリシア語読みでもピュティア。
（4）あるいは「アナトリアびと」。
（5）モーセは自分自身を「神のしもべ」としているが（第一巻一二－一、二九－一）、コンスタンティヌスが自分自身をモーセに比したとは思われない。もし彼が実際「神のしもべ」であるという意識をもったならば、エウセビオスにとっては彼をモーセに比したくなる要素の一つとなったであろう。
（6）ここでの「しるし（スフラギス）」は、キリスト教の洗礼を指して使われる術語であるが、それはまたそのときに使用される十字架のしるしをも指す。
（7）キャメロン（二四六頁）によれば、ここでの「しるし（シュンテーマ）」は、十字架を介してなされる神の救いの働きに言及するものである。
（8）ここでの愛のギリシア語はエロース。
（9）戦闘での勝利を指す。
（10）普遍的な教会を指す。

第五十六章

一　世界と全人類の公益のために、予はあなたの民が平安のうちに、争いなく暮らせるよう嘆願いたします。過誤を犯している者も、信仰をもつ者と同じく、平和と静謐の益を喜んで受け入れるようにさせて下さい。なぜなら、この甘美な交わり(1)は彼らをも矯正し、彼らを正しい道に連れて行くのに力になってくれるからです。誰も他の者を苦しめたりすることのないように。各自はその魂が欲するものを保持し、それを最大限に活用できますように。

二　しかし、よき判断をする者は、自分たちだけが聖なる清い生き方ができると確信しなければなりません。あなたご自身があなたの聖なる法の上に憩うよう彼らを呼ばれるからです。こうした生き方から自分の身を引く者は、もし欲するなら、偽りの聖所をもちつづけるがよい。われわれは、あなたが寛大に(2)もお与え下さったあなたの真理が燦然《さんぜん》と輝く家をもっております。われわれは、彼らもまた、ともに一つになって、その喜びを手にできるよう彼らのためにも祈ります。

第五十七章

われわれの生き方は、新しいものでも革新的なものでもありません。それは、われわれが信じるに、万物(3)

の秩序が不動なものとなって以来、あなたがご自身に帰すべき畏怖の念を表わすために定められたものなのです。ところが、人類[4]は倒れ[5]、さまざまな迷妄で道を間違えました。しかしあなたは、あなたの御子を介して、悪がこれ以上重くのしかからぬように、汚れなき光を高く掲げ、万人にあなたのことを想起させたのです。

第五十八章

一　このことの正しさはあなたの御業によって確証されるのです。[6]あなたの権能の働きのおかげで、われわれは罪から自由にされ、信仰をもつに至りました。[7]太陽と月はその定められた道を運行します。星辰も秩序正しく宇宙の軌道を回っております。四季の変化は規則正しくめぐってまいります。大地の堅牢な基盤は、あなたの御言葉によってつくられ、風はその定められた法則に従って吹いております。水は止むことなき流れの中で生まれつづけ、海は定められた所に封じ込められております。そして大地や大洋の至る所に、驚く

（1）これは「平和と静謐」の渾然一体となった状態を指すのであろう。
（2）テクストでは「自然にしたがって」。
（3）あるいは「全世界」。
（4）テクストでは「人間の種族」。
（5）具体的に何を言っているのかは不明。
（6）テクストでは「あなたのみ業（行為）はこれらのことを確証するのです」。
（7）ここにはキリスト教への改宗は神の働きであるとする考えが見られる。

べき、有益な資源が蓄えられております。

二　もしこうしたことがあなたのご意志の決定によってなされたのでなかったならば、かくも大きな相違や大きく分かれた勢力[1]が、すべての生命やすべてのものに、破滅をもたらしていたでしょう。というのも、互いに争っているものは、たとえ見えなくても[2]、人類[3]をひどく苦しめていたはずだからです。

第五十九章

しかし、万物の主、至高なる神であるあなたに、最高の感謝の念が払われるように。というのも、人類[4]は熱心に求めるものが多様であることで知られておりますが、多様であればあるほど、神の御言葉の教えの正しさは、正しく思惟する者や真の徳を身につけようとする者に確認されている。しかし、それにもかかわらず、癒されることを拒む者がいれば、その者には、他の者にたいしそのことを口にはさせません。薬の治癒力はあらかじめ試されていて[5]、すべての者に明らかにされている。汚れていないことを諸事実が保証するものを、誰にも損なわさせてはならない。そのためわれわれ全人類は、伝えられたよきもの、すなわち平和の祝福という共通の遺産に与り、それに反するいっさいのものから良心をはっきりと遠ざけておく。

第六十章

一　しかし誰も、内なる確信によって得たものを他の者を傷つける手段として使用してはならない(6)。各人はその見たり理解したものを、もし隣人のために役立つならば、使うがよい。しかし、役立たぬなら、忘れるがよい。不死の競技に進んで挑戦することと(7)、他の者に処罰を振りかざして強制することはまったく違うことである。

二　予はこれらのことを語った。予はこれらのことを予のいつもの寛大が求める以上に縷々説明した。というのも、予は、真理にたいする予の信仰を隠すことを望まなかったからである。それはとくに、聞く所に

---

(1) 具体的に何を言っているのかは不明。

(2)「互いに争っているものは、たとえ見えなくても」。この語句の意味は明らかでないが、キャメロン（二四七頁）は、キリスト教徒の思考の中では目に見えない「ダイモネス（ダイモーンの複数形）」として真の力をもつ「偽りの神々」を想定する。

(3) テクストでは「人間の種族」。

(4) ここでの「人類」は抽象的である。

(5) キャメロン（二四七頁）が指摘するように、コンスタンティヌスはキリスト教の信仰を道徳的病の治癒薬と見なし（後出二八-二）、そして異教を病と見なした（第二巻六四）。

(6) ここでキリスト教徒に求められているのは、異教徒に改宗を強要してはならぬということである。

(7) 不死の競技への挑戦とは殉教を意味するであろう。

よると、一部の者が、［異教の］聖所(1)の慣習と闇の勢力が完全に取り除かれてしまったと言っているからである(2)。予は、実際、もし万人の救い(3)を損なう有害きわまりない迷妄の暴力的な謀反精神が一部の者の心の中に深く巣ぐっていたならば、その取り除きを全人類に勧めていたであろう(4)」。

第六十一章

一　皇帝は、以上のことを、あらんかぎりの大声を発して伝える神の伝令官(5)のように、個人的な書簡を介して、すべての属州民に語りかけ、統治される者を悪魔の迷妄から遠ざけ、神への真の敬虔を追い求めることを勧められたのです。

エジプトにおける論争

二　皇帝はこれらのことで喜びに満たされましたが、その彼に諸教会を苦しめる小さくはない騒動の知らせがもたらされました。彼はこれを聞いて衝撃を受け、この悪事の治療法を考えられました。

三　騒ぎは、次のようなものでした。神の民は、皇帝の善行のおかげで、真に栄えておりました。彼らを騒がせる外部からの恐怖は何もなかったのです。神の恩恵による輝かしい、もっとも深い平安が新たに教会をあらゆる面から守っておりました(6)。そのため、妬みの霊が、わたしたちが受けているさまざまな恵みにたいして罠を仕かけ、内部に入り込み、聖徒たちの集会そのものの中でわがもの顔に振る舞ったのです(7)。

四　実際、それは司教たちをも対立させ、争いの口実に聖なる教えの立場が引き合いに出されました。ついでそれは、小さな火種からのように、大きな火に燃え上がりました。それはアレクサンドリア[8]の教会の頂からはじまり、全エジプト[9]とリビア[10]に、さらにはテーベ[11]にまで広がりました。

五　それはすでに他の属州や都市に到達していたので、言葉の応酬をしている教会の指導者ばかりか、分断された大衆を見ることができました。ある者は一方の側に、他の者は他方の側についておりました。これらの争い[12]の光景の行き着く先は愚劣そのものであり、そのため尊い神の教えが[13]、ほかならぬ信仰なき者の劇場[14]で、恥ずべき嘲笑の対象とされていたのです[15]。

(1)ここでの聖所は複数形。
(2)ここでの「一部の者」は、異教の宗教すべてが弾圧され廃止されてしまったとボヤいている一部の異教徒を指す。
(3)あるいは「共通の」。
(4)この書簡には結末部がない。
(5)第一巻四参照。
(6)キャメロン(二四八頁)は、この時期を三二四年か三二五年のはじめと想定する。
(7)エウセビオスはここで混乱を引き起こした人物アレイオス(とメリティウス)の名前をあげていない。アレイオスはアレクサンドリアのバウカリス教会の長老だった(詳しくはH・クラフト『キリスト教教父事典』参照)。
(8)ギリシア語読みではアレクサンドレイア。
(9)ギリシア語読みではアイギュプトス。
(10)ギリシア語読みではリビュエー。
(11)ギリシア語読みではテーバイス。テーベにはコプト教徒が大勢いた。
(12)あるいは「出来事」。
(13)テクストでは「神の教えの尊さ」。
(14)あるいは「芝居小屋」。
(15)アレイオスは『タリア(*Thalia*)』と題する文書を作成し、それを街頭や劇場で歌わせ、人びとの感情を煽ったとされる。

第六十二章

さて、アレクサンドリアにいた者は、至高なる事柄をめぐって若者のように言い争い、エジプトや上テーベ、およびその周辺にいた者は、それまでの古くからの問題のために争い、そのため各地の教会は分断されました。リビア全体は、病んだ肉体のように、これらのことで疲弊し、それと一緒に他の地方、すなわちその外の属州も病んだのです。アレクサンドリアの人びとは各属州の司教に代表を送り、他方、他の側についた者も同じ闘争心を共有したのです。

第六十三章

皇帝はこれらのことを聞くと、その魂を深く傷つけられ、この事態を個人的な災禍とされました。彼は即座にご自分の宮廷の信仰心篤き者の一人、その穏健な生き方や信仰の徳ですでに試練を受けてきたことをご自分がよく知っておられる者、それまでとくに宗教的な告白で知られていた人物を(1)、アレクサンドリアにおける紛争の平和的解決の仲介者として送り込まれました(2)。皇帝は、この人物を介して、もっとも重要な書簡を論争の当事者に手渡されました(3)。それは、それ自体、神の民への皇帝の心遣いの証拠となるもので、コンスタンティヌスについて語るわたしたちの物語に適切なものです。以下のようなものです。

第六十四章

アレクサンドロスとアレイオスへ宛てたコンスタンティヌスの書簡

「勝利者コンスタンティノス・マクシモス・アウグストゥスからアレクサンドロスとアレイオスへ(4)

予は二つの目的のためにある義務を引き受け、それを実行したが、それについては、当然のことながら、予の企図の助け手にして全人類の救済者である神ご自身を証人とする。

第六十五章

一　予が熱く心に留めた第一の事柄は、全属州の神(5)への態度が一つの一貫性のある立場に統合されること

---

(1)この人物はコルドバの司教オシウスとされる。ソクラテス『教会史』第一巻七-一、ソゾメノス『教会史』第一巻一六-五参照。

(2)時制は歴史的現在。

(3)時制は歴史的現在。

(4)アレクサンドリアの司教(三一三―三二七年)。この人物の下で、アレイオス論争が起こった。

(5)あるいは「神的なもの」「神的な事柄」。

であり、第二の事項は、深い傷を負って痛みを覚えている共同体的世界の体を元に戻し、癒すことであった。[1][2]
二　予はこれらのことを慮り、前者を隠された理性の目で考え、後者を軍隊の力を借りて正そうと試みた。[3]予が予の祈りで、すべての神のしもべの間に共通の一致を打ち立てることができれば、予は公的な事柄の便益もまた、万人の敬神の思いに呼応して、変化の果実を刈り取ることを知っている。[4]

第六十六章

実際、思慮なき軽薄で一般大衆の礼拝をさまざまな派に分裂させようと企んだ者のために、耐え難いと思われる狂気が全アフリカを襲ったとき、そして予がこの病を抑制しようと願ったとき、予が見出すことのできたこの事態の唯一十分な治癒は、汝らの聖なる公会議にたいして自己の不法な判断を押しつけた世界の共通の敵を打ち倒した後、予が互いに争っている者の和解に向けて手助けをするために、汝らのうちの幾人かを遣わすことであった。[5][6][7]

第六十七章

光の力と聖なる宗教の法は、至高者のよき働きにより、言うなれば東方の苗床で育まれ、ただちに全世界を聖なるランタンで照らした。そこで、当然のことながら、汝らこそは諸民族の救いの導き手であると信じ[8][9][10]

て、予は、予の心の判断と目の働きによって、汝らを熱心に求めようとした。そこで、大きな勝利と敵にたいする真の征服でもって、予はこれを予の第一の問いとした。それは予にとってすべての中で第一義的でもっとも重要であると考えたものである。

第六十八章

一　しかし、栄えある神の摂理よ。汝らの間で起こった分裂はそこに残された者よりもはるかに深刻なもので、予は汝らの地域から他の地域に薬が補給されると期待したが、今や汝らの地域が他のどの地域よりも

(1) この語句が修飾するのは「共同体的世界」ではなくて、「体」である。
(2) あるいは「調和し合うものにする」。
(3) テクストでは「軍隊の手の権威」。
(4) ここでの「変化」はコンスタンティヌス体制への移行を指す。
(5) ドナトゥス主義者の運動を指す。H・クラフト『キリスト教教父事典』によれば、この運動には「民族的、反ローマ的、社会革命的傾向があった」。
(6) ギリシア語読みではアフリケー。全アフリカは誇張である。正しくは「北アフリカ」。
(7) この語句は、語りかけられている聴衆がアレクサンドロスとアレイオスの個人ではなくて、司教たちの集まりであることを示唆する。
(8) キリスト教を指す。
(9)「苗床（コルポス）」。ここでのギリシア語は「胸」を意味する。
(10) キリスト教はパレスチナで興り、アンティオキア（現在のシリアのアンタキア）経由で世界各地に広がった。

癒やしを必要としていることを聞いて、予の耳は、いやほかならぬ予の心は、非常に大きな傷を負ったのである。

二　予がこれらのことの発端と問題の所在を考察したとき、その原因たるや、非常に些細なもので、かくも激しい確執にまったく値しないものであることが分った。それゆえ予は、今この書簡を送る必要性に促され、汝らの同じ思いに訴えて書簡をしたためている。予はこの事態を助けてくれる聖なる摂理に呼びかけ、汝らの間の互いの論争で平和の導き手としてささやかな奉仕をする。

三　予は、至高者の助けを借りて、たとえ論争の原因がより大きなものであったとしても、議論に耳を傾けてくれる者の聖なる判断に委ねる。双方の側をより奉仕的な立場に変えることは困難ではなく可能である。原因が微細で非常に些細なものであるとき、これは、予に処理可能ではるかに容易な仕方で［紛糾した］事態を糺すことを保証してくれる。

第六十九章

一　予は、現在の論争の発端が次のようなものであったと理解する。アレクサンドロスよ、汝は長老から、彼らの一人ひとりが法の中で語られている事柄について――いや論争の馬鹿げた部分にたいして――いかなる立場を取ったかを執拗に尋ねた。アレイオスよ、汝は、はじめから考えるべきでなかったか、考えた以上沈黙に委ねられるべきだった見解を軽率にもぶつけた。ここから汝らの間で論争が起こり、交わり[1]が拒否され、他方、至聖なる民は二つの陣営に分裂し、共有する体の調和から遠ざけられたのである。

二　そこで、汝らのどちらも、等しく［相手に］教しを与え、汝らの同志であるしもべが正義から勧告するものを受け入れるがよい。それはこれである。まず第一に、そのようなことについて尋ねることも、また尋ねられたからといって答えることも適切ではなかった。いかなる法の必然も要求しないが、その口論のため何の益もない徒労を増し加えるこの種の論争は、たとえそれらが錬成場でのある種の訓練(2)になったとしても、それらを思いのうちに閉じ込め、それらを一般の交わりの中に軽率に持ち出さないようにつとめ、また不注意にそれらを平信徒の耳に入れないようにしなければならない。それは依然われわれの努めである。

三　かくも大きく、かつ非常に困難な事柄の本質(3)を正しく理解することはむずかしい。それを適切に説明できる者がいたら、その者は立派ではないか。たとえこれは容易に実行できると想像されても、いったいどれほどの民衆を説得できるのだろうか。あるいはまた、いったい誰がこのような深刻な論争で致命的な間違いを犯さずに正しい態度を貫けるだろうか。それゆえ、われわれは、このような［言い争いで］饒舌にならないようにしなければならない。さもなくば、われわれは、その生来の弱さにより、提起された問題を［正し

(1)　あるいは「教区会議」。
(2)　キャメロン（二五二頁）によれば、「キリストの先在性の本質や似たような話題について議論することは、錬成場の生徒たちにとって適切な修辞学の練習、いやゲームにさえなっていたかもしれない」。
(3)　あるいは「力」。

く」説明できないか、聞く者が、緩慢な理解力により、発言の内容を正しく理解できないか、そのどちらかになるであろう。そして民衆は、そのため(1)不可避的に、瀆神か分裂のどちらかに導かれる。

第七十章

それゆえ、防御なき問いと先見性なき答えは、互いに相手にたいして同じような赦しを要求したのである。というのも、汝らの争いは、法(2)の中の教えの主要な部分をめぐって起こったのではなく、また神の礼拝に関して新しい分派的な見解が汝らのもとに入り込んだからというのでもない。汝らは同じ一つの思いをもっているので、交わりの約束事にともに到達することができるはずである。

第七十一章

一　汝らは取るに足らぬ非常に小さな事柄に関して互いに争っているので、汝らの教えに服すべきかくも多くの神の民が分裂していることは、適切なこととは見なされないし、またいかなる意味においても、合法的なこととも見なされない(3)。

二　予はこのことを、汝らの理解に、[他と] 少しばかり比較することで注意を喚起したい。もちろん、汝らは哲学者たちさえも全員がどのような仕方で一つの教えに同意するかを知っている。彼らはその言説のある部分に同意しないときにはしばしば、自分たちの知識の真理性によって分かたれるが、それにもかかわらず彼らは、基本的な原則となると、再び一致することに同意する。もしそうであれば、偉大なる神のしもべとして立てられたわれわれが、この種の宗教的献身で、互いに心を合わせて一つとなるのは、きわめて当然のことではないか。

三　われわれは言われている事柄をより大きな思慮とより多くの理解力をもって検討しよう。汝らの間で起こった不毛な二、三の言葉をめぐる争いによって兄弟たちが敵対し、そのような小さなまったく重要ではない事柄をめぐってわれわれが互いに角突き合わせるとき、われわれを介して、栄光ある公会議が不敬神の念から分裂していることが正しいことであるかどうかを見るためである。これらのことは祭司や知恵ある者の理解力にとってふさわしいのではなく、卑俗で子供じみた愚行にふさわしいのである。

四　われわれは悪魔的な誘惑を進んで忌避しよう。われわれの偉大な神、全人類の救い主は、すべての者に等しく光を差し伸べられた。汝らは、そのお方の摂理のもとで、至高なるお方の奉仕者である予のこの努力に終止符を打たせるがよい。そうすれば予は、ほかならぬそのお方の民衆を、予自身の語りかけと、奉仕と、熱心なる勧告とによって、公会議の交わりに連れ戻すことができる。

五　というのも、予がすでに述べたように、われわれの間では一つの信仰と一つの［信仰の］体系理解がある

（1）テクストでは「これら二つのうちのどちらかにより」。
（2）キリスト教を指す。
（3）ここで語りかけられているのは、アレクサンドロスとアレイオスの二人ではなく、司教たちである。

るので、そして法[1]の命じるものは、個々の部分でもその全体を霊魂の「一」性へ閉じ込めることにあるので、汝らの間で小さな争いを引き起こしたこの問題が、それは法全体がもつ[拘束]力に関わるものではないので、けっして汝らの間で分裂や分派もつくるものであってはならない。

六　予は以上のことを述べたが、それが実際何であれ、この非常に愚かしい問題のあらゆる側面に汝らが同意することを無理強いしているかのようにしてではない。公会議の名誉のために汝らには不介入にさせておき、そして一つの同じ交わりを全体的に保持することは可能である。われわれはわれわれの間で、同じことを欲しはしないので、またわれわれの中で一つの単一の実在と精神が働いているのではないので、互いに汝らの間で小さな事柄をめぐって深刻な不一致は生じるかもしれないが。

七　それゆえ、聖なる摂理に関しては、汝らの間で一つの信仰が、一つの理解が、至善なるお方に関しては一つの一致があるように。汝ら自身の間でのこれらの小さな事柄に関する詳細は、たとえ汝らが自分を単一の見解に合わせることができぬとしても、思考の奥まった所で守られている、理性の内側に留まらねばならない。

八　しかし、共通の友情の素晴らしさと、真理への信仰と、神への敬意と、法の宗教[2]は汝らの間では不動のものに留めるがよい。相互の友情と親切に立ち戻るがよい。すべての民に愛情の正しい絆を取り戻すがよい。そして汝ら自身は、己の魂を清めたので、互い相手を認めるがよい。愛はしばしば、敵意が傍らに置かれて和解に再び戻るときには、より甘美なものになる。

第七十二章

一　そこで、汝らは予に静かな日中と憂いのない夜間を取り戻してくれるがよい。そうすれば予にも、汚れなき光の中に残された喜びと静謐な生活の歓喜が以後取っておかれるであろう。そうでなければ予は嘆息し、絶えず泣き崩れ、永遠の生のもとに穏やかに身を置くことができない。もし神の民が――予の同志であるしもべたちのことであるが――正義に反する悪質な争いでもって互いに分裂しているならば、いったい予はどのようにして以後理性でもって対処できるのであろうか。

二　予はこのため予がどんなに痛みを覚えているかを汝らに知ってほしい。予が最近ニコメディア[3]の町に足を踏み入れたとき、予はただちに東方へ［の旅を］強行しようと決意した。予はすでに汝らのもとへ何としてでも赴くつもりであった。そしてこの事態の知らせで予の計画が覆されたときでも、予の思いの丈の大半はすでに汝らとともにあった。それが可能であると予が考えていなかったものを予の目で見ることを強要されないために、予は口頭で報告されるのを聞くであろう。

三　汝らは、汝らの間での一致で、予のために今、互いの抗争で閉じられてしまった東方への道を開き、

（1）キリスト教を指す。
（2）キリスト教を指す。
（3）ギリシア語読みではニコメーデイス。

予が喜びのうちに汝らと他のすべての民衆を目にすることと、すべての者の間に共通の一致と自由が見られることへの感謝の念を、至高なるお方に喜ばしい言葉で口にすることを、予に今すぐにでもできるようにするがよい(1)」。

第七十三章

妬みと悪しき霊の働き

こうして神に愛されたコンスタンティヌス(2)は、その送られた書簡を介して、神の教会の平安を促すために心配りされたのです。他方、書簡の件においてばかりか、その差出人の意図に賛同し協力した者(3)によって、見事で高貴な協調がなされたのです。このお方は、言われているように、あらゆる点で敬虔な人でした(4)。しかし、書簡で対処するにはあまりにも大きな事柄だったので、戦う者たちの争いはより深刻になり、悪は東方のすべての属州に達しておりました。それゆえ、これは教会の繁栄を誹謗する妬みの霊と悪しきダイモーンの働きだったのです。

(1) ここには結末部に付される語句がない。欠落部分があるのかもしれない。
(2) テクストにはない固有名詞を補う。
(3) 第二巻六三のオシウスを指す。
(4) 第二巻六三参照。

第三巻

第一章

暴君は、皇帝は

一　さて、よきものを憎む妬みの霊は、こうして教会の繁栄を誹謗し、平和と歓喜の季節に、教会にたいして冬の嵐と内部抗争を画策しました。しかし、神の友である皇帝は、ご自分の義務を蔑ろにはされなかったのです。彼は、しばらく前になされた暴君の残虐な犯罪行為とは正反対のことすべてを行なって、すべての敵対者と敵に打ち勝たれたのです。

二　暴君は、(1) あらゆる強制的な手段を行使して、実在する［真の］神を捨てさせ、実在しない神々の礼拝を強要しました。(2) それにたいして皇帝は、行為と言葉でもって、実在しない神々が存在しないことを確信し、実在する［真の］神だけを認めるよう説かれたのです。暴君は、神のキリストを瀆神的な言葉で嘲笑しました。(3) それにたいして皇帝は、無神論者がその瀆神の鉾先としたお方をご自分の勝利の楯とし、受難のトロパイオンを誇りとされたのです。(4) 暴君は神のしもべを家も炉床もなき者にして追い立てました。(5)(6) それにたいして皇帝は、彼ら全員を呼び戻し、彼らに一家の炉床を取り戻して下さいました。

三　暴君は神のしもべを不名誉でもって貶めましたが、それにたいして皇帝は彼らを名誉ある者とし、すべての者が羨む者とされました。暴君は神を畏れる者の生活手段を奪い不正に没収しましたが、皇帝はそれらを元に戻し、多くの贈物を潤沢にほどこされたのです。暴君は文書となった勅令の中で〔教会の〕指導者への誹謗を公然と行ないましたが、それにたいして皇帝は、名誉を授けて(7)これらの者たちを称賛し高め、告知(8)や法令の中で彼らを顕彰されたのです。

四　暴君は祈りの家を基礎から壊し、上部の屋根から床までを破壊し尽くしました。それにたいして皇帝は現にあるものを拡張し、新しいものをほかならぬ帝室金庫の金(9)で大規模に建てると定められたのです(10)。暴君は、神の息吹きを与えられた託宣(11)は火で焼いて痕跡なきものにする、と命じました。それにたいして皇帝は、これらもまた帝室金庫の金で増し加えられ、その写しは立派な体裁で多数つくられる、と命じられま

(1) 以下、暴君の所業とコンスタンティヌスの所業が対比される。テクストでは「彼らは……それにたいして彼は……」。
(2)「実在する〔真の〕神（ホ・オン）」。テクストでは「実在するもの」「実在するお方」。
(3) あるいは「神の（子の）キリスト」。
(4) あるいは「護符」。
(5) 司教たちを指す。
(6) ギリシア文には言葉遊びが認められる。
(7) テクストでは「自分の側の名誉でもって」「自分が自由にできる名誉でもって」。
(8) 第四巻一参照。
(9) テクストでは「帝室金庫から」。
(10) あるいは「法令で定められたのです」。
(11) 聖書を指す。

した。(1)

五　暴君は、司教たちの公会議はいかなる場所でも開催されてはならぬ、と命じました。それにたいして皇帝は、全属州から司教たちをご自分のもとへ来させ、彼らが宮殿に入り、最奥の部屋にまで進み、宮中の炉床と食卓に与るのを許されました。(2)暴君はダイモーン(3)に奉献物でもって敬意を表しました。それにたいして皇帝は、その迷妄を暴き、奉献物として捧げられた役立たずのものを、それを役立たせることができる者に配られました。暴君は［偶像を祭った］聖所をきらびやかに飾り立てるよう命じました。それにたいして皇帝は、これらのものの中で迷信深い者の間でとくにありがたがれているものを、基礎から破壊されたのです。

六　暴君は神の殉教者をはなはだ屈辱的な罰に服させました。それにたいして皇帝は、これらのことを行なった者を追跡し、それ相応の神の罰で懲らしめる一方、神の聖なる殉教者の記念碑に敬意を払いつづけられました。(4)暴君は神を畏れる者を宮中から追い立てました。それにたいして皇帝は、ほかならぬこの者たちに特別な信を置かれました。(5)彼らが他の誰よりもご自分に好意を抱き、忠実であることを知っておられたからです。

七　暴君は金に支配され、その魂はタンタロス(6)の情熱の奴隷となっておりました。それにたいして皇帝は、寛厚な皇帝精神を発揮してすべての宝庫を開け、豊かで物惜しみしない右手で分配されました。(7)彼らは無数の殺人を犯しました。殺された者の財産を略取し没収するためでした。しかし、コンスタンティヌスが皇帝であった全期間中、すべての剣は、裁判官により使ってはならぬとされて垂れ下げられ、全属州の民衆や自由市民は、強制ではなくて父祖の法によって治められたのです。

八　以上のことを観察すれば、人は、それまで見たことのないような光が、突如、闇の中から人間を照らしたかのように、それまでになかった新しい生がまさにそのとき明るみに出されたように思われると正しくも言い、また、すべての働きは神のものであり、神はご自分を愛された皇帝を前面に押し立てて大勢の無神論者に立ち向かわせたのだ、と告白するにちがいありません。[8]

第二章

一　この手の者たちが歴史の中に見られることは、かつてなかったのです。彼らは、歴史がはじまって以来聞いたことがないような犯罪を、教会にたいして犯しました。そのため、神ご自身は適切にも新しい人材を押し立て、そのお方を介して、耳で知ることも目で見ることもなかったものを成就させたのです。[9]

二　皇帝の徳は、神の知恵が人間に授けたものですが、この驚くべき徳以上に革新的なものがあるでしょ[10]

（1）第四巻三六参照。
（2）第三巻一五-一-二参照。
（3）ここでのダイモーンは複数形。
（4）第三巻四八-一参照。
（5）宮中のキリスト教徒については、第四巻一八-一参照。
（6）ギリシア神話に登場する人物。欲深かなことで有名、地獄で罰せられる。
（7）コンスタンティヌスの気前のよさは、第四巻一、二八参照。
（8）テクストでは「死すべき種族」。
（9）テクストでは「視覚に引き渡されることもなかった」。
（10）テクストでは「死すべき種族」。

うか。というのも彼は、万人に神のキリスト[1]を憚ることなく語りつづけ、救い主の呼称をけっして隠すことはされず、それを厳粛に受け止められたからです。[2]彼はご自分をあからさまにし、あるときはご自分の顔に救いのしるし[3]を刻印し、またあるときは勝利のトロパイオンを誇示されたのです。

第三章

宮殿の入り口門に描かれた絵

一　皇帝はこれを、万人の目にとまるよう宮殿の入り口門の前にしつらえられたとてつもなく高いパネル板の上に置き、ご自分の頭の上に置かれた救いのしるしを絵で示す一方、他方、無神論者の暴虐を介して神の教会を包囲攻撃した敵対的で危険な獣を、深みにまで突き落とされた竜の形でつくられたのです。というのも、託宣は彼に、神の預言者の書[4]の中で、竜や「曲がりくねる蛇[5]」について宣告していたからです。[6]

二　そのため皇帝は、ご自分やご自分の子息たち[7]の足下に、その腹部を槍で突き刺され、海の深みに打ち捨てられている竜を蝋画で描き、万人に示してみせたのです。彼はこうして人間[8]の目には見えぬ敵[9]を示し、またその敵がご自分の頭の上に置かれた救い主のトロパイオンの力で破滅の深みへ向かったことを明らかにされたのです。

三　これらは、その似姿を描いた彩色画で示されたのですが、わたしは皇帝の崇高な考えと、この獣について預言者の言葉が宣告していたものを聖なる霊感で描いたその仕方に圧倒されました。彼らは言っていたのです。「神は大きな恐ろしい剣を曲がりくねる竜・蛇に、逃げ回る竜・蛇に差し向け、また海の中にいる竜を殺す[10]」と。皇帝はこれらのものの似姿を描き、陰影をつける画法で、それを際立たせたのです。

第四章

アレクサンドリアの混乱、エジプトとテーベの分裂騒ぎ

さて、これらのことは皇帝の強い願いどおりになされました。しかし、アレクサンドリアの神の教会[11]を恐ろしい混乱に陥れる妬みの霊の悪意のこもった中傷や、テーベびと[12]とエジプト人の邪悪な分裂騒ぎは、皇帝

---

(1) あるいは「神の（子）キリスト」。
(2) キリストを宣べ伝えるコンスタンティヌスというイメージは、第二巻二八-二、第四巻一四-二九に見られる。
(3) あるいは「救い主のしるし」。具体的には十字架か。
(4) ここでの書は複数形。
(5) キャメロン（二五六頁）によれば、この蛇は悪と、コンスタンティヌス自身が滅ぼしたリキニウス（第二巻二、四六-二）を指す。
(6) イザヤ書二七-一に「その日、主は／厳しく、大きく、強い剣をもって／逃げる蛇レビヤタン／曲がりくねる蛇レビヤタンを罰し／また海にいる竜を殺される」（新共同訳聖書）とある。
(7) この時点のコンスタンティヌスには四人の子息がいた。クリスプスの死は三二六年。
(8) テクストでは「人間の種族」。
(9) 悪を指す。
(10) イザヤ書二七-一参照。
(11) ここでの教会は複数形。
(12) ギリシア語読みではテーバイオイ。

をひどく動揺させました。各都市の司教が［他の都市の］司教に激しくぶつかり、民衆は民衆にたいして立ち上がり、殴り合いは殺し合い寸前にまで行き、その結果、自暴自棄に陥った者は、我を忘れて、聖ならざる行為に走り、大胆にも皇帝像を侮辱することさえしたのです[1]。その結果、皇帝は、頭のおかしくなった者の狂気に痛みを覚え、怒りへというよりは精神的な苦痛へと駆り立てられました。

第五章

復活祭の日取りをめぐる不一致

一　これよりもはるかに痛ましいもう一つの病も持ち上がっておりました。それは長い間、教会を悩ませていた、救い主の［復活の］祝祭の日取りの不一致でした[2]。一部の者はユダヤ人の慣習[3]に従うべきだと言い張り[4]、他の一部の者はその季節の正確なときを守るのが正しく、福音の恩恵に無縁な者の慣習[5]に従って過ちを犯すべきではないと申し立てたのです。

二　そこでこの問題をめぐって、各地の信徒はすでに長い間にわたって分裂し、聖なる定め[6]が混乱しておりました。同じ一つの祝祭の日取りが違うため、祝祭を執り行なう者の間ではなはだしい違いが生じていたのです。一部の者が断食や苦行で自己を鍛錬しているとき、他の者はそのときを息抜きのために費やしておりました。誰もこの悪弊を正す方法を見つけることができなかったのです。双方の陣営にとって、争いは等しい重みをもつものだったからです。しかし、ただ全能の神だけは、これを容易に治すことができました。

そして地上の者のうちで、ただコンスタンティヌスだけがこのよき働きをする神の下働きとして登場されたのです。

三　皇帝は、上述の事柄について報告を受けられました。皇帝はアレクサンドリアにいる者たちにすでに送っていた書簡(7)が役立たずに終わったことを認めると、己の思いをこれに集中させ、次のように申されたのです。「これはもう一つの戦争である。予は教会を混乱に陥れている目に見えぬ敵に勝ち抜かねばなら

---

(1) キャメロン（二五八頁）によれば、皇帝像にたいする乱暴狼藉は、後の時代の三八七年にもアンティオキアで起こった。

(2) キリスト教徒は過ぎ越しの羊の犠牲とエジプトからのイスラエルの脱出の物語を、キリストの死と復活を介しての救いのモデルと見なし、その祝祭日の前には断食をした。『教会史』第五巻二三―二四によれば、一九〇年頃、ローマの司教ビクトルと小アジアの教会の間で、復活祭の日取りをめぐって論争が起きている。小アジアの教会は祝祭を第一の月の十四日に守るために（そのため彼らは「十四日主義者」と呼ばれるようになった）断食がその前に終わらねばならぬと強調し、他方ローマの教会ほかは、復活祭は主日（日曜）以外のいかなる日にも祝ってはならないとした。なお、『教会史』第六巻二二は、ローマのヒッポリュトスが『パスカについて』を著作したと報告し、また『教会史』第七巻二〇は、アレクサンドリアのディオニュシオスが復活祭の日取りをめぐる書簡を書いていると報告している。

(3) 過ぎ越しの祭り（ヘブル語でペサー、ギリシア語でパスカ）を指す。この祭は、その年の第一の月（ニサンの月）の一四日（満月の日）の夕方にはじまった（出エジプト記一二―一―三六）。これは太陰暦によるもので、太陽暦では食い違いが生じる。「パスカの祭についてのアナトリウスのカノン」は、『教会史』第七巻三二―一六―一九参照。

(4) こう言い張ったのは、主として、シリアやメソポタミア地方のキリスト教徒たち。

(5) ユダヤ人たちを指す。

(6) 出エジプト記一二を指す。

(7) アレクサンドロスとアレイオスに宛てたコンスタンティヌスの書簡は、第二巻六三―七二参照。

ぬ」と。

第六章

皇帝、司教たちをニカイアへ招集する

一　ついで皇帝は、神のために遠征するかのように、司教たちに、各地から馳せ参じるよう丁重な書簡[1]で呼びかけると、世界的規模の公会議[2]、すなわち神のための密集部隊を整列させたのです。それは単純な命令ではありません。しかし皇帝のご意思は、その実際的な手段と相俟って実現されました。一部の者には一般の早馬を利用する権限が与えられ[3]、他の者には非常に多くの駄獣が与えられました。皇帝は公会議にふさわしい都市を指定されました。勝利の名を冠する、ビテュニア州[4]のニカイア[5]でした。

二　さて、回状が各地に回されると、司教はみなその出発点からダッシュでもしてきたかのように、全力疾走でやって来ました。よき結果への希望、平和に与ること、あの新しい驚き、すなわちかくも偉大な皇帝を目の当たりにする光景などが、彼らを駆り立てたのです。そのため、すべての者が一堂に会したとき、それはすでにして神の働きであると見られました。というのも、精神ばかりか、身体や、土地、場所、属州などの点で、互いにひどくかけ離れている者が一堂に集められ、そして一つの都市が彼ら全員を受け入れたからです。美しい季節の花で織られたかのような、司祭たちの大きな冠が見られることになりました。

第七章

司教たち、ニカイアへ集まる

一　さてこうして、全ヨーロッパ(6)や、リビア(7)、そして[小]アシア(8)を満たした全教会の、神に奉仕する最上の者たちが集められました。そして一つの祈りの家が、あたかも神によって拡張されたかのように、彼ら全員を同じ場所に収容しました。キリキアびと(9)と一緒にシリア人(10)を、フェニキア人(11)とアラビア人(12)と、パレスチナびとをです。この者たちに加えるに、エジプト人、テーベびと、リビア人(13)を、そして[二つの]川の間の

---

(1) ここでの書簡は複数形。
(2) あるいは「エキュメニカルな公会議」。ここでの「世界」は「人の住む世界（オイクーメネー）」を指すが、キャメロン（二六二頁）は、この言葉の使用により、この公会議がそれまでの、そして以後の公会議と区別されていると指摘。
(3) コンスタンティヌスはすでに三一四年に、アルルスの公会議に出席する司教に同じような便宜を図っている。オプタトゥス『ドナトゥス派駁論』補遺三および『教会史』第十巻五-二一-二四参照。
(4) ギリシア語読みではビテュノイ。
(5) ニカイアは「勝利（ニケー）」に由来する。
(6) ギリシア語読みはエウローペー。
(7) ギリシア語読みではリビュエー。
(8) ギリシア語読みではアシア。
(9) ギリシア語読みではキリケス。
(10) ギリシア語読みではスロイ。
(11) ギリシア語読みではフォイニケス。
(12) ギリシア語読みではアラビオイ。
(13) ギリシア語読みではリビュエス。

土地から馳せ参じた者をです。公会議にはペルシアの司教さえ出席しておりました。スキタイびと[3]［の司教］もその集まりに姿を見せておりました。ポントスとガラティア、カッパドキアと［小］アシア、フリギアとパンフリアも彼らの間で選ばれた者を送り込んでおりました。トラキア人やマケドニア人、アカイアびととエペイロテびと、そしてこの者たちの中でさらに遠隔の地に住む者も出席しておりました。そしてほかならぬスペイン人の中のあの有名なお方も、他の多くの者と一緒に出席した一人でした。

二　帝都をあずかるお方は、高齢のため、欠席されましたが、彼の［教会の］長老は出席し、彼の欠席の穴埋めをしておりました。歴史がはじまって以来ただ一人、皇帝コンスタンティヌスだけが、キリストのために平和の絆で冠を編み、敵対者や敵にたいする勝利にたいし、神に捧げるにふさわしい感謝の捧げ物をご自分の救い主に捧げ、使徒たちの集まりに似たこの集まりをわたしたちの間でつくりだされたのです。

第八章

公会議に出席した者の数

さてあのときは、御言葉によれば、「天の下のあらゆる国から……信心深い者たち」が集められ、その中には「パルティア人や、メディア人や、エラム人や、メソポタミア、ユダヤとカッパドキア、ポントスとアシア、フリギアとパンフリア、エジプトと、キレネに接するリビア地方などに住んでいる者、ローマからの滞在者、ユダヤ人と改宗者、クレタびととアラビア人」がおりました。ただこの者たちは、そのすべてが神

に仕える者ではなかったという点で、司教たちに劣っておりました。しかし、このときの集まりでは、司教

（1）「(二つの)川の間の土地」。メソポタミアを指す。
（2）ギリシア語読みではペルセース。
（3）ギリシア語読みではスクテース。
（4）テクストでは「その集まりに欠けてはおりませんでした」。
（5）ギリシア語読みではガラティア。
（6）ギリシア語読みでもカッパドキア。
（7）ギリシア語読みではフリュギア。
（8）ギリシア語読みではパムフュリア。
（9）テクストでは「供しておりました」。
（10）ギリシア語読みではトライケス。
（11）ギリシア語読みではアカイオイ。
（12）ギリシア語読みではエーペイロータイ。
（13）ここで司教の出身地を列挙したのは、使徒言行録二-九以下の、五旬節に集まった者たちの出身地の列挙がエウセビオスの念頭にあったためであろう。
（14）ギリシア語読みでスパノイ。
（15）コルドバの司教オシウスを指す。第二巻六三参照。
（16）ローマの司教シルウェステルを指す。ソゾメノス『教会史』第一巻一七参照。
（17）テクストでは「(彼に代わって)彼の地位を埋めておりました」。
（18）テクストでは「アイオーンから」。
（19）コンスタンティヌスがキリストを救い主として信じていたとは思われない。ここでの「救い主」は神を指すであろう。本書の巻末の「解説」(三八三頁以下)参照。
（20）使徒言行録二-一一-一三参照。
（21）あるいは「聖書」。
（22）使徒言行録二-五。
（23）新共同訳は「ユダヤ人もおれば、ユダヤ教への改宗者もおり」とパラフレーズし、改宗者を最初から「ユダヤ教への改宗者」と特定している。
（24）使徒言行録二-九-一一参照。

の数は二五〇を超えておりました。(1) 長老や助祭の数や、彼らに同行した他の者(2)は数え切れぬほどでした。

第九章

神に奉仕する者のある者は知恵の言葉(3)で、ある者はその生き様の重さや堅固な忍耐心で傑出し、またある者はその中庸で飾られておりました。彼らの一部は高齢ゆえに敬意を払われ、一部は若さと精神の潑剌さで輝き、また一部は奉仕の道に入ったばかりでした。皇帝はこの者たちすべてに、毎日十分な食事が用意されるように命じられました。(4)

第十章

皇帝の列席した公会議の模様

一　係争事柄にたいして決議が行なわれることになった、定められた公会議の日、すべての者は、この決議のために、他のどんな部屋よりも大きく見えた宮中の最奥にあるホールに集まっておりました。そのホールのどちらの側にも、多くの座席が用意されておりました。招集された者は中に入ると、全員が指定された席につきました。

二　公会議の出席者全員が、その場にふさわしい儀礼をもって着席すると、沈黙が彼ら全員を支配しました。皇帝の臨席を胸を膨らませて待っていたからです。皇帝の腹心のうちの第一の者がまず入場し、ついで二番目の者が、ついで三番目の者がつづきました。他の者は、通常の武装した兵士や近衛兵ではなくて、(5) 皇帝の忠実な友人だけを先導しました。

三　全員が皇帝の入場を告げ知らせる合図で起立すると、待ちに待った皇帝が彼らの間をぬって入って来られました。(6)［その姿は］天上のみ使いのようでした。その外衣は燦然とし、紫の式服が放つ火のような輝きで輝いておりました。皇帝は黄金や宝石のまばゆいばかりの輝きで飾られておられたのです。

---

(1) 出席した司教の数は確定されていない。アタナシオス『アレイオス派の歴史』六六は出席者数を「約三〇〇人」とし、ソクラテス『教会史』第一巻八は「三〇〇人以上」とし、ソゾメノス『教会史』第一巻一七は「三二〇人以上」とし、テオドレトス『教会史』第一巻八-一は「二七〇人」としている。キャメロン（二六二―二六四頁）によれば、創世記一四-一四に見られるアブラハムの手勢の数「三一八人」が一般に受け入れられるようになったと指摘し、実際には「二五〇人以下」の数を想定する。

(2) ソクラテス『教会史』前掲箇所によれば、平信徒も出席しており、カエサリアの司教をつとめたゲラシウスの『信仰告白講解』断片一三によれば、異教徒も出席している。

(3) この語句は、コリントびとへの第一の手紙一二-八に見られるが、ここでは「神学的知識」を意味する。

(4) キャメロン（二六四頁）は、皇帝が食事のサービスを行なったことに注目し、この公会議が通常の教会の公会議と異なることを指摘する。

(5) エウセビオスはここで、コンスタンティヌスに兵士や近衛兵の護衛がなかったことを強調している。

(6) エウセビオスがコンスタンティヌスに直接会うのは、この公会議がはじめてであったとされる。キャメロン（二六五頁）は、この公会議はエウセビオスにとって、コンスタンティヌスがリキニウスを破った後に急いで改訂した『教会史』を手渡す機会になったであろうと指摘。

四　皇帝の外見はこのようなものでした。皇帝は明らかにその魂を神への畏怖の念と敬虔で飾っておられました。このことはうつむき加減の目や、紅潮した顔、足の運び方、その他の外観、周りにいるすべての者を凌駕するその背丈によって、……(1)、その相応の威厳によって、恰幅のよい堂々たる体軀によって、そして比類のない活力によって明らかでした。これらはすべて、皇帝の優雅な立ち振る舞いと皇帝としての謙遜な態度からくる優しさと相俟って、どんな言葉をも凌駕する精神の優位性を示すものでした。

五　皇帝が座席の最前列に達し、その中央に立たれると、黄金製の小さな椅子がその前に置かれました。皇帝は、司教たちが会釈してはじめて着席されました。司教たち全員も皇帝にならって着席しました(2)。

第十一章

司教の挨拶と皇帝の演説

さて次に、司教たちの中で、右側の列の最前列にいた者(3)が立ち上がり、よどみのない挨拶(4)を行ない、皇帝に語りかけ、そして全能の神に捧げる感謝の賛歌を皇帝の面前でうたいあげました。皇帝もまた着席されました。すると沈黙がすべての者を支配しました。彼らが皇帝の方を見やったからです。彼は、輝くような眼差しで、彼ら全員に目をやり、ついで精神を集中させると、落ち着いた穏やかな声で、次のような内容の挨拶をされたのです(5)。

第十二章

一　「わが友らよ、汝らの集いに与ることは、予の祈りの目的であった。そして今やその願いが叶えられたので、予は万物の王[6]に感謝の念を表明せねばならぬことを承知している。なぜなら、そのお方こそは、どんなものにもまさるこのよきもの、すなわち一堂に会した汝らすべてを歓迎し、すべての者によって共有される一つの見解を目の当たりにすることを許されたからである[7]。

二　嫉視する敵[8]にわれわれの繁栄を破壊させまい。暴君による神への戦いは、神の救い主[9]の軍隊によって

(1) この箇所には欠落があるとされる。
(2) テクストでは「これをしたのです」。
(3) この人物は本書の著者のエウセビオス（ソゾメノス『教会史』第一巻一九）か、ニコメディアのエウセビオスか、オシウスであろう。
(4) テクストでは「旋律的な挨拶」。
(5) コンスタンティヌスの演説はラテン語でなされ、ギリシア語に翻訳された（第三巻一三-一）が、以下の演説はラテン語のテクストがあってそれを翻訳したものではないであろう。キュジコスのゲラシオス『教会史』第二巻七-一一四一は、コンスタンティヌスが行なったとされる開会の挨拶を伝えているが、キャメロン（二六六頁）は「これは多分真正なものではない」と述べている。
(6) コンスタンティヌスが「皇帝（バシレウス）」であることを考え、そしてコンスタンティヌスの謙遜な態度が読み取れるのであれば、ここでは「万物の皇帝」の訳語が与えられるかもしれない。
(7) あるいは、「贈物として与えられたからである」。
(8) あるいは「悪意のある」。
(9) あるいは「神の（子の）救い主」。

一掃されたので、悪を愛するダイモーンに、残るもう一つの手段によって、聖なる法(1)を包囲させてはならない。というのも、神の教会の内部抗争ほど、どんな戦争や恐ろしい戦闘よりも悲惨なものはない、と予は考えるからである。これらは［教会の］外のいかなる出来事よりも痛ましいように思われる。

三 それゆえ、至高なるお方の好意と支援により、敵への勝利を手にしたとき、予はまず第一に神に感謝を捧げ、そして予らによりそのお方から自由を与えられた者と一緒に喜ぶべきだと考えた。予は、すべての者の期待に反する汝らの間の分裂を知ったとき、その報告を二義的には扱わず、これもまた予の奉仕によって癒されるように祈り、遅滞なく汝ら全員を招集した。

四 予は汝らの集まりを目にして喜んでいる。そして予は、その魂をもって交わっている汝ら全員の姿と、汝ら全員を支配している共通の平和的な一致を見て――その一致は、神のために聖化されている汝らが代表として他の者に伝えねばならぬものであろう――、予自身がとくに予の祈りに従って事をなさねばならぬと判断している。

五 それゆえ、神への奉仕者であり、われわれ全員の共通の主にして救い主のよきしもべである、おおわが友らよ、汝らの間の分裂の原因を今この場所に持ち出し、平和の法により、言い争いのもつれすべてを解きほぐすことに遅れがあってはならない。これにより汝らは、万物の上におられる神に喜ばれる繁栄を達成するであろう。そして汝らは、汝らと同じく神に奉仕する予に、この上ない感謝の念を与えてくれるであろう」。

第十三章

仲裁役としての皇帝

一　皇帝が以上のことを、別の者が通訳しながら、ラテン語で語り終えると、公会議の指導者に発言の機会が与えられました。すると一部の者は周囲の者を非難しはじめ、それにたいして一部の者は弁明や反論を行ないました。それぞれの陣営から非常に多くの提案がなされ、最初は多くの論争がありました。皇帝は忍耐強くすべての者の発言に耳を傾けられ、いくつかの提案を余裕のある態度で受け入れられました。皇帝はそれぞれの陣営の発言を交互に取り上げ、穏やかな調子で、言い争っている当事者たちを一つにされたのです。(2)

二　皇帝はそれぞれへの指示を穏やかに行ない、上機嫌でギリシア語で語りかけ——皇帝はこの言語を学んでいなかったのではないのです——、ご自分の言葉で(3)一部の者を説得し、一部の者を恥じ入らせ、「その立場を」明白に述べた者を称賛し、全員に一致に向かうようにと促し、ついにそのすべての係争事柄で彼らを

(1) キリスト教を指す。

(2) エウセビオスはここで公会議で何が問題となったのかを明らかにしない。ソゾメノス『教会史』第一巻二〇は、ここでの省略を正当化している。ソクラテス『教会史』第一巻八をも参照。

(3) あるいは「その言語で」。

同じ認識、同じ見解に立たせられたのです。

第十四章

信仰の一致の勝利

その結果、信仰が一致の勝利を収めました。そして救い主の祝祭[1]を同一日に執り行なうことが全員の間で同意され、合意事項には個々の者が署名し、文書でそれが確認されました[2]。これらのことが終わると、皇帝は、「これは教会の敵にたいして予が勝ちえた二度目の勝利である」と言って、勝利の祝祭[3]を神にたいして執り行なわれました[4]。

第十五章

二十年祭のための宮中での祝宴

一　この同じ時期、統治の二十年目のときが満ちました[5]。そのため、属州[6]において市民が祝祭を執り行ないました。皇帝ご自身は、神に奉仕する者のために祝祭の先頭に立ち、平安を取り戻した者と一緒に飲み、あたかも神にふさわしい犠牲であるかのように、彼らを介してこの祝祭を捧げられたのです。宮中での祝宴に欠席した司教は一人もおりません。

二　この出来事はどんな言葉をも凌駕するものでした。近衛兵と武装した兵士が、宮中の玄関口を取り囲み、抜き身の剣でそこを警護しておりました。そして、神の人たちは何の恐れもなしにこの者たちの間を突き進み、最奥の皇帝の間に入ったのです。その場所で、ある者は皇帝と一緒に横臥し、ある者は両側に置かれた座椅子に座ってくつろぎました。それは想像されたキリストの王国の似姿であり、［そこで］生起しているのは「現実ではなくて夢である」[7]、と想像されたにちがいありません。

(1) 復活祭を指す。
(2) アレイオスと彼の二人の支持者は、このとき署名を拒否し、そのため追放されることになる。エウセビオスはここで「一致の勝利」を強調することで、歴史の真実を曖昧にしている。署名の手続きについては、アタナシオス『アレイオス派の歴史』四一-二、フィロストルギオス『教会史』第一巻九 a 参照。
(3) この祝祭が、以下で記されている祝宴と関係するものであるかどうかは不明。
(4) ニカイアの公会議後、すべての司教が「信仰の一致」のために協力し合ったわけではない。ニカイアの司教テオグニスとニコメディアの司教エウセビオスは、コンスタンティヌスにより、ガリアへ追放されている。ソクラテス『教会史』第一巻八、ソゾメノス『教会史』第一巻二一参照。
(5) コンスタンティヌスの統治の二十年は、三二五年七月二十五日にはじまった。
(6) テクストでは「他の属州」。
(7) ホメロス『オデュッセイア』第十九歌五四七に「元気を出せ、誉れ高いイーカリオスの娘よ、これは夢ではなく、そなたのためにかならずや成就することなのだ。……」（高津春繁訳）。

第十六章

皇帝による公会議の報告

祝いの行事が華やかに進行する中、皇帝はさらに、(1) 列席の客人をも接見し、各人にその地位にふさわしい名誉を惜しみなく授け、手ずから贈物をされました。皇帝はまた、この公会議の記録を、出席できなかった者に個人的な書簡を添えて伝えられました。わたしは、あたかも銘文のように、(2) 皇帝についてのこの物語にそれをつけ加えようと思います。それは、以下の内容のものでした。(3)

第十七章

諸教会へ宛てた皇帝の書簡(4)

一 「コンスタンティヌス・アウグストゥスから諸教会へ

予は、公益が促進されたことから、神の権能の恩恵がどんなに大きなものであったかを経験で学んだ。予はそこから、普遍的教会(5)のもっとも祝福された会衆の間で、一なる信仰と、純なる愛と、(6) 全能なる神について同じ認識を共有する敬虔な態度が守られるようにすることこそが、(7) 何にもまさる予の目的であると判断した。

二　しかし、全司教が少なくともその大半が同じ場所に集まり、至聖なる宗教行事の諸問題のそれぞれに関して決定がなされるのでなければ、どちらの側にも偏らない確固たる立場は取れなかった。このため、大半の司教が集められ、予自身も汝らの一人として出席したとき——予はこのことをとくに喜んでおり、予が汝らと同じ仲間の奉仕者であることを予は否定しない——、すべての問題が適切にも検討された。その結果、万物の守護者である神に喜ばれる判断が、全員一致の協調の方へと向かい、光の中へと導かれ、見解の相違や信仰に関する論争(8)はこれ以上何も残らなかった。

---

(1) テクストでは「さらにこれをもつけ加え」。

(2) エウセビオスはここで、この語句により、以下に引用する皇帝の言葉が正確なものであることを強調している。

(3) 皇帝は以下の書簡のほか、アレクサンドリアの教会宛てに信条に関する書簡（ソクラテス『教会史』第一巻九‐一七‐二五、H. G. Opitz, *Urkunden*, 25）を、またニコメディアの教会宛てにその教会のエウセビオスとニカイアのテオグニスの追放についての書簡（H. G. Optiz, *Urkunden*, 20, 27）を送っている。なお、ソクラテス『教会史』第一巻九‐一一‐一四によれば、公会議はアレクサンドリアの教会と、エジプトとリビアのキリスト教徒たちにアレイオスを弾劾したことや、ローマやアレクサンドリアの慣習にしたがって復活祭が守られることになったことを告げている。

(4) 以下の書簡の内容は、ソクラテス『教会史』第一巻九‐三二‐四六、テオドレトス『教会史』第一巻九参照。

(5) あるいは「カトリック的教会」。以下同じ。

(6)「純なる（エイリクリネース）」。ここでのギリシア語の原義は「太陽の光によって試された」。

(7) あるいは「万人の前で」。

(8) どのような見解の相違があったのか、またどのような論争があったのか、その詳細は何も記されていない。

第十八章

一　さてここにおいては、復活祭[1]の至聖なる日取りをめぐって論争があったが、すべての土地のすべての者が同じ日にそれを執り行なうのが望ましいとする全会一致の見解が採択された[2]。もしそれが、一つの制度と公けにされた原則で[3]、すべての共同体で[4]誤りなく守られるのであれば、いったい何が、われわれにとって、この祝祭以上に――われわれはこの祝祭により不死の希望を獲得した[5]――素晴らしい厳粛なものになりうるであろうか。

二　冒頭、この至聖なる祝祭をユダヤ人の慣習に従って執り行なうのは適切でないとする意見が表明された。ユダヤ人は己の手を恐ろしい犯罪で汚したので、そのような汚れた者は、当然のことながら、その魂を盲目にしている。これまでこの者たちの民族は拒絶されてきたので、われわれが受難の第一日から今日まで守ってきたより真実な制度により、未来永劫にまでこれを遵守しつづけることは可能である。それゆえ、汝らとユダヤ人の忌むべき大衆の間に共通のものがないようにするがよい。

三　というのも、われわれは救い主からもう一つの道[6]を得ているからである。一つの適法で適切な進むべき道が予らの至聖なる宗教的営みの前に置かれている。敬愛する兄弟たちよ、予らは一致してこの道を取り、あの卑しい知見[7]をわれわれ自身から振り捨てよう[8]。というのも、われわれが彼らの指図なしにこれらを守れないと彼らに誇らせるのは、まことに笑止千万なことだからである。

四　いったいこの者たちは、何を正しく考えることができるというのか。彼らは、あの主殺し[9]の後で、あの父殺し[10]の後で[11]、正しい判断から遠ざかり、うちに潜む彼らの狂気が彼らをどこに導くにせよ、理性によってではなく抑制のきかぬ激情によって導かれている。それゆえ、彼らはまさにこの点で、真実を見ていないことになる。そのため彼らは、ほとんどつねに誤りを犯し、そして、適切に正すことをせずに、同じ年にパ

(1) ギリシア語ではパスカ。
(2) 復活祭の日取りをめぐる論争は第三巻五‐一‐二参照。三一四年に開催されたアルルスの公会議のカノン一は、復活祭はローマの司教によって通告される同一の日に執り行なわれねばならないと定めている。これよりも早い時期の小アジアの教会とローマの間の論争は、『教会史』第五巻二四参照。
(3) ユダヤ側の過ぎ越の祭りの日取りは必ずしも統一的なものではなく、地方によって若干のずれがあったらしい。
(4) あるいは「全教会で」。
(5) キャメロン（二六九頁）は、この一文はキリストの受難によってもたらされた救いか、復活祭のときに「ほとんどつねに」行なわれていた洗礼に言及するものであるとする。
(6) ここではローマやアレクサンドリアのキリスト教徒が守っている復活祭の日取りがコンスタンティヌスの念頭に置かれ、その権威づけのために「救い主」が持ち出されている。
(7) これは過ぎ越しの祭りの日取りについてのユダヤ人の知見を指しているように見える。
(8) ここでの屁理屈は、もしキリスト教徒がユダヤ人と一緒に同日に祝祭を守るならば、キリストを十字架にかけたユダヤ人の犯罪を認めることになるというものである。
(9) 「主殺し（キュリオクトニア）」。
(10) 「父殺し（パトロクトニア）」。ユダヤ人たちはイエスが十字架にかけられたことに責任を求められた（テサロニケびとへの第一の手紙二‐一四‐一五、マタイ二七‐二二‐二六、ヨハネ一一‐四七‐五〇）。その理由は不明であるが、彼らの行為は「父殺し」と呼ばれた。
(11) テクストでは「あの主殺しと父殺しの後で」。

スカを二度も執り行なっている。[1] いったいなぜわれわれは、この者たちに従わねばならぬのか。彼らは恐ろしい迷妄のため病んでいる、と言われている。いずれにしても、われわれはパスカが一年に二度執り行なわれるのをけっして許しはしないであろう。しかし、たとえこれらの理由に十分な重みがなかったとしても、汝らの『良識』[2]は、汝らの不断の熱意と祈りを介して、汝らの無垢な魂[3]が、邪悪な者[4]の慣習に一見似ている慣習に与っているなどと思われることがけっしてあってはならない。

五　われわれはまた、[5] このような重要な事柄において、そしてかくも意義深い宗教的祝祭にとって、不一致があるのは誤りであるとしなければならない。これは容易に分かることである。というのも、われわれの救い主は、われわれの解放の日、すなわち至聖なる受難の日を一なるものとしてわれわれに伝えられたからであり、またそのお方はご自身の普遍的教会が一なるものであるよう意図されたからである。たとえその諸部分が異なる多くの土地で分かたれていようとも、それは一なる霊、すなわち神のご意志[6]で尊ばれるのである。

六　しかし、同じ日にある者は断食してその日を過ごし、ある者は飲み会を開き、またパスカの後の何日か、ある者は祝いや息抜きに夢中で、ある者は定められた断食に身を委ねている。これがどんなに恐ろしくかつ不適切であるかを汝らの聖性の『良識』に考えさせてみるがよい。そこでこのため、すべての者が見てとっていると予は思うのだが、神の摂理は、[復活祭の日取りを] 適切に正し、それが一つの制度のもとに置かれるのを望んでおられるのである。

第十九章

一　それゆえ、あの父殺し、あの主殺しの民族(7)と何も共有しない仕方で、この問題が正されるのが適切だったので、また人の住む世界の西や、南、北の諸地域の全教会が守っている適切な日取りが存在するので、また東方地域の一部の教会も(8)、そしてその結果、すべての者が今回次のことを正しいと判断したのである――予自身もこれが汝らの『良識』を喜ばすものになると約束した――、すなわち、ローマ人の都において

---

(1) 通常、この一文の意味は、ある年の過ぎ越しの祭りは春分の後に守られ、ある年の過ぎ越しの祭りはその前に守られたことを意味するとされるが、キャメロン(二七〇頁)は、コンスタンティヌスのここでの言葉は同じ春に過ぎ越しの祭りを二度守っているユダヤ人に言及している可能性があると示唆する。

(2) あるいは「聡明さ」。これは一種の呼称。

(3) テクストでは「汝らの魂の無垢」。

(4) ユダヤ人を指す。

(5) テクストでは「これらに加えて」。

(6) 教会の中で働くと信じられた「聖霊」を指す。

(7) テクストでは「あの父殺しにして主殺しの民族」。前註参照。

(8) アタナシオス「アフリカの司教へ宛てた書簡」二(P・G・ミーニュ編『ギリシア語教父』二六、一〇三二)によれば、このとき東方では、キリキア、シリア、そしてメソポタミアの諸教会が、ユダヤ人の過ぎ越しの祭りの日取りに従って、それを守っていた。

も、イタリア[1]やアフリカ全土[2]においても、エジプトや[3]、スペイン[4]、ガリア[5]、ブリトン島[6]、リビア[7]、ギリシア全土[8]、[小]アシアの行政区、ポントス[9]とキリキア[10]においても一つの一致した意思で遵守されている慣行を、汝らの『理解力』[12]も喜んで受け入れることを。上記の土地の教会の数がより大きなものであることばかりか、健全な理性[13]が要求しているように見えるものを共有し、ユダヤ人の偽りの誓い[14]にいっさい加担しないことが、すべての者にとって、至聖なる行為であることに思いを致すときには。

二　予は肝心なことを簡潔に述べる。復活祭の至聖なる祝祭は一なる同じ日に執り行なわれねばならない。これは全会一致の決定である。このような聖なる事柄において分裂があるのは遺憾であり、他の者[15]の迷妄と罪が混じり込んでいないこの判断に従うのは最善である、と。

第二十章

一　さて、このような次第なので、汝らは天の恩恵とこの真に聖なる命令を喜んで受け入れるがよい。というのも、司教たちの聖なる集会においてなされたものはすべて、神の意志を帯びているからである。[16]

二　そこで、汝らは、以上書き記したものを予らの愛する兄弟たちに説明し終わったならば、上記の要請と至聖なる日の厳格な遵守を受け入れ、実行しなければならない。それは、予が汝らの現状を見るために汝らのもとを訪れるとき――これは予の長い間の願いであったが[17]――、予が、一なる同じ日に、汝らと一緒にこの聖なる祝祭を執り行なうことができるためであり、またすべてのことで予が汝らと予の満足を分かち合うためである。それというのも、予は、われわれの信仰と平安と協調が各地で盛んであるので、悪魔的な蛮行が(18)、汝らの実践を介して、神の権能により(19)取り除かれてきたことを認めるからである。

(1) ギリシア語読みではイタリア。
(2) ギリシア語読みではアフリケー。
(3) ギリシア語読みではアイギュプトス。
(4) ギリシア語読みではスパニア。
(5) ギリシア語読みではガリア。
(6) ギリシア語読みではブレッタニア。
(7) ギリシア語読みではリビュエー。
(8) ギリシア語読みではアシア。
(9) ギリシア語読みではポントス。
(10) ギリシア語読みではキリケス。
(11) この土地のリストではローマが最初にあげられているが、アレクサンドリアの名はあげられていない。キリキアは、シリアとメソポタミアと同じく、ユダヤ人たちの過ぎ越し祭りの日取りに従っていたので (W. Huber, *Passa und Ostern*)、キャメロン(二七一頁)は、その名前がここであげられるのは驚きであると言う。
(12) これも一種の呼称。
(13) テクストでは「正確なロゴス」。
(14) 具体的に何を指すのか不明であるが、ウァレリウスはこの一文を、神を自分たちの王であると告白しながら、「われわれはカエサル以外に王がいない」と言って神を否定するその態度に言及するものだと述べている(五二五頁)。
(15) ユダヤ人たちを指す。
(16) 公会議での司教たちは神的な権威を帯びて語るとされる。ソクラテス『教会史』第一巻一九-二四参照。
(17) キャメロン(二七一頁)によれば、この一文は、書簡がアンティオキアとその教会に宛てて書かれたことを示唆する。第二巻七二-二に「予が最近ニコメディアの町に足を踏み入れたとき、予はただちに東方へ(の旅を)強行しようと決意した」とあるが、まだその旅は実行されていなかったと考えれば、キャメロンの推定は正しいことになる。
(18) これは公会議の直前に息子と一緒に殺されたとされる (Barnes, CE 214) リキニウスの蛮行に言及するものであろう。
(19) あるいは「神の軍隊」。

愛する兄弟たちよ、神が汝らを守られるように」。[1]

三　皇帝はこの書簡と同じ効力を有する文書を各属州に送り、[2]それを読む者に、ご自分の思いの中に神への聖なる献身の純粋さを垣間見ることを許されたのです。

第二十一章

閉会式での皇帝の挨拶と司教たちの帰国

一　公会議が閉会の時を迎えようとしたとき、皇帝は司教たちに別れの挨拶をされました。皇帝は、一日、彼ら全員を招くと、次のように訴えられました。司教たちは互いに平和を熱心につくりださねばならない。口論による争いは避けねばならない。司教たちの中に知恵と雄弁で[3]抜きん出ている者がいても、妬んではならない。一人の人の徳の素晴らしさは、すべての者によって共有されねばならない。自分が優れているからといって凡庸な者を侮ってはならない。[4]なぜなら、誰が真に優れているかを判定するのは神だからである。弱者にたいしては優しい言葉をかけて譲らねばならない。完全完璧はどこにおいても希有だからである。

二　それゆえ、些細なことで揉めても、互いに寛容でなければならない。寛大であって、人間的な弱さは許されねばならない。すべての者は調和のある一致を尊ばねばならない。互いに抗争することで、聖なる法[5]を冒瀆しようと虎視眈々とねらっている者に、嘲笑の機会を与えないためである。この者たちのためには、どんなことでも心配りしなくてはならない。もしわれわれの心遣い(6)が彼らに熱心なものと映れば、彼らは救われるかもしれないからである。ただし、知っておかねばならぬ一つのことは、［証しの］言葉が必ずしもすべての者のためになるのではないことである。

三　というのも、ある者は生活の足しになるものを与えられて喜ぶが、ある者は、習慣的に、権威の座を快く思わないからである。ある者は優しく迎え入れる者に挨拶するが、ある者は贈物で敬意を払われて喜ぶ。しかし、真理の言葉の愛好者は少なく、真理を愛する者は希である。それゆえ、誰とでも協調することが必要であり、医師のように救いのためとなるものを各人に処方しなければならない。救いの教えが、あらゆる手段によって、すべての者により信じられるためである。

四　皇帝は概略このようなことを勧め(7)、最後に、ご自分のために神に熱烈な祈りを捧げてくれるよう彼らに願われました。皇帝はこうして別れを告げると、彼ら全員はそれぞれの地に戻るべく送り出されました。

(1) これは司教たちではなくて、彼らが公会議の決定を伝える「平信徒たち」を指すのであろう。二節の冒頭の「愛する兄弟たち」と同じ。
(2) 第三巻一七-一参照。
(3) テクストでは「言葉における知恵で」。
(4) テクストでは「より優れている者たちはより凡庸な者たちを侮ってはならない」。
(5) キリスト教を指す。
(6) テクストでは「予らのもとにあるもの」。
(7) キャメロン（二七二頁）は、ここでの「道徳的・精神的な勧めは皇帝の実際の言葉によるよりも長老エウセビオスの牧会的な理想によるものかもしれない」とし、第二巻六四－七二に見られるアレクサンドロスとアレイオスに宛てた書簡との類似を指摘する。

彼らは喜び勇んで戻って行きました。以後、皇帝の臨席のもとで達せられた一なる意思が、すべての者の間で優勢になりました。長い間分裂していた者が［キリストの］一なる体に連なったからです。

第二十二章

この成功を喜ばれた皇帝は、書簡を介して、公会議に出席できなかった者に実り豊かな果実を贈られました。皇帝は地方や都市にいるすべての平信徒に潤沢な金を下賜するよう命じ、それでもって即位二十年の祝祭を祝われました。

第二十三章

エジプト人の間の抗争と皇帝の仲介

今やすべてが平和裡に進みました。ただエジプト人の間では、抗争が妥協の余地なく残っておりました。そのため皇帝は、まだ怒りには駆られていなかったのですが、以後も心を煩わされたのです。皇帝はこの者たちにあらゆる敬意を払い、「父よ」と呼びかけるのではなくて、むしろ「神の預言者よ」と呼びかけて、彼らを再び(1)を呼び集め(2)、再び同じ司教たちの仲介役を忍耐強く(3)果たし、贈物をもって彼らに今一度敬意を払われました。皇帝はまた書簡(4)を介して裁定を説明し、そして会議(5)の諸決定を確認すると、押印されたのです。

皇帝は彼らに、一致を尊重し、教会を分断させたりばらばらにさせたりしないよう、しかし神の審判を心に留めおくよう促されました。皇帝は以上のことを、ご自身の書簡を介して、書き送られたのです。

第二十四章

皇帝の書簡

一　皇帝はまたこれらに類するその他無数のことを書き、またそれと同じほど多くの書簡をしたためられました。皇帝はその一部の中で司教たちに向かって神の教会の益になるものを列挙されましたが、ときにはまた、ほかならぬ会衆に語りかけられました。そのときはこの三度祝福されたお方は、教会の平信徒をご自分の「兄弟」とか「同志であるしもべ」と呼びかけられました。

二　しかし、これらのものは特別な主題のもとに集める機会もあるので、ここでは、この物語の流れを中断しないようにしよう。

（1）「再び（デウテロン）」。あるいは「第二回の」であるが、その後に来る名詞が欠落している。この先で「公会議」を意味するシュノドスなる単語が使用されていることから、第二回の公会議が開催されたと理解することも可能であるが、ここではエジプトの司教たちだけを集めたと想像したい。

（2）どこに呼び集めたのか。ニカイアか。

（3）ここでのギリシア語の原意は「悪に耐えながら」。

（4）ここでの書簡は単数形。

（5）あるいは「公会議」。

第二十五章

パレスチナでの皇帝の仕事

これらのことが行なわれた後、記憶に値するもう一つの大きな仕事が、神に愛されたコンスタンティヌス(1)により、パレスチナの属州においてなされました。それは何だったのでしょうか。

皇帝は救い主が復活されたエルサレムの中の一番祝福された場所を、万人の耳目と崇敬を集める場所にする義務がご自分にはあると考えられました。そこで彼は、祈りの家をただちに(2)建造せよと命じられました。彼はこれを神の助けなしではなく、救い主ご自身によって突き動かされた霊でもって思いつかれたのです。

第二十六章

救い主の埋葬された洞穴

一　かつて不信仰な者たち(3)——いや、この者たちを介したすべてのダイモーン(4)と言うべきかもしれません——が、あの人間以上のお方の不死の墓を闇と忘却に引き渡そうと躍起になりました。ところがその墓の傍らで光が輝くと、天から降りてきたみ使いは、生けるお方がまだ死者たちと一緒におられると想像して(5)——そのお方は、そのとき、女たちに福音を告げておられたのです——その思いを硬直させている者たちの石を転がし、[6]そして彼らが探し求めていたお方が生きておられることを教えて、彼らの思いから不信仰の石を取り除きました。

二　神を信じない不信仰な者が、人類の目に見えないようにと画策したのは、まさに救い主のこの洞穴でした。彼らは愚かにもそれでもって真実を隠蔽できると考えたのです。実際、彼らは大変な労苦の末に外部のどこからか土を運び入れると、その場所全体を覆い隠し、ついで石でならして平坦にし、その聖なる洞穴を大量の土砂の下のどこかに隠したのです。[7]

三　ついで彼らは何も残さなかったかのように、地上に、まことに恐ろしい墓を死者[8]や偶像[9]のためにつ

(1) テクストにはない固有名詞を補う。
(2) この副詞は「建造せよ」ではなくて「命じました」を修飾するかもしれない。
(3) ユダヤ人を指す。
(4) テクストでは「ダイモーンの全種族」。これは異教の神々を指す。第一巻一六参照。
(5) テクストでは「その思いを石のようにさせてしまった者たち」で、次に来る「石」との間に言葉遊びが認められる。
(6) エウセビオスはここで、マタイ二八-二一一二、ルカ二四-五のテクストを念頭に置いている。
(7) 時制は歴史的現在。
(8) あるいは「死んだ者の魂」。ここでのネクローンを次に来る「偶像」を修飾するものと理解することも可能であるが(キャメロン、一三二頁)、普通は「死せる偶像」とは言わず「命なき偶像(アプシュコイ・エイドーロイ)」と言うのではないか。
(9) ここでの偶像は複数形であるので、異教の複数の彫像を指すように思われるが、キャメロン(二七九頁)は、複数形の使用は、異教の神殿に言及するときのエウセビオスの文書によく見られるものであると指摘する。

くり、そして奔放なアフロディテ(1)のダイモーンのために薄暗い聖所を建てたのです(2)。ついで彼らはそこの聖ならざる不浄な祭壇に汚れた犠牲を捧げました。彼らは自分たちの欲望を実現させるにはこうするしかないと考えたのです。そのため救い主の洞穴をそのような不浄な汚れの下に埋め隠したのです。

四　死を克服して冠をかむられたお方がなされたことが、気づかれないですむはずがありません。ちょうどそれは、太陽が昇った後で地上に輝き、天にあるそれ自体の進むべき道を回るとき、人間が住む全世界がそれに気づかないですむことがないのと同じですが、この愚か者たちは、そのような当然の理が分からなかったのです。しかし、これよりも明るく輝いている救い主の力は、人間の身体ではなくて魂を照り輝かし、全世界をそれ自体の光の煌めきで満たしておるのです。

五　しかし、それにもかかわらず、これらの神を信じない不信仰な者の真理に挑戦する工作活動は長期間におよび、それまで誰一人として、知事も、指揮官も、いや歴代の皇帝でさえ、これらの犯罪の一掃に役立ちはしなかったのです。例外はただ一人、諸王の王である神の友コンスタンティヌス(3)だけでした。

救い主の埋葬された洞穴の回復

六　神の霊を身にまとったそのお方は、敵の陰謀により不浄なあらゆる種類の塵芥の山で覆い隠されている、と説明されてきたその場所を忘却と無知に引き渡すことをされず、犯罪者の悪事にも屈しもされなかったのです。彼はご自身の神に、ご自分と一緒に働いてくれるよう祈り求めると(4)、塵芥の山を取り除くよう命じられました。というのも彼は、敵によって汚された場所が至善者の大いなる働き――それは彼を介してなされるものでした――を享受して当然だと考えられたからです。
七　そこで命令が下されるや、このまやかしの装置は屋根の高い部分から床部分まで取り除かれ、迷妄の建造物はばらばらに解体され、木造の彫像やダイモーンとともに破壊されたのです。

第二十七章

しかしながら、皇帝の熱意はここで終わったのではありません。彼はさらに、取り壊された物から石や木材が混ざった廃棄物を取り除き、その場所からもっとも遠い場所に捨てるよう命じられました。この命令で作業がただちに開始されました。しかし、この進捗だけでは十分ではなく、彼は今一度、神の霊感に突き動かされて、その場所を深く掘り、廃棄物は、ダイモーンの不浄な血(5)で汚されているので、どこか遠い所に運

（1）アフロディテは愛と美の女神。ラテン語ではVenus。テクストでは形容詞「奔放な（アコラストス）」の与格はダイモーンを修飾しているが、ここでは与格を属格に改めてアフロディテを修飾するものと理解する。
（2）ヒエロニムス「書簡」五八-三は、イエスの復活の場所にユピテルの像が立ち、十字架にかけられた場所にヴィーナスの像が立てられていたと述べている。なお、キャメロン（二七八頁）は、アエリア・カピトリーナの貨幣には、テュケーの二つの神殿が描かれていると指摘する。
（3）テクストにはない固有名詞を補う。
（4）「至善者（パンアガトス）」。神を指す。
（5）「ダイモーンの不浄な血」。異教徒の動物犠牲で流された血を指す。

び出すよう命じられました。

第二十八章

これも速やかになされました。地の深い所が断層ごとに明らかにされていくとついに、誰も予想さえしなかった、救い主の復活の厳かで聖そのものである証し(1)が明らかにされたのです。そしてもっとも聖なるもの(2)である洞穴は、救い主の命の再生(3)に似たような様相を呈しておりました。いったん闇の中に沈んだ後、次にそれは光のもとに現われ、そして、見物にやって来る者に、この場所でなされた奇蹟の物語を目の当たりにすることを許し、他のどんな声よりも、雄弁に諸事実でもって救い主の復活を証したのです。

第二十九章

祈りの家の建造

一　こうしてこれらのことをなし終えると、皇帝は次に、敬虔の法に促されて(4)、また潤沢な金を下賜して、救い主の洞穴の近くに、皇帝の雅量を示す立派で豪華な、神［の子］にふさわしい祈りの家を建てるよう命じられました。長い間この計画をあたためて、これからなされる事を優れた洞察力で見抜いておられたかのようにです。

二　皇帝は東方の属州を潤沢な下賜金で統治している者にたいし、その建造物を並の規模ではない、大きな立派なものにするよう指示されました。またそのとき彼は、エルサレムの指導者をつとめていた教会の司教に[5]、以下の内容の書簡を送られました。皇帝はそれを介して、明白な言葉で、ご自身の魂の［中にある］神への愛と、救い主のロゴスへのご自身の信仰の純粋さを次のような仕方でしたためられたのです。

第三十章

マカリウスへ宛てた皇帝書簡

一　「勝利者コンスタンティヌス・マクシムス・アウグストゥス［から］マカリウス[6]へ

---

(1)「証し（マルテュリオン）」。ここでのギリシア語は、後出の「救い主の復活を証ししたのです」の語句から明らかなように、復活の出来事を「証しする」の意で使用されている。

(2)「もっとも聖なるもの（ト・ハギオン・トーン・ハギオーン）」。テクストでは「聖なるもののうちの聖なるもの」。この語句は通常エルサレム神殿の至聖所をさして使用される。エウセビオスはここで洞穴を「至聖所」と等値と見なしているのかもしれない。

(3) あるいは「命への回帰」。これは前出の「復活」と同義であろう。

(4) 敬虔の法とはコンスタンティヌスの中に認められる、彼を律するキリスト教的な精神を指すのであろう。

(5) この司教は次の第三十章の冒頭でその名前があげられているマカリウスを指す。

(6) ギリシア語読みではマカリオス。

われわれの救い主の恩恵はかくも大きく、いかなる言葉もこの現下の驚きを十分に言い尽くせぬように思われる。というのも、地中に隠されていたそのお方の至聖なる受難の証拠[1]は、全人類の共通の敵[2]が取り除かれて自由にされたご自身の奉仕者のために輝き出るまで、かくも長い年月忘れ去られていたが、それはどんな驚愕をも真に凌駕するからである。

二　たとえ全世界から知者の評判を取る者すべてが一なる同じ場所に集い、この出来事にふさわしい言葉を口にしようとも、彼らは最小限のことさえ口にできないであろう。誰もが認めるように、天上界の事柄は人間界の事柄を超えるが、それと同じ程度に、この奇蹟の証拠は、人間の理性のどんな理解力をも超えるからである。

三　さてこのため、予にとって第一の、そして唯一の目標はつねに、真理の証拠[3]が日々より新鮮な驚きでみずからを提示するよう、われわれすべての者の魂が、どこまでも真摯な態度と同じ理解の熱意をもって、聖なる法[4]にこれまで以上に熱心になることにある。

四　それゆえ、すべての者に明白であると予が見なす事柄は、予がとくに汝が信じてくれることを願っているもの、すなわち、予の関心は他の何よりも、神の命令で、重しのようにその上に置かれていた偶像の醜悪な付随物から予が解き放った[5]あの聖なる場所――そこは、神のご判断により最初から聖なるものであったが、今や救い主の受難の証拠が光の中へ出たことにより、これまで以上に聖なるものになったのである――が、われわれによって美しい建造物で飾られることにある。

第三十一章

一　そこで、汝自身の『良識』(6)がかく命令し、個々の必要な物の心配りをするのは適切である。そうすればこの建造物は、他のすべての場所のバシリカばかりか、他の点でもまさり、各都市のすべての美しい建造物を凌駕するものとなるであろう。

二　壁を立てることとその飾りつけであるが、予らの友人で、著名な長官たちの間で職責を果たしているドラキリアヌス(7)と属州知事(8)が、予らからその仕事を委ねられていることを承知しておいてほしい。というのも予の『敬虔』(9)は、技術者や、労働者、そして汝の『良識』から、その建設作業のために必要であると知ら

(1) この言葉が示すものに関してはさまざまな議論がある。この場所で発見されたとされる「十字架」を指すのか、それとも象徴的な意味での「十字架」を指すのか、そのあたりのことは決着がつかない。
(2) リキニウスを指す。
(3) ここで使用されているギリシア語ピスティスには「証拠」の訳語を与える。後出「証拠」も同じ。
(4) キリスト教を指す。
(5) あるいは「解き放って軽くした」。
(6) この呼称は第三巻一九-一参照。
(7) ギリシア語読みではドラキリアノス。この人物は三二六年の「テオドシウス法典」第二巻三三-一、および第十六巻五-一からも知られる。
(8) パレスチナ知事を指す。
(9) これは前出の「良識」と同じく一種の呼称。

されるものはすべて、その者たちの配慮により、速やかに調達されると命じているからである。
三　列柱や大理石であるが、汝自身が調べた後、何がもっとも高価でその用途に適うと考えられるか、速やかに書き送ってほしい。そうすれば予らは汝の書面から、どんな資材がどれほど必要とされているかを知り、それらは要求どおり各地から調達される。この世で驚愕すべき場所がそれにふさわしく飾り立てられるのは、正義に適ったことである。

第三十二章

一　バシリカのアーチ形天井(1)であるが、汝はそれを格間《ごうま》のパネル仕立てにしようとしているのか、それとも何か別の建築様式にしようとしているのか、予は汝からそれを知りたいと思う。もしそれが格間のパネル仕立てになるならば、それも金で飾り立てられねばならない。
二　最後ではあるが(2)、汝の『聖性(3)』が前述の行政官たちに、どれほどの労働者や技術者、それにどれほどの経費が必要とされるかを可能なかぎり早く知らせるために、大理石や列柱ばかりか、格間のパネルに関しても、もしそれがもっとも美しいと判断されるのであれば、予にも速やかに報告してほしい。
わが敬愛する友よ、神が汝を守られるように」。

第三十三章

勝利の記念碑の建立

一　皇帝は、以上のようにしたためられたのです。この書簡と同時に、命令された事柄が実行に移されました。新しいエルサレム[4]がまさに救い主の「証し[5]」の場所に[6]建てられたのです。そこは、血なまぐさい主殺しの後でさびれ果て、その不信仰な住民[7]の罰の代価を払った、世界に喧伝されたあの古のエルサレム[8]に面したものでした。

(1)「アーチ形天井（カマラ）」。ラテン語で camera.
(2)テクストでは「言い残されたこと」。
(3)これも一種の呼称。
(4)この呼称はここに建てられた建造物に適用されているのであって、場所的なものではない。
(5)「証し（マルテュリオン）」。前出参照。ここでの「証し」は、そう呼ばれた建造物あるいは、そう呼ばれた場所（地点）を指している。なお、Hunt, *Holy Land Pilgrimage*, 13 によれば、後になって、この「証し」は、ここに建てられたバシリカの呼称になった。
(6)「……の場所に（カタ）」。この前置詞の意味をめぐってはいろいろ議論がある。救い主の「証し」の場所の「近く」なのか、それともその「上に」なのか、あるいはここで訳したように「……の場所に」になのか。
(7)かつてそこに住んでいたユダヤ人を指す。
(8)テクストにはない固有名詞を補う。ここでは紀元後七〇年に破壊された「ユダヤ人」の神殿と都エルサレムを指す。

二　皇帝は次に、これと向き合う所に死に打ち勝った救い主の勝利の記念碑を、贅を尽くして建てられました。

ここは、[1] 間違いなく、預言者たちの託宣により宣べ伝えられていた第二の新しいエルサレム[2]なのです。それに関しては、はるか遠い昔の［預言者の］言葉が神の霊感を受けて託宣し、数多くの賛歌をうたっているのです。[3]

三　皇帝は、最優先事項であるかのようにして、何よりも先に聖なる洞穴を飾られました。そこは長い時間の記憶が一杯に詰まった墓でした。そこは死に打ち勝たれた偉大な救い主のトロパイオン[4]と畏怖すべき墓——かつてその傍らでは光が燦然と輝き、み使いが、すべての者に救い主によって示された復活[5]の福音を宣べ伝えていたのです——からなるものでした。[6]

第三十四章

さて、皇帝は、その気前のよさから、これを最優先事項のようにして、まず最初に堂々たる列柱と多くの飾りで華やかなものにし、その厳かな洞穴をあらゆる種類の美しいもので飾られたのです。

第三十五章

皇帝の次の目標は、新鮮な外気に向けて広く開けている非常に広大な土地の空間でした。彼はその地表に輝くばかりの石を敷き詰めて飾り、三方の側を大きな列柱で囲まれました。

第三十六章

宮中の聖堂について

一　太陽が昇る方角に向いている墓の正反対の所で、宮中の聖堂(7)が接続しておりました。それは途方もなく高くそびえ立つ、奥行きと横幅が非常にある尋常でない建造物でした。内部には多色の大理石の石板が敷き詰められ、壁の外観は、それぞれの接合箇所に塡め込まれた研磨された石で輝いていたため、見る者の目

(1) テクストでは救い主の勝利(の記念碑)を受けるもので、奇妙なものになっている。
(2) ここでのギリシア語カイネーには「新たな」ではなくて、「第二の」の訳語を与えておく。
(3) 時制は歴史的現在。
(4) このトロパイオンについては前出参照。
(5) あるいは「再生」。
(6) いかなる意味でこの場所がこの二つから「なる(ペリエコン)」かは明白ではない。
(7) これは宮中のキリスト教徒のためにつくられたもの。

にはけっして大理石に劣らぬ最高の美しさを醸し出していました。

二　その屋根ですが、頂に至るまで、表面は鉛(1)で覆(2)われておりました。冬季の雨からしっかりと守るためです。他方、その構造物の内側は刻まれたパネル細工で仕立てられておりました。宮中の聖堂の全体は、切れ目のない接合により、広漠とした海のような広がりとなっていました。そして全体が光を反射する黄金で美しく仕立てられていたので、燦然と輝くものになっていました。

第三十七章

上下二階層の列柱廊の左右の側の近く(3)を、対の側柱が聖堂の奥までつづき、その頭頂も黄金で飾られていました。聖堂(4)の正面の列柱廊は、非常に大きな列柱によって支えられ、正面の内側のそれは、その周囲の表面が多くの飾られた石の下に立ち上げられていました。太陽の昇る方角に向いた三つの玄関口は、中へ入って来る大勢の者を迎えるものでした。

第三十八章

これら［三つの玄関口］の真向かいには、［この建造物の］全体の要(5)であるヘミスファイリオン(6)が宮中の聖堂(7)の一番高い部分の上にあり、救い主の使徒の数と同じ一二本の列柱がそれを環状に支えていました。その頭頂は、皇帝がご自身の神に最高の捧げ物として贈られた大きな銀杯で飾られていました。

第三十九章

そこから聖堂の正面の入り口に進むと、別の空間が待ち受けていました。回廊がその両側にあり、さらに第一の中庭が、その先には列柱が、そしてそれらすべての先には中庭の入り口がありました。これらの先の開けた空間の中央には、美しくつくられた全体への入り口となる玄関口がありました。それは外を通る者に内部の素晴らしい様子を垣間見せていました。

第四十章

皇帝は救い主の復活の明白な証しとしてこのような聖堂を建て、全体を宮中の豪華な調度品で絢爛たるも

---

(1) テクストでは「外側」。
(2) テクストでは「鉛の資材」。
(3) テクストでは「それぞれの側の」。
(4) テクストでは「家」。次註参照。
(5) あるいは「全体の頭」。
(6) このヘミスファイリオンについてはいろいろ議論がある。
(7) テクストでは「家」。

のにすると、それを無数の奉献物や、さまざまな資材に填め込まれた金や銀、高価な石などの、言葉で言い尽くせぬ美しさで飾られました。それらの大きさや、数、多様さなどを考えると、それらを産み出すに至った細部にわたる職人技を詳述せねばなりませんが、今ここではできません。

第四十一章

ベツレヘムの教会と昇天教会

一　皇帝はまたそこでも、神秘的な洞穴があるため畏敬されてきた他の二つの場所を心に留め、気前のよい豪華なものでそれを飾られました。すなわち、救い主の最初の顕現[1]があった洞穴——その中で受肉による誕生の出来事[2]が起こったのです——には、それにふさわしい敬意を払われ、またそこから［救い主が］天へ取り上げられた山の上[3]の記念碑を厳かなものにされました。

二　皇帝はこれら二つのものも美しくして敬意を払われ、そして人類の生にかくも大きなよき働きをして仕えられたご自分の母堂ヘレナ[4]の記憶を永遠のものにされたのです[5]。

第四十二章

皇帝の母ヘレナ

一　この女性は、ご自分の敬虔な性格が諸王の王である神によるものであり、そのお方に返礼することをご自分の仕事として以来、祈りの中で、かくも偉大な皇帝である子息や、神にもっとも愛されたカエサルである彼の子息たち、(6)すなわち彼女自身の孫たちのために、感謝の捧げ物をしなければならない(7)と考えておられました。この老女(8)は、若者顔負けの熱心さで、その人一倍旺盛な好奇心で崇敬に値する土地(9)を探し、同時

---

(1) より正確には「神顕現」。

(2) ここでの形容詞「受肉による（エンサルコス）」の原義は「肉の中に」「身体の中に」。なお、二世紀の『ヤコブの原福音書』一七-二—一八-一以来、イエスの誕生の場所は洞穴の中であったとされてきた。

(3) テクストでは「山頂の上の」。ここでの山はオリーブ山を指す。

(4) テクストにはない固有名詞を補う。

(5) 第三巻四三-五によれば、コンスタンティヌスの母は東方を訪問した後間もなくして亡くなっている。

(6) コンスタンティヌスの子息の一人クリスプスはファウスタとともに三二六年に処刑（？）されているので、クリスプス死後の二人のカエサルは、コンスタンティヌス二世とコンスタンティウスとなる。

(7) テクストでは「……で満たさねばならない」。

(8) 第三巻四六によれば、彼女は八六歳で亡くなっている。

(9) この語句の中にキリスト教の聖地概念のはじまりが見られる。

に東方の諸州や、諸地域と諸民族を、皇［太］后の洞察力をもって調べようとやって来られたのです。

二　彼女は、当然のことながら、救い主が足を運ばれた場所にぬかずき、預言者の言葉「われわれはそのお方の足が立った所でぬかずこう(1)」に従い、以後そこを訪れる者に(2)、ご自分の個人的な敬虔の果実を速やかに残されたのです。

第四十三章

ヘレナ、二つの聖堂を奉献する

一　そこで、彼女は即、ご自分が崇敬する神に二つの聖堂を奉献されました。一つはそのお方が誕生した洞穴の近くに、他の一つは［そのお方がそこから天に］取り上げられた山の上にです。というのも、わたしたちとともにおられる神は、わたしたちのために［そのお方を］誕生させたからです。そのお方が受肉して誕生された場所は、ヘブルびとの間で(3)、ベツレヘム(4)の名で呼ばれておりました(5)。

二　そのため、敬神の念の非常に篤い皇［太］后は、神の子の母の受胎を素晴らしい記念碑で飾り、この聖なる洞穴をあらゆる仕方で美しいものにされたのです。他方皇帝も、それからしばらくして、その受胎の場所に宮中からの献納物をもって敬意を払い、金や銀の高価なものや刺繍のほどこされた垂れ幕などで、ご自分の母堂の美しい奉献物をさらに増し加えられたのです。

三　皇帝の母堂はまた、オリーブ山の上に、全世界の救い主の天への旅立ちを記念して壮大な建造物を建てられました。[6] 彼女はその全山の頂の近く、山の背の近くに教会の聖なる家を立ち上げ、またその場所で［最後の］時を過ごされた救い主のために、まさにその同じ場所に、祈りの聖堂を建設されたのです。というのも、真の言い伝えによれば、そこにおいて、ほかならぬその洞穴において、全世界の救い主はご自身の結社の者[7]に秘密の儀式[8]を執り行なっておられたからです。[9]

四　皇帝はそこでもまた、あらゆる種類の奉納物と飾りで、この偉大な王[10]に栄誉を捧げられたのです。以上は、二つの神秘的な洞穴の上に、ヘレナ・アウグスタ[11]がご自分の救い主である神に捧げられた、永遠

（1）エウセビオスはここで詩篇一三二（一三一）-七をベツレヘムに言及するものとして引いている。

（2）あるいは「後の世代の者」。

（3）エウセビオスは「ヘブルびと」と「ユダヤ人」を区別する。

（4）ギリシア語読みではベートレエム。

（5）生誕教会を指すのに「ベツレヘム」の呼称が用いられていたことを指すらしい。ベツレヘムにある現在の生誕教会は後のユスティニアヌス帝時代のものであるが、それでもそこには四世紀の建造物の跡が見られると指摘されている。

（6）エウセビオスは、第三巻四一-一で、オリーブ山上の洞穴を昇天と結びつけているが、三八〇年頃にパレスチナを訪れたエゲリアは、昇天の場所をインボモンの名で知られる教会によって記念された場所としている。Walker, *Holy City, Holy Places*, 201-202 参照。

（7）「結社の者（ティアソーテース）」。ここでのギリシア語は、ヘレニズム世界の結社の会員を指して用いられたもの。

（8）あるいは「口外することを許さぬ」。

（9）洞穴はマタイ二四-四―二五に記録されているイエスの黙示的な言葉とも結びつけられた。『福音の論証』第六巻一八-二三参照。

（10）キリストを指す。ここでのギリシア語は「皇帝」をも意味するバシレウス。

（11）ギリシア語読みではヘレネー・アウグスタ。

の記念に値する、厳かで途方もなく美しい二つの奉献物についてでした。彼女は神に愛された皇帝の神に愛された母で、ご自分の敬虔な性格の証拠としてこれらをもうけ、ご自分の息子が彼女に皇族の権威のしるしである右手を差し出されたのです。

ヘレナの死

五　この老女は、その後しばらくすると、ご自分にふさわしい果実を刈り取られました。彼女は、あらゆるよき働きをなしつつ、老齢の門口(1)に立ち、その全生涯を終えられたのです。彼女は、言葉と働きにおいて、救い主の戒めから豊かに実を結ぶ芽であることを示されました。そして、肉体と精神の二つにおいて、かくも質素で穏やかな生涯を、まだ元気でおられたときに終え、その敬虔にふさわしい最期を迎えられました。彼女は、この世に生のあるときも神からよき報酬を得ておられたのです。

第四十四章

ヘレナのなした善行

皇族らしく豪勢に、東方全域を巡察しておられたときのことです。彼女は、訪れた町の市民団に無数の贈物をし、またご自分の所にやって来た者のそれぞれにも個人的に贈物をされました。彼女はまた、軍団の兵士に、無数のものを気前よく分配されました。彼女は着るものも寄る辺もない貧しい者にも沢山のものを与え、ある者には金子を贈り、ある者には身を覆うのに十分なものを潤沢に与えられました。彼女はある者を獄から解放し、また劣悪な環境のもとで酷使されている者を鉱山から解放し、貪欲な者の犠牲者を自由にし、ある者を流刑から呼び戻されたのです。

第四十五章

もちろん、彼女はこのような善行で輝いたのですが、神への献身も蔑ろにされなかったのです。彼女は神の教会に出入りするご自分の姿をつねに(2)人びとの目にさらされました。そして彼女は祈りの家を燦然と輝く財宝で飾り、もっとも小さな町の聖堂でさえ無視することはなかったのです。この素晴らしい女性は地味で質素な身なりで信徒の群れに加わり、神への畏敬の念を、神が愛されることをすべて行なうことで示されたのです。

(1) この表現は、ホメロス『イリアス』第二十二歌六〇から。
(2) この副詞は先行する「教会に出入りする」を修飾するのかもしれない。

第四十六章

ヘレナの死の直前の身辺整理

一　彼女がその充足した生涯を終え、天国に召されようとして(1)——そのとき彼女は八〇歳近くでした——まさにその生の最後に向かっていたとき、彼女は身辺整理を行ない、皇帝・単独支配者・世界支配者である唯一生まれた息子(2)と、ご自分の孫たちでカエサルでもある皇帝のご子息たちのために最後の遺書を定め、子孫たちの一人ひとりに、ご自分が全世界で所有する財産のいっさいを遺贈されました。

二　こうしてその身辺整理を終えると、彼女はその生の最後を終わりとされたのです。かくも偉大なご子息はその場にいて、彼女の傍らに立ち、彼女に仕え彼女の手を握っておられました。そのため、好意的に考える者には、三度祝福された彼女は亡くなってはおらず、実際にはこの地上から天上界の生への変容と移行の過程にあるように見えたのです。こうして彼女の魂は、彼女の救い主のもとへと取り上げられると、朽ちることなき天使的な本質の上に(3)置かれたのです。

第四十七章

ヘレナの遺骸の埋葬

一　この祝福されたお方の遺体[4]も特別な扱いを受けるに値しました。それは多数の護衛兵に守られる栄誉を受けて帝都ローマ[5]に運ばれ、そこで皇族の霊廟に安置されました。[6]こうして皇帝の母堂は亡くなられました。彼女は、神を愛するその働きと、彼女がもうけたその傑出した素晴らしいご子息のために、いつまでも記念されるに値するお方でした。

二　そのご子息は、何よりも、ご自分をもうけてくれたお方への敬愛の念のために、祝福されるに値するのです。彼は彼女を神を畏れる者とされたので――それまでの彼女はそうではなかったのです――、彼には

（1）テクストでは「よりよい定められた場所に」。

（2）「皇帝・単独支配者・世界支配者である唯一生まれた息子（モノゲネイ・フユイオイ・バシレイ・モナルコイ・コスモクラトイ）」。ここでの皇帝には「王」の訳語を与えることも可能である。エウセビオスはここでコンスタンティヌスをキリスト（神によって唯一もうけられた子、王、単独支配者、世界支配者）に比している。

（3）ギリシア文には言葉遊びが認められる。

（4）「遺体（ト・スケーノス）」。ここでのギリシア語の意味は「天幕」「住まい」であるが、ここでは死後の魂の「仮り住まい」の場所として「遺体」が言及されている。

（5）テクストにはない固有名詞を補う。

（6）ヘレナの遺体は、コンスタンティヌスが自身のために造営したと言われるローマのラビカナ通りの霊廟に安置された。

彼女がそのはじめから同じ[1]救い主の弟子となっていたように思われたのです。[2]彼は彼女に皇族の地位を与えて敬意を払われました。[3]そのため彼女は、すべての属州において、また軍団兵士の間で、「皇女アウグスタ」と呼ばれ、また彼女の肖像が金貨に刻まれたのです。

三　コンスタンティヌス[4]はさらに帝室金庫の権限を彼女に与えられました。そのため、彼女はご自分の裁量でそれを使用でき、またご自分の判断で管理できたのです。好きなように、そしてどの場合も、彼女がよしとされた判断が尊重されました。彼女のご子息はこれらのことで彼女を傑出した、人も羨む者にされたのです。それゆえ、わたしたちにとって、彼を記念する記録の中にこれらのこと――その人一倍抜きん出ていた敬神の念ゆえに、彼は母堂を敬い、そうすることで両親を敬う義務を課している神の掟を満たされたのです――を含めるのは適切だったのです。

四　皇帝はこうした仕方で、上述の素晴らしい建造物をパレスチナの地方に建てられました。彼はまた、全属州に新しく教会を建て、それまでのものを凌ぐはるかに価値あるものに見えるようにされました。

第四十八章

コンスタンティノポリスと皇帝

一　皇帝はご自分の名を冠する都市[5]に格別の名誉を授け、そこを非常に多くの祈りの家や、大きな殉教者の記念碑、素晴らしい建造物[6]――あるものは町の前にあり、あるものは町の中にありました――などで燦然と飾られました。彼は同時に、これらのものでもって、殉教者の墓に敬意を払われ、ご自分の都を殉教者の神に奉納されました。

二　皇帝は神の知恵の霊にどこまでも満たされておられたので、ご自分の名を冠した都がそれを示してみせるべきだと判断し、都からあらゆる種類の偶像を一掃することが正義に適っていることだと判断されました。(7) こうして、都のどこにおいても、聖所で神々と見なされて拝されているものの像や、不浄な血で汚れた

（1）テクストでは「共通の」。

（2）テオドレトス『教会史』第一巻一八は、ヘレナは最初からキリスト教徒であり、コンスタンティヌスをキリスト教徒として育て上げたとしている。

（3）ヘレナの出生は不明。アンブロシウス、『テオドシウスの死に際しての講話』四二は、彼女に「旅籠の女主人」として言及する。**P. Bruun, RIC 7. 69**は、ヘレナが皇族の地位を与えられた時期を三二四年十一月八日とする。

（4）テクストにはない固有名詞を補う。

（5）キャメロン（二九八頁）が引く**I. König**編『コンスタンティヌス資料集成』三〇は、コンスタンティヌスは、「自分の大勝利を記念して、自分自身の名にちなんでビザンティウムをコンスタンティノポリス（コンスタンティヌスの町）に改名した」と述べている。

（6）「建造物（オイコイス）」。ここでのギリシア語は本来ならば「家」とでも訳出されるべきものであるが、この語は前出の「祈りの家」の「家」が転写の過程でここに入り込み、「建造物」を表わす他のギリシア語を押しのけてしまったように見える。

（7）そうは言っても、ゾシムス（第二巻三一）は、コンスタンティヌスがレア（**Rhea**）とローマのフォルトゥナ（**Fortuna Romae**）に捧げる新しい神殿を立てたと述べている。

祭壇、火で全焼される犠牲、ダイモーンの祭り[1]、その他迷信を信じる者の慣習が消えたのです[2]。

第四十九章

わたしたちは、広場[3]の中央にしつらえられた噴水[4]の所で、よき羊飼い[5]の象徴――これは神の託宣[6]を熱心に学ぶ者[7]にはよく知られているものです――と、金の板金で輝く青銅製の、ライオンと一緒にいるダニエル[8]の像を見ることができるのです。皇帝の魂をとらえた神がかった情熱[9]は非常に激しいものでした。そのため、ほかならぬ宮中の居住区の、人目につきやすい建造物の屋根に接続する金箔の格間の中程にある幅広のパネルの中央部分に、大量の金で細工された各種の高価な石でつくられた救い主の受難の象徴[10]が塡め込まれていたのです。これは、神を愛するお方のために[11]、まさに帝国の護符[12]としてつくられたように思われます。

第五十章

ニコメディアとアンティオキア

一　皇帝はご自分の都をこれらの建造物で美しく飾ると、次には、同じようにして、壮麗な教会を奉納してビテュニア[13]の第一の都市[14]にも敬意を払われました[15]。彼はそこに、ご自身の基金から、ご自分の救い主のために、ご自分の敵対者と、神の敵にたいする勝利の記念碑を建てることを望まれました。

二　彼は、他の属州のもっとも有力な都市を、祈りの家[16]の美しい建造物で際立たせました。ちょうどアンティオコス[17]の名にちなんで命名された東方の母なる都[18]にされたようにです。彼はそこに、東方の諸州の頭に冠するかのように、その規模と美しさで、世に二つとない教会を献納されたのです。聖堂全体は大きな外壁で囲まれ、中にある祈りの家を途方もなく高いものにしておりました。それは八角形の形状につくられ[19]、一階と二階の周囲のすべてが格間仕立てでした。大量の金や青銅、その他の高価な資材がふんだんに使用され、

(1) ここでのダイモーンは複数形。
(2) リバニウス「演説集」三〇-六、三七は、コンスタンティヌスがコンスタンティノポリスを建設するために神殿を荒らし、そのため天罰を与えられたと述べている。『復活節暦日表』五二八―五二九によれば、異教の偶像などはコンスタンティヌスの命令によりコンスタンティノポリスに運ばれ、競馬場や元老院を飾るのに使用された。
(3) ここでの広場は複数形。
(4) ここでの噴水は複数形。
(5) キリストを指す（ヨハネ一〇-一参照）。
(6) ここでの神の託宣は複数形。聖書を指す。
(7) テクストでは「神の託宣からはじめる者」。
(8) ギリシア語読みではダニエール。ダニエル書六章参照。
(9) あるいは「神がかったエロース」。
(10) 前出では複数形であったが、ここでは単数形。
(11) あるいは「神を愛するお方によって」。
(12) エウセビオスには、十字架が帝国の護符だという理解がある。
(13) ギリシア語読みではビテュノイ。
(14) ニコメディアを指す。
(15) ラクタンティウス『迫害する者の死について』一二によれば、ニコメディアの教会は、迫害が勃発した三〇三年に、ディオクレティアヌス帝の命令によって焼き打ちされていた。
(16) テクストでは「家」が欠けている。
(17) アンティオコス一世を指す。
(18) アンティオキアを指す。
(19) この聖堂はその形状のため「黄金の八角堂」と呼ばれた。

それにこの上もなく美しい装飾の冠がかぶせられたのです。(1)

第五十一章

マムレ

一　以上は、皇帝の奉納物の中でもっとも素晴らしいものでした。しかし彼は、最近(2)人類に(3)顕現された一なる同じ救い主(4)がかつてマムレ(5)と呼ばれる樫の木の近くの、パレスチナの神を愛する男たち(6)にご自分を神として顕現されていたことを知る(7)と、そこにもまた、［そこで］見られた神を記念して祈りの家を建てるよう鼓舞激励されたのです。(8)

二　属州知事への皇帝命令は、彼らの一人ひとりに送られた書簡により行き渡りました。それは命令された事柄を完全に実行するよう督励されたものです。しかし彼はまた、この物語を書いているわたしたちにも条理を尽くした叱責の書簡(9)を送くられました。わたしには、神に愛されたお方の心遣いを正しく理解してもらうために、その写しをこの書に添付するのが適切だと思われます。とにかく彼は、そこで行なわれていることを聞き知って、そのことで、わたしたちを咎められ、次のように書かれました。

(1) この建造物はアンティオキアのヤクト出土の床に描かれたモザイク画から知られる。

(2) イエスの登場からエウセビオスの時代までには三〇〇年以上が経過しているが、その間の時間の経過は無視される。この語句の使用の裏には、キリスト教は「つい最近、昨日か一昨日生まれた宗教にすぎない」とする異教徒やユダヤ教徒の批判がある。

(3) テクストでは「生に(ビオイ)」。本来の語句は単数形または複数形の与格で「人類に」あるいは「全人類に」であったであろう。

(4) 「一なる同じ(ヘナ・カイ・トン・アウトン)」。この語句は頻出したが、訳語はそれに合わせる。この語句へのこだわりがエウセビオスにあるように見える。

(5) ギリシア語読みではマンブレー。これは七十人訳聖書の読みと同じ。

(6) あるいは「神に愛された男たち」。

(7) 創世記一八-一―二二によれば、神は「三人の男」を介して、マムレの樫の木の近くにいたアブラハムに顕現し、彼に男子誕生を約束するが、そのため「マムレの樫の木の近く」が神の顕現の場所とされる(ユスティヌス『トリュフォンとの対論』五六も創世記のこの箇所を最初の神顕現の場所として引いている)。エウセビオスはここに登場する「三人の男」に神とその二つの属性(神の子、聖霊)の存在を見、三人の男の一人をキリストと同定している。キリストはロゴスとして天地創造のはじめから神とともにいたとすると(これはヨハネ福音書に冒頭の申し立てであるが、エウセビオスはその申し立てに積極的に加担する)、この種の滑稽な同定も大まじめなものとなる(『福音の論証』第五巻九-五―八、『教会史』第一巻二-七―八参照)。

(8) 時制は歴史的現在。

(9) テクストでは「教え」。

第五十二章

マカリウスほかの司教へ宛てた皇帝の書簡

「勝利者コンスタンティヌス・マクシムス・アウグストゥス［から］マカリウスとパレスチナの他の司教たちへ(1)

予の至聖なる義母(2)が予らになした最大の奉仕は、予らに宛てた書簡(3)で、汝らが今日まで見過ごしてきた邪悪な者たちの狂気を予らに通告してくれたことである(4)。この看過された落ち度は、遅きに失しているとはいえ、ただちに予らによって正され、旧状が回復される。聖なる土地(5)が瀆神的な不浄物で汚されるのは、まことに遺憾千万な不敬虔な出来事である。敬愛する兄弟たちよ、いったいこれは何なのだ。汝らの『良識』(6)が看過し、上述の女性が、神(7)への畏怖の念のため、沈黙しなかったこれは。

第五十三章

一　マムレとして知られている樫の木の近くの場所が——われわれはアブラハム(8)がそこに住まい(9)を構えたことを学んでいる(10)——、迷信を信じる者たちによってすっかり汚された、と彼女は言っている。完全に破壊し尽くされねばならぬ偶像がその傍ら(11)に立てられ、祭壇が近くに立てられ、不浄な祭儀が絶えず執り行なわれている、と彼女は説明している。

二　これはわれわれの時代に馴染まないものであり、またその場所の聖性にふさわしくないように見えるので、予は汝らの『畏怖の念』[12]に以下のことを知ってほしいと願っている。すなわち、予らのもっとも傑出した行政官[13]で友人であるアカキウス[14]に宛てて予らから書簡が送られ、上記の場所で目にされる偶像はすべて、一刻の遅滞もなく、火にくべられ、祭壇は基底部から覆され、そして、手短に言えば、そこにあるそのよう

(1) マカリウスとパレスチナの他の司教に宛てた書簡については、ソゾメノス『教会史』第二巻三-六参照。
(2) ファウスタの母で、マクシミアヌス帝の母であったエウトロピアを指す。
(3) ここでの書簡は複数形。
(4) 以下の内容から、コンスタンティヌスの義母がパレスチナを訪問したことが分かるが、その時期は不明。ある学者はそれをリキニウスの敗北(三二四年)とニカイアの公会議(三二五年)の間とするが、キャメロン(三〇〇頁)はそれを三二六年の娘ファウスタの死以前と考える。
(5) ここでの土地は複数形。
(6) これは一種の呼称。
(7) あるいは「神的なもの」。
(8) ギリシア語読みではアブラアム。
(9) 「住まい(ヘスティア)」。ここでのギリシア語は「炉床」をも意味する。ギリシア語訳創世記一八-一では「天幕(スケネー)」であるが、ここではそのギリシア語が時代にマッチしたものに置き換えられている。
(10) 「われわれは……学んでいる(マンサノメン)」。はたしてコンスタンティヌス自身が創世記のこの詳細を学んだのか?エウセビオスの創作ではないのか?
(11) アブラハムの住まいを指す。
(12) これは一種の呼称。
(13) 「行政官(コメータ)」。
(14) ギリシア語読みではアカキオス。

なものいっさいが完全に取り除かれたら[1]、彼は全精力と努力を傾注してその場所の周囲全体を清め尽くす、と指示された。そしてこれらの後、汝ら自身が与える指示に従って、彼はほかならぬその場所に、普遍的で使徒的な教会にふさわしいバシリカを建てることになる。汝らの『理解力[2]』と『敬虔の念[3]』は、忌むべき物いっさいがそこから完全に取り除かれたことを知ったならば、この書簡の権威により招集できるフェニキア[4]からの司教たちとその場所で会い、予の物惜しみしない精神にふさわしいバシリカを設計する。予の命令に従い可能なかぎり速やかに事を運べば、この輝かしい工事[5]は、上記の予らの行政官の心遣いにより、その場所の古さと神聖さに適った仕方で完成される。

予は、これらの邪悪な忌むべき者が今後一人として大胆にもその場所に近づくことがないよう、汝らがそこを守ってくれることを何よりも[6]願っている。そこが聖なる者たち[7]にふさわしい会合[8]の場所になるよう、バシリカ様式の汚れなき建造物で飾られると指示した予らの命令が出された後、もしそのような場所で瀆神的なことが行なわれるならば、それは、予らにとって、まことに耐え難いものであり、犯罪人はすべて処罰に値する。もしこの命令に反することが起これば、詳しい報告が、一刻の遅滞もなく汝らの書簡により、予らの『慈悲心』になされるのが適切である。そうすれば予らは、捕えた者を法を破った者として厳罰に処すことができるからである。

三　汝らは、そこにおいて全人類の主・神がはじめてアブラハムに現われ、そして語りかけたことをよく承知している。そのためそこにおいてはじめて、聖なる法の宗教[9]がその起源をもったのである。そこにおいてはじめて救い主ご自身は、二人のみ使いと一緒にご自身をアブラハムに顕現されたのであり、そこにおいて神は、人類にご自身を顕現されはじめたのであり、そこにおいて主は、アブラハムにこれから与える子孫(10)について語り(11)、ただちにその約束を満たされたのであり、そこにおいて神は、彼が非常に多くの民族の父になると予告されたのである。

四 かようなわけで、予らの心遣いにより、この場所があらゆる汚れから清められた状態にされ、古代の神聖な状態が回復されるのは適切であると思われる。この場所では、全能者、われわれの救い主、全人類の主人・神(12)にふさわしい宗教的儀式を執り行なうこと以外、他のいかなることも行なわれてはならないからである。必要な心遣いを払ってこの場所を管理することは汝らの責務である。もし実際、敬神の念とくに調

(1)テクストでは「見えなくなったならば」。
(2)これは一種の呼称。
(3)これは一種の呼称。
(4)ギリシア語読みではフォイニケー。
(5)テクストでは「工事の輝かしさ」。
(6)これは先行する「守ってくれること」を修飾しているかもしれない。
(7)司教を指す。
(8)「会合(シュネドリオン)」。このギリシア語は「公会議」の意味で使用されてきたが、もしここで「聖なる人たち」が司教たちを指しているのであれば、その訳語は「公会議」となり、コンスタンティノスがこの場所を公会議の候補地と考えていたことになる。この読みは、新しく歴史を読み解くことになるかもしれない。
(9)キリスト教を指す。
(10)あるいは「種」。
(11)ここでの「語る」を意味す動詞プロアゴレウオーは「最初に」のニュアンスを内包する。
(12)テクストではこの三つは接続詞カイで結ばれていて、ここにはエウセビオスの三位一体的な思考形式を垣間見ることができる。

和する――予はそう固く信じるのであるが――、予の熱き思いが汝らの『敬虔の念』の願いを満たすものであれば。

敬愛する友らよ、神が汝らを守られるように」。

第五十四章

異教の聖所の取り壊し

一　皇帝は、救い主の権能の栄光のために、これらのことすべてを達成されたのです。彼はこうして神であるご自身の救い主に敬意を払いつづけながら、あらゆる仕方で、異教徒の迷妄を貶められたのです。

二　このため、当然のことながら、町々にある聖所の入り口は丸裸にされ、戸口は皇帝命令で取り外されました。屋根の覆いの部分が取り外されてそれが壊されたこともあります。また、古代の人の過誤により長い間崇敬されてきた青銅製の聖なる細工物が、皇帝の都の広場という広場に、すべての民衆の前で人目にさらされる仕方で置かれたこともあります。そのため、ある場所ではピュティア(1)のアポロン神が、それを見る者に恥ずべき光景として展示され、他の場所ではスミントス(2)のアポロン神が、ほかならぬ競馬場ではデルポイの青銅製の祭壇(3)が、宮殿ではヘリコン山(4)のムーサの神々(5)が［展示されたのです］。

三　皇帝の名を冠した全都が、隅々に至るまで、各属州から奉納された青銅製の精巧な美しい細工物で溢れておりました。病んで迷妄の下にあった者は、長い間、神々の名においてこれらのものに、無数のヘカトンベ(6)や全焼の犠牲を空しく捧げてきたのですが、彼らはそのときはじめて目を醒ましたのです。皇帝が、まさにこれらのものを、それを目にする者のお笑いやお遊びの玩具として使用したからです。

四　黄金の彫像には別の運命が待ち受けておりました。というのも、皇帝は無知蒙昧な大衆が、何も知らない幼子のように、金や銀でつくられた化け物にわけもなく怖がっているのを見ると、それらを暗闇の中を歩く者の足下に落ちた躓きの石として取り除き、以後、すべての者のために王道を広げ明るく平坦なものにしようとされたからです。

五　皇帝はこれらのことを心に留めながら、これらの悪を押さえつけるのに、武装した兵士や大きな兵力はご自分に必要でないと考えられました。そうするには、わずか一人か二人の腹心の者で十分でした。皇帝はこの者たちを全属州に命令一下送り込まれたのです。

六　彼らは皇帝の敬神の念と、自分たちの神(7)への敬虔の念に寄り頼んで、数え切れぬほど多くの一般民衆

(1)「異教徒（エスノイ）」。あるいは「異民族の者」。エウセビオスには、キリスト教徒は「新しい民族」であって、それ以外は「異民族」という理解がある。
(2) デルポイの旧名。
(3) 小アジアの北西部、エーゲ海に臨むトロアスの町。リッデル＝スコットによれば、スミンテーとも呼ばれたらしい。
(4)「祭壇（トリプース）」。これはデルポイの神殿に置かれていた青銅の祭壇で、巫女がその上に座して神託を述べたとされる。
(5) これはギリシア南部のボエオティアにある山。ギリシア神話では、この山にアポロンとムーサが住んでいた。
(6) このギリシア語は「百頭の雄牛の捧げ物」を意味するが、必ずしも「百頭」でも「雄牛」でもなかったらしい。
(7) あるいは「神的なもの」。

や平信徒の間を経巡り、都市ごとに地方ごとに、積年の迷妄[1]を暴き、祭司たち自身は、大いなる嘲笑と屈辱の中で、彼らの神々を薄暗い奥の間から光の中へ持ち出すよう命じられました。そこで祭司たちは化け物を丸裸にし、彩色がほどこされた美の下の醜悪[2]をすべての者の目にさらしてみせたのです。ついで彼らは再利用できそうな資材をはがすと、それを火で溶かして清いものにしました。彼らは自分たちに必要であると考えた再利用分をできるだけ多く集めると安全な保管場所に置き、反対に多すぎて、しかも再利用のまったくきかぬものは、迷信深い者に恥辱の記念として与えたのです[3]。

七　この賛嘆すべき皇帝[4]は「このようなこともなされたのです[5]」。皇帝は、既述の仕方で、高価な資材の部分を命なき偶像からはがすと、青銅製の像の残りの部分を集められました。これらもまた、神話に出てくる毛衣をまとった神々のように、縛られて引いて行かれたのです。

第五十五章

アファカの聖所、コンスタンティヌスの命令で破壊される

一　皇帝は、これらに加えて[6]、迷妄の遺物が見つからぬままですむことがないよう、煌々と輝くランプに火をともすと、皇帝らしい目配りで辺りを見回わされました。空に舞い上がった眼孔鋭い鷲が上方の高い所から、はるか遠方の地上にいる獲物を見つけ出すように、ご自身も、ご自分の美しい都市の宮殿に住みながら、フェニキア人[7]の属州で人びとの魂に秘かに仕かけられた恐ろしい罠をはるか遠方から見つけられたの

です。

二　これは杜であり神域でした。それは装飾のためにしばしば町を飾っている、町中や、広場や、通りにあるようなものではなく、三叉路や大通りの外にあって、人の往来する道からはずれた所にありました。レバノン[8]の山腹のアファカ[9]で、アフロディテ[10]の恥ずべきダイモーンためにつくられたものでした。

三　これ[11]はすべての自堕落な者や安逸を貪ってその肉体を堕落させた者のための、悪徳の実践教室みたいなものでした。男ではないが、自然の摂理の尊厳を拒否した女のような男が、しなをつくってダイモーンを慰めておりました。そして女との不法な性的交わりや、腐敗堕落した禁じ手の愛の交わり、口にするのも憚られる忌まわしい[12]行為などが、無法地帯[13]においてのように、この地の聖所で行なわれていたのです。そこで

（1）あるいは「大昔からの」。
（2）ギリシア語でも対比は明瞭。
（3）あるいは「供したのです」。
（4）テクストでは「皇帝、賛嘆すべき方」で、二つは同格。
（5）この語句はホメロス『オデュッセイア』第四歌二四二から。『コンスタンティヌスへの頌辞』八-四でも使用されている。
（6）「これらに加えて（エピ・トウートイス）」。キャメロン（一四四頁）は、この語句を「火をともすと」を修飾するものと理解し、「皇帝は、こうした仕方で一種の煌々としたランプの火をともすと」と訳出する。
（7）ギリシア語ではフォイニコイ。なお、フェニキアはフォイニクス。
（8）ギリシア語読みではリバノン。
（9）ギリシア語読みではアファコイ。
（10）アフロディテは愛と美の女神、ラテン語ではVenus。
（11）アフロディテを指す。
（12）ギリシア文には言葉遊びが認められる。
（13）テクストでは「無法で治める者のいない土地」。ギリシア文には同音ではじまる二つの形容詞を重ねる言葉遊びが認められる。

行なわれているものを盗み見た者は一人もおりません。謹厳居士は誰一人としてそこに足を踏み入れてはいなかったからです。

四 しかし、わが大陛下がそこで行なわれていた類のものを見逃されるはずはなく、皇帝に必要な直感で直接これらのことを調べ上げると、[1] そのような聖所は太陽の光を受けるにも値しないと決めつけ、ほかならぬ捧げ物として、[2] その全体を基底部から破壊するように命じられたのです。

五 そして皇帝命令で、自堕落用の迷妄の装置がただちに破壊されると、次には兵士の手が、その場所の清掃に奉仕しました。そのときまで自堕落だった者は、皇帝の脅しから、貞節を学んだのです。ギリシア人の中の知者風の迷信深い者にとっても事情は同じで、彼らもまた、己の愚行から試練を学ぶことになったのです。[3]

第五十六章

アスクレピウスの神殿、コンスタンティヌスの命令で破壊される

一 キリキアびとが拝したダイモーン[4]に関して、知者を装ったいかさま師は悪質で、何万という者が、救い主[5]や治癒者に従うかのように、彼につき従ったのです。彼が眠っている者に顕現し、また肉体を病んでいる者を癒すことがあったからです。もっともこの者は魂の破壊者で、いかさまにすぐ飛びつく者を真の救い主から引き離し、神なき迷妄へと導いておりました。そこで皇帝は適切な措置を取られました。彼は、妬み

深い神(6)、真の救い主に守られておられたので、この聖所(7)を基底部まで破壊せよ、と命じられたのです。

二　わずか一つの命令でもって、高貴な哲学者たち(8)が崇敬していると喧伝されたものが、兵士の手(9)で引きずり落とされ、地上に倒れました。もちろん、それと一緒にその中に潜んでいた者もです。それはダイモーンでも神でもなくて、人びとの魂を迷わせた男でした。彼はかくも長い間にわたっていかさまを行なっていたのです。こうして(10)、人びとに悪や災禍から解放してやると約束していたこの男は、自分自身を守る手段(11)を

(1)「直接……調べ上げると（アウトプテーサス）」。あるいは「目撃者になると」。後者は、コンスタンティヌス自身がこの聖所を訪れていることになる。キャメロン（三〇三頁）はそう理解する。
(2) これは皮肉であろう。
(3) この一文は本巻五六の前置きに相当する。
(4) ここでのダイモーンはアスクレピウスを指す。アスクレピウス信仰は二世紀や三世紀にギリシアや小アジアで盛んであった。エピダウロスやペルガモンはそのセンターであった。エピダウロスの聖所は、パウサニアス『ギリシア案内記』第二巻二七－一－三参照。
(5) イエスを指すのではない。
(6) これは神の属性を表わす旧約の表現。
(7) この聖所は、キリキアのアイガイにつくられていたアスクレピウスの聖所を指す。これは異教の賢人として知られるテュアナのアポロニウスと結びつくものである。フィロストラトス『テュアナのアポロニウス』一－七によれば、アポロニウスはこの聖所を「聖なるリュケウムとアカデミア」に変えた。
(8) たとえば、テュアナのアポロニウスやその追随者たち。
(9) テクストでは「右手」。
(10) テクストでは「ついで」。
(11) テクストでは「薬」。

見つけ出すことさえできず、神話の主人公のように雷に打たれたのです(1)。

三　しかし、われわれの皇帝は異なり、神の祝福を受けたその成功は、神話の中のものではなかったのです。彼の信じる救い主の明白な力により、そこにあった聖所を根こそぎ破壊され、そのためかつての狂気の痕跡はそこにはまったく残されていないのです(2)。

第五十七章

木彫りの像を開けてみれば

一　かつて迷信を信じていた者はみな、自分たちを欺いたもの(3)の醜悪な姿を自分の目で見たり、各地の聖所やその聖像(4)の実際の荒廃ぶりを目にすると、ある者は救いのロゴス(5)のもとへ駆け込み、ある者は、そうはしなかったものの、自分たちの父祖の愚行を断罪したり、それまで自分たちの間で神々と見なされたものを非難したり嘲笑したりしました(6)。

二　人びとは木彫りの像の外側の裏に不浄なものが多く隠されていることを目にしました。そのため彼らがこのように考えるに至ったのは当然でした。というのも、そこには魔術師の小細工のために使用された死んだ者のひからびた人骨や頭蓋骨が入っているか、異臭を放つ汚れた敷物、あるいは乾し草や藁などが詰まっているかしたからです。

三　これらのものが命なき像の内側に詰められているのを目にしたとき、人びとは、自分たちや父祖の知性の愚かな行為を激しく批判しました。それまで想像していたのとは違い、自分たちの至聖所(7)の中や彫像それ自体の中に何も住んでいないことを、すなわちダイモーンもいなければ、託宣をする者もいなく、神もいなければ、預言者もいないこと、そしてはっきりとは見えぬ影のような幽霊すらいないことを知ったときには、とくにそうでした。

四　このため、どんな薄暗い洞穴も、またどんな秘密の奥まった場所も、皇帝から遣わされた者たちにはすぐに入ることができ、また神殿の最奥の誰も入ったことのない(8)場所も兵士の足で踏み込まれたのですが、ここからすべての者に、すべての異民族の者が、非常に長い間、思考停止の状態にあったことが明々白々になったのです。

---

(1)「天罰を受けたのです」位の意味であろう。自分自身を守れない異教の神々の無力さは、『コンスタンティヌスへの頌辞』九の主題でもある。
(2) リバニウス「書簡」六九五-二、一三四二によれば、アイガイでのアスクレピウス信仰は、コンスタンティウス二世がその聖所を破壊するまでつづいた。そのため、ここでの一文を後の時代の挿入と見なす研究者が出てくる。
(3) テクストでは「自分たちの過誤」「自分たちの迷妄」。
(4)「聖像(ヒドルマタ)」。あるいは「造営物」。
(5) イエス・キリストを指す。
(6) ギリシア文の二つの動詞の並置には言葉遊びが認められる。なお、キャメロン(三〇四頁)は、異教徒たちもキリスト教徒たちの遺物崇拝を嘲笑したことを正しくも指摘している。
(7) テクストでは「足を踏み入れることのできない最奥の場所」。この表現は、神殿の至聖所を指して使用される。
(8) テクストでは「足を踏み入れたことのない、そして中に入ったことのない」。ギリシア文には言葉遊びが認められる。

第五十八章

アフロディテの聖所とコンスタンティヌスが取った断固たる措置

一　これらのことは、皇帝が成し遂げられた大きな成果の中に数えられるものです。実際、それぞれの属州で彼のために実行されたものがそうなのです。たとえばその一例はフェニキア人のヘリオポリスです[1]。そこではアフロディテをだしにしてひたすら快楽に耽っていた者が、それまでは、無節操にも自分たちの妻や娘を売春婦として働かせておりました。

二　しかし今や、貞節についての新しい法令が皇帝により発行され、それまでの慣習のどれもが犯罪とされたのです。皇帝はこの者たちに教えを書き送り、ご自分がまさにこのために、すなわち全人類に貞節の法を教えるために、神によって導き出された者であることを示されました。彼は、ご自身で書簡を書いてこの者たちに語りかけることを厭わず、至高者の知識を熱心に求めるよう説かれたのです。

三　皇帝はここでも、ご自分の言葉をその行動で裏づけられました。彼はこの者たちの所でも、教会の大きな祈りの家を建てられたのです。そのため、歴史がはじまって以来聞いたことがなかったことが[2]今やはじめて事実となり、この迷信深い者たちの町に、神の教会の長老や助祭たちが与えられ[3]、また全人類の上に立たれる、神に捧げられた司教がその地の人びとの前に立てられたのです。

四　皇帝はそこでも、多くの者が御言葉のもとへ行けるようにとあらかじめ考え、貧しい者の助けとなるようなものを潤沢に与え、それをも救い主への教えに向けさせるものとされたのです。ご自身は、「口実であれ、真実であれ、キリストが告げ知らされるがよい」(4)と言った者と同じく、その御言葉を口にされているかのようでした。

第五十九章

妬みの霊、アンティオキアを混乱に陥れる

一　これらの出来事のおかげで、すべての者が幸せな生活を送り、神の教会が、あらゆる仕方で、すべての属州のすべての場所で増えつづけていたときのことです。妬みの霊がまたもや美しいものを妬んで待ち伏せし、かくも素晴らしい繁栄を攻撃しようとしたのです。妬みの霊は、多分、皇帝ご自身が、わたしたちの紛争や無秩序にすっかり嫌気を覚え、早晩、わたしたちへの態度を変えると期待したのです。

二　そこで妬みの霊は、火を放って大火災とし、アンティオキアの教会を悲劇的な規模の災禍の中に陥れ

(1)これは「太陽の町」の意。古代のバアルベク。ゼウスの神殿をもつこの町は、六世紀の後半まで異教の中心であった。

(2)テクストでは「聞いて知られることがなかったこと」。

(3)テクストでは「この迷信深い者たちの町が……に値するとされ」。

(4)ピリピびとへの手紙一・一八。そこでの言葉が変えられていることに注意。

ました。そのため町全体がほとんど根底からひっくり返されたのです。教会の平信徒は二つの陣営に分断され、町の一般市民は、指導者自身や兵士をも含めて煽り立てられて戦争状態となり、もし神の監視の目と皇帝が抱いた危惧の念が群集の勢いを抑えることがなかったならば、剣に手がかけられていたでしょう。

三　そこで悪に耐える皇帝の忍耐心は、今一度、救い主(1)や魂の医者のように、病んでいる者に勧告による癒やしをほどこしたのです。

皇帝は非常に穏やかに平信徒と交渉し、ご自分の有能な宮廷人の中のもっとも信頼できる、行政官の地位にあって敬意を払われている者を遣わされると同時に、書簡を書き送って、冷静沈着になり互いに平和的な態度を取るようにと勧められました。彼は彼らに神の敬虔にふさわしい態度で振る舞うようにと教え、彼らに宛てた書簡の中では、説得を試みると同時に嘆願し、ご自分は個人的には混乱を引き起こした者(2)の言い分に耳を傾けたとも述べられたのです。

四　皇帝のこれらの書簡は有益な教えに満ちたもので、わたしたちはここでそれらを並べてみたいのですが、告発された者には不名誉なことになるので、それはできません。

五　わたしは悪の記憶を新たにしないよう心しているので、これらの書簡には触れず(3)、人びとの一致と平和について心を砕いて書かれたものだけを本書につけ加えたいと思います。皇帝はこれらの書簡の中で、平和を達成した以上、外部から指導者を迎え入れないよう、そして教会の規則により、ほかならぬ全人類の共通の救い主が指名する者を牧者として選ぶようにと勧められました。彼は平信徒自身と司教にそれぞれ別個のものを書き送られたのです。

第六十章

アンティオキアの平信徒たちへ宛てたコンスタンティヌスの書簡

一　「勝利者コンスタンティヌス・マクシムス・アウグストゥス［から］アンティオキアの平信徒たちへ

汝らの間の一致は、世界の『理解』と『知恵』[4]にとって、喜ばしきものである。そこで、兄弟たちよ、予は、法[5]と汝らの生き方や熱心[6]に突き動かされて、汝らを不死の愛で愛していることを認めている。まことにもって、よきものを正しく刈り取るには正しい健康的な判断が必要とされる。

二　いったい何が汝らを真に一致させたのか。汝らは救いのために、憎しみではなくて真理を求めている、と予が言ってもけっして驚きではないであろう。実際、兄弟たちの中にあっては――彼らは、汚れ無き神聖

（1）これはイエスを指すのではない。

（2）エウスタティオスを指す。この人物はニカイア信条を支持したが、三二八年頃かそれ以前にアンティオキアの教会から追放されている。ソクラテス『教会史』第一巻二三八―二四一によれば、エウセビオスはこの人物から激しく攻撃されている。

（3）ここで触れられることのなかった書簡には、エウスタティオスとの係争事項が何であったかが、またコンスタンティヌスがどのような調停をしようとしていたかが書かれていたであろう。

（4）ここでの「理解」と「知恵」は一種の呼称で、コンスタンティヌス自身を指すようにも見える。

（5）キリスト教を指す。

（6）テクストでは「生き方と汝らの熱心」。

な家族の一員として、愚直で正しい生き方をみな同じくすると神に誓っている——、すべての者の繁栄の祝福とともにある一致以上に尊いものがあろうか。とくに、法の教育が汝らの目的をより正しいものへと向かわせているときにはそうである。予らは予らがなす決定が健全な教えでもって確実なものになることを衷心から願っている。

三　汝らは、多分、予がこの書簡の前置きで何を言おうとしているのか戸惑うであろう。予はその理由の説明を回避したり拒否するつもりはない。なぜなら、予は報告を読んだことを認めるからである。その報告の中で、現在カエサリアの司教であって、その学識と温厚篤実な性格のために予自身も長い間よく知っているエウセビオスへ汝らが与えたよき評判と証言から、汝らが是非彼を汝らの司教にしようとしていることを知った。

四　さて、汝らは、予が正しい解決策を求めて秘かに考え出したものが何であるかと考えるであろう。汝らのたっての願いを予はいかなる思いで受け止めているのか。ああ、聖なる信仰よ、われわれの救い主の言葉と教えを介してわれわれに生き方の範を与えてくれる汝よ、もし汝が利得のために仕えることを拒否されないならば、汝にとって罪に抵抗することがどんなにむずかしいことか。予には、平和を求める者は、勝利それ自体よりもよい働きをなしているように思われる。なぜなら、そのために適切なことができる所では、喜ばない者は誰もいないからである。

五　そこで、兄弟たちよ、予は問いたい。いったい何のためにわれわれは、われわれの選択で他の者を傷つけることになる決定を下そうとするのか、と。いったい何のためにわれわれは、われわれの評判への信頼を壊すものを追い求めるのか。予は、もちろん、汝らがその地位とその採用に値すると認められる人物を賞讃する。しかし、どの会衆の間でも権威ある確かなものとして残されるべきものが弱々しいものとされてはならない。各人が自分たちの決定に満足できないようなことがあってはならないからである。誰もが自分たちの会衆に属する者を大切にし、この人物に比肩する、一人ではなく多数の候補者が見出されねばならない。
六　それゆえ、もし教会内での任命が、一人の場合であれ、すべての者の場合であれ、等しく愛にもとづくものであれば、恫喝や暴力の揉め事はなくなるであろう。これらの機会を相手との関わりで利得の機会と見なすのは正しくはない。なぜならば、数の多寡に関わりなく、すべての者の思いが等しく神の教えを受け維持することにあるからであり、共通の法(4)に関して、一方が他に劣るということはけっしてないからである。
七　もし予らがここで真実なるものをはっきりと明かせば、人はその人物を取り押さえておこうとしているのではなくて、拉致しようとしている、と言うであろう。そして多数の者がどちらの側につこうと、その行為は正義ではなくて暴力の業とされるであろう。少なくとも予自身ははっきりと、かつ大胆に断言しておく。この行為は大規模な党派争いを煽り立てる、とする非難の下地になるものだ、と。「大人しい」羊ですらその

（1）キリスト教を指す。
（2）ギリシア語読みではカイサレイア。
（3）エウセビオスを指す。したがってここでの「採用」はエウセビオスの教会管区であるカエサリアからアンティオキアへの転属を示唆することになる。
（4）ここでの法はキリスト教を指す。

なくなれば。

歯を使い、その力(1)を剝き出しにする。もし羊飼いの日常的な面倒や世話がなくなり、それまであった導きが

八　もしそうであれば、そして予らが間違っていなければ、兄弟たちよ、汝らはまず最初に次のことを——というのも、汝らは最初から多くの大きな問題に直面するからである——、すなわち、汝らの互いの誠実さと忠誠さがいかなる点においても減じていないと認められるかどうかを見極めねばならない。ついで、正しい助言(2)を携えてやって来た者が、汝らがその温厚篤実な性格のために彼に与えたかくも大きな投票の中に尋常ではない恵みを得て、神の審判に耐えうる正当(3)な取り分を刈り取っているかどうかを見なければならない。これらのことにもとづいて、いつものように、よき判断をもって、適切な努力を傾注し、汝らは必要とする人物を求めるがよい。そのさいには騒々しい無秩序な声は閉め出すがよい。それはつねに正義に反するものであり、性格の違うものの衝突から、火花が散り火炎が上がるのである。

九　予がこうして神を喜ばせ、汝らの祈りにより、汝らのために生きることができるように。予は汝らや、汝らの静謐の避難所(4)を愛している。そこからあの汚れを振り払い、よき振る舞いでもってその「空席となった」所に一致を持ち込み、汝らのしるしを確かなものとし、汝らの舵は言うなれば鉄製なので、天の光の方に向けて舵を取るのだ。そのため、汝らは朽ちることなき積荷のことを考えるがよい。船を汚したいっさいのものは、船倉から降ろされた。汝らは今、どのようにしてこれらすべての祝福を享受するかを考えるがよい。われわれが、将来、性急で何の益もない熱心でもって最終的に解決したとか、何の益ももたらさないいきっかけに手を出したとは思われないで仕方でである。

愛する兄弟たちよ、神が汝らを守られるように」。

第六十一章

コンスタンティヌスからエウセビオスへ宛てた書簡

一　「勝利者コンスタンティヌス・マクシムス・アウグストゥス［から］エウセビオス[5]へ

予は、大きな喜びをもって、汝の『知性[6]』が書き寄こした書簡を読み、教会の規律の範が厳守されてきたことを知った。汝は、神を喜ばせると同時に使徒からの言い伝えにも一致するように見えるこれらのことを遵守するように。汝は、全世界――そう言って差し支えないが――の証しにより、どんな教会の司教にもふさわしいと判断されたが、まさにこの点でも、汝は自身が祝福されていると考えるがよい。もし彼ら全員が汝が彼らのもとにいてくれるのを望むのであれば、彼らは、間違いなく、汝のこの幸運を汝とともに増し加えるであろう。

二　しかし汝の『知性』は、神の戒めと教会の使徒的規範の遵守の大切さを知っており、そのためアンテ

(1) テクストでは「その歯の（本来の）性格と力」。
(2) あるいは「直き助言」。
(3) テクストでは「神の審判から」。
(4) 教会を指す。
(5) 本書の著者を指す。
(6) これは一種の呼称。

イオキアの教会の司教職を非常に巧みに断り、最初から神のご意志により司教職を受けた教会に留まる熱意を示した。

三　予はこの件に関して平信徒へ書簡を送った。汝と同じ奉仕に従事している他の者にもである。この者たちは、汝の『純粋さ』が読めばすぐにでも分かる言葉でこれらの問題について、直接予に書き送ってきた。正義は彼らの意に反することを口にしたので、予は神の勧めで彼らに書簡を送った。汝の『知性』は彼らの会議に出席しなければならぬであろう。そうすれば、アンティオキアの教会で決定される事柄は、神ご自身によって、また教会によって、もっとも適切なものと見なされるであろう。

敬愛する兄弟よ、神が汝を守られるように」。

第六十二章

コンスタンティヌスからアンティオキアに集まった司教たちへ宛てた書簡

一　「勝利者コンスタンティヌス・マクシムス・アウグストゥス［から］テオドトス(1)、テオドーロス(2)、ナルキッソス(3)、アエティオス(4)、アルフェイオス(5)、およびアンティオキアにいる他の司教たちへ

予は汝らの『知性』によって書かれたものを一読した後、汝らと聖なる奉仕を共にするエウセビオスの賢明なる決断を歓迎した。予は一方で汝らの書簡(6)によって、他方で著名な行政官アカキウス(7)とストラテギオスの［書簡］によりなされたことすべてを承知したので、必要な調査をなした後、アンティオキアの平信徒に

たいして、神を喜ばすと同時に教会に調和する内容の書簡を書き送り、またその書簡の写しをこの文書[8]に添付するよう命じた。［その写しでもって］予が、何が正しいかを思案した挙げ句に平信徒に書くことにしたものを、汝らは直接知るであろう。汝らの書簡[9]は、平信徒の理解と意志に従い、また汝らの選考結果に従い[10]、カエサリアの至聖なる司教エウセビオスをアンティオキアの司教として立て、エウセビオスがその願いを受け入れるとする提案を含むものである。

二　エウセビオスの書簡[11]は、教会の規則を最大限に遵守しているように見えるが、それとは正反対の見解、すなわち、自分は神によって委ねられている教会をけっして見捨てることはできないとする見解を表明するものであった。それは、彼の正当な判断が、汝らすべての者によって尊重されることを第一義とし、彼が自分自身の教会から取り去られるようなことがあってはならない。

予自身の判断も汝らの『理性』に明らかにしておかねばならない。カッパドキア[12]のカエサリアの市民であ

（1）この人物はラオディキアの司教。キャメロン（三〇六頁）は、この人物が会議の議長をつとめたと考える。
（2）この人物はタルソスの司教。
（3）キリキアのネロニアスの司教。
（4）この人物は司教であろうが、不明。
（5）この人物はシリアのアパメアの司教。
（6）ここでの書簡は複数形。
（7）この人物は第三巻五三-二三参照。
（8）テクストでは複数形で「これらの文書」。
（9）ここでの書簡は複数形。
（10）より正確には「汝らの選びの理解と意志に従い」。
（11）ここでの書簡は複数形。
（12）ギリシア語読みはカッパドキア。

る長老のエウフロニウス[1]と、アレクサンドリアのアレクサンドロスによってこの地位に立てられた、同じく長老のアレトゥサ[2]のゲオルギオス[3]が信仰の点で試練を受けている、と予に報告されている。

三　それゆえ汝らの『理性』に、これらの者と他の者の名前をあげておくのは、汝らが司教の地位にふさわしいと判断するかもしれないので、適切であろう。汝らは、使徒たちの言い伝えに適う仕方で、これらのことを決定すればよい。以上の問題が決着を見た暁には、汝らは、教会の規範と使徒たちの言い伝えに従い、教会の規律の規範が規定している仕方で、叙任式を執り行なうことができる。

敬愛する兄弟たちよ、神が汝らを守られるように」。

第六十三章

一　皇帝はこのようなことを教会の指導者に指示されたのですが、そのさい彼は、すべてのことを聖なる御言葉のよき評判のために行なうよう促されました。

コンスタンティヌス、異端の者たちを追放する

皇帝は抗争を取り除き、神の教会を調和ある一致のもとに導かれると、そこから進んで、別種の無神論者をも、人類の生き方を破壊する者であるかのように、排除しようとされました。

二　この者たちは破壊的な分子で、聖なる衣をまとって町々を汚しておりました。救い主の声は、彼らを

偽預言者とか貪欲な狼と決めつけておりました。それはある所で次のように宣言していたからです。「偽預言者たちに気をつけるのだ。彼らは羊の衣を着ておまえたちの所へやって来るが、内側は貪欲な狼である。おまえたちはその実によって彼らを知るであろう」と。(4)

三　皇帝は、属州知事に命令を下し、そのような者の全集団(5)を追放されました。彼はまた、この法令(6)に加えて、直接この者たちに宛てて彼らを矯正させる教えをしたため、彼らに悔い改め(7)を熱心に求めるよう強く迫られました。なぜなら、神の教会こそが、彼らにとって救いの避難場所になるからでした。彼らに宛てた書簡を介して、この者たちになされた皇帝の訓戒に耳を傾けてほしい。

第六十四章

コンスタンティヌス、異端の者たちへ書簡を送り訓戒する

一　「勝利者コンスタンティヌス・マクシムス・アウグストゥス［から］異端の者たちへ

（1）ギリシア語読みではエウフロニオス。
（2）ギリシア語読みではアレトゥーシオス。
（3）ギリシア語読みではゲオールギオス。
（4）マタイ七-一五-一六。
（5）テクストでは「そのような者の全部族」。
（6）この法令が発行された時期に関してはいろいろ議論がある。キャメロン（三〇六頁）は、三二四年説（Barnes）、三二五－三二六年説（Norderval）、三二八－三三〇年説（Hall）を紹介する。
（7）テクストでは「男たちに」。

汝らノウァティアヌス派の者(1)、ウァレンティヌス派の者(2)、マルキオン派の者(3)、パウロ派の者(4)、そして反フリュギア派と呼ばれている者(5)、要するに、私的な集会を介して異端の教えを奉じている者たちすべてよ、汝らは今この法令を介して次のことを知るがよい。すなわち、汝らの愚かしい考えが多くの偽りと織り合わされ、汝らの教えが有害な毒を含んでいるため、汝らを介して、健康な者が病へ、生ける者が永遠の死に至らしめられていることを。

二　おお、汝ら真理の敵対者よ、命の敵よ、そして破滅の助言者よ。汝らに関するすべてが真理に反し、悪の醜い行為と手を取り合っている。それは奇っ怪なまやかしに奉仕し、汝らはその奉仕で偽りを口にし、罪なき者を苦しめ、信じる者への光を否定する。汝らは、敬虔の衣をまとってつねに罪を犯し、そうすることですべてのものを汚し、咎なき清き心を死に至らしめる一撃で傷つけ、人間の目から昼間の光のほとんどを奪っている。

三　ここで予は個々の例を述べるべきなのか。汝らの悪しき所業は一々列挙できるが、そうするには紙幅は足りず、暇もないのだ。というのも、汝らの間でなされた犯罪はかくも大きく際限なきものなので、またかくも悪意に満ちた粗雑な議論で充満しているので、それらを言葉にするには丸一日を費やしても十分ではない。いずれにしても、このようなものから耳を閉じ、目をそらし、われわれ自身の信仰の純粋で汚れなき献身を、個々の例を詳述することで汚すのは適切ではない。

四　なぜ、われわれはこのような悪にこれ以上耐え忍ばねばならぬのか。いつまでも放置しておくと、健康な者が、この疫病のような病に感染することになる。なぜわれわれはただちに、人びとに訴えることでかくも大きな悪の根のようなものを掘り起こそうとしないのか。

第六十五章

一　予らは、汝らの有害な破壊的な影響力にこれ以上耐えることはできないので、この法令を介して、あらかじめ告げておく。今後、汝らは一人として相集うことは許されない。そのため、集会(6)がもたれている汝らの家屋はすべて没収される、と予らは命じる。この法令の趣旨は、汝らの迷信的な愚行の集会を公けの場

（1）ギリシア語読みでナウアティアノイ。この派は、二五〇年代に、ローマで起こり、迫害時の悔い改めに関する教会の規則の弛緩を理由に正統教会を批判し否定した。この派の厳格主義は東方にまで広がった。

（2）ギリシア語読みでウアレンティノイ。アレクサンドリアのウァレンティヌスを創始者として、二世紀に、ローマで興ったグノーシス主義者の一団。

（3）ギリシア語読みでマルキオーニスタイ。二世紀のはじめのグノーシス主義者マルキオンに従った者たち。

（4）ギリシア語読みでパウリアノイ。二六八年頃異端として告発され、二七二年に追放されたアンティオキアの司教、サモサタのパウロに従った者たち。

（5）ギリシア語読みではホイ・カタ・フルガス・エピケクレーメノイで、フリュギア派とも、モンタヌス派（モンタヌス主義者）とも呼ばれる。小アジアのフリュギアの町で起こった、二世紀のカリスマ的な運動。キャメロン（三〇七頁）が正しくも指摘するように、ここであげられて異端はいずれも、二世紀に登場したものであって、エウセビオスの同時代の異端とされたドナトゥス主義者（ディオクティアヌス帝の迫害時にアフリカで興った）や、Arianism, Melitianism は、ここで言及されていない。

（6）テクストでは「これらの集会」。

所においてばかりか、個人宅や私的な場所でもつことを禁じることにまで及ぶ。

二　真の純粋な宗教に関心をもつ汝ら多くの者にとってより望ましいのは、普遍的教会に赴き、その聖性に与ることである。汝らは、それを介して、真理に到達することができる。しかし、われわれの時代の繁栄(1)から、汝らの歪められた思考の欺瞞性、すなわち異端の者や分派主義者の汚れた破壊的な逸脱(2)は完全に取り除かれる。それはわれわれが神とともにあることによって享受する祝福に適うものである。それはよき希望をもって暮らしている者を、秩序なきすべての迷妄からまっすぐな道へ、闇から光へ、虚無から真理へ、死から救いへと導くものである。

三　この矯正措置が有効となるために、予らは、既述のように、次のように命じた。汝らの迷信のすべての集会所、すなわちすべての異端の祈りの場所――それを祈りの家と呼ぶのが適切であれば――は没収され、争う余地なく、かつ遅滞なく普遍的教会へ引き渡され、他の場所も公共のものとされる。今後、汝らには、相集う機会はいっさい与えられず(3)、本日以降、汝らの不法な集会は、公共の場所であれ私的な場所であれ、いかなる場所においてももつことは許されない、と。これを公知するがよい」。

第六十六章

一　こうして、皇帝の命令により、異端の者の隠された陰謀は粉砕され、この者たちの不信仰の頭目である獣どもは追放されたのです。この者たちによって騙された者の中には、皇帝の恫喝を恐れるあまり、もっともらしい動機で教会に忍び込む者もおりました。彼らは、つねに［キリスト教徒を］装ったのです。法令はまた、この者たちの書物は没収されると宣言したので、禁じられたその偽りの書を求めて捕まる者もおりました。この者たちは自分たちの身の安全を手に入れるためには、［キリスト教徒を］装って何でもしておりました。他方、嘘偽りのない動機で、至高者のもとへ希望をもって立ち戻った者もおりました。

二　教会の指導者は、この者たちを慎重に選別しました。彼らは、もっともらしい口実で教会に加わろうとした者を、その正体を羊の衣で隠している狼として、神の群れから遠ざけました。他方、純粋な心からそうした者ですが、彼らはこの者たちを一定期間試し、十分に試した後に、教会に入ることを許された者の数に加えたのです。

三　以上は、評判の悪い異端の者にたいして取られた措置でした。教義上の教えで何ら瀆神的でないが、分派主義的な者がいるという理由で、共通の交わりに入れなかった者ですが、この者たちはすぐに受け入れられました。彼らは、流刑先から祖国に戻る者のように、群れをなして戻ってきました。彼らは、長い間そこから迷い出ていた教会を自分たちの母として認め、歓喜と喜びをもって同じ母のもとへ戻ったのです。共通の体の諸部分は一つにされ、そして一つの調和へと結ばれたのです。そして神の普遍的教会だけが、それ自体固まって光り輝きました。地上のどこにも、異端の集まりや分派主義者の集まりは残されてはいなかっ

（1）教会の繁栄を指す。
（2）ギリシア文には言葉遊びが認められる。
（3）テクストでは「残されず」。

たのです。この偉大な成功をもたらした者として、それまでの者たちの中でも、神のために心遣いをされた皇帝だけが特筆大書きされるのです。

第四巻

第一章

皇帝の人道主義について

一　皇帝は、神の教会の建設と栄誉のためにかくも多くのことを行ない、救い主の教えのよき評判のためにすべてのことを実行されましたが、［教会の］外の世界のことを等閑にすることはなく、属州に住むすべての者のために、次々と途切れることなく、あらゆる種類のよき業をなしつづけられました。彼は一方で、すべての者にたいして、父のような心遣いを示し、他方で知己になった者のそれぞれに特別の地位を与え、また寛大な精神からすべて者にすべてを授けられました。皇帝に恩顧を求めた者がそれを得なかった例はなく、また世俗的な幸運を希望した者で失望に終わった者もおりません。

二　ある者はたくさんの金子を、またある者は潤沢な物資を手にしました。ある者は長官の地位を、ある者は元老院(1)の名誉を、さらにある者は執政官のそれを手にしました。非常に多くの者が知事に任命されました。ある者は第一級の行政官に、ある者は第二級のそれに、ある者は第三級のそれに任命されました。同じようにして、さらに何千・何万という者がクラリッシムス(2)として、あるいは他のさまざまな称号を与えられる名誉に与りました。というのも皇帝は、少しでも多くの者を昇進させるために、さまざまな称号を考えつかれたからです。

第二章

どのようにして彼は人びとの共通の幸せのために準備をされたのでしょうか。それは以後すべてものに達し、今日でもまだ認められる一つの有益な例から観察できるのです。皇帝は土地に課していた年ごとの税の四分の一を免じ、これを土地所有者に与えられたので、年の減額を計算していた者は、土地の所有者が四年ごとに税金を免除されていることを知ったのです。これは法律によって確認され、そしてその後の期間も有効とされ、当時存命していた者ばかりか、子々孫々にも、皇帝の恩恵を忘れがたい永続的なものにしたのです[3]。

(1) I. König 編『コンスタンティヌス資料集』三〇はコンスタンティヌスがコンスタンティノポリスに元老院を創設したと述べているが、ゾシムス第三巻一一-三はその創設をユリアヌス帝に帰している。

(2) ラテン語では clarissimus.「貴紳」の訳語が考えられる。テクストのギリシア語はディアセーモタトス。

(3) キャメロン（三一一頁）は、ゾシムス第二巻三八がコンスタンティヌスが導入した新しい税制に批判的であることなどを紹介した上で、ここでの証言が重要なものであるとする。

第三章

人びとが前任の支配者によってなされた土地の計測に不満を表明し、自分たちの土地に過重な負担が課せられていると申し立てると、皇帝は、その場合、勅令によって調整官を送り込み、嘆願した者を救済されました。

第四章

他にも、判決を下すにあたり、ご自身の判決で敗れた側が勝利した側よりも不満げに退席しないよう、皇帝は、ご自身の基金から、勝利を逸した側に、あるときには土地を、あるときには金子を与えられました。皇帝は、敗れた側も、ご自分の前に出頭したので、勝利した者と同じ喜びを味わうべきだと心配りされたのです。かくも偉大な皇帝の前に立った者はみな、落胆や悲しみのうちに退出するのは正しくない、とされたのです。この結果、双方の側が幸せな笑みを浮かべて法廷を去り、誰もが皇帝の寛大な思いにただただ賛嘆しました。

第五章

ゴート人の服属

一　皇帝がどのようにして蛮族をローマの支配に服しめたのかとか、どのようにしてかつて一度も隷従することを学んだことのないゴート人やサルマティアびと[1]の部族を頸木のもとで導き、そう欲しなくてもローマ人を彼らの主人として受け入れさせたかについて、ここで贅言を加える必要があるでしょうか。それまでの支配者はみなゴート人に貢物さえ差し出しておりました。ローマ人は年ごとの貢物で蛮人に奉仕していたのです。

二　そのようなことは皇帝には受け入れがたいことであり、彼は勝利者がその前任者にならって貢物を携えるのはよくないと考えられたのです。ご自分の救い主に寄り頼み、勝利のトロパイオンをこの者たちに向けて掲げると、彼は短期日のうちに彼らすべてを征服されました。手強い相手は兵士の手を借りて大人しくさせ、他の者たちは理性的な交渉で鎮め、彼らの生き方を法のない獣のそれから理性と法に従うものへと変えられました。この結果、ゴート人はそのときはじめてローマ人に仕えることを学んだのです[2]。

（1）ギリシア語読みではサウロマタイ。

（2）コンスタンティヌスはゴート族と三三二年に条約を結び、その後、勝利を宣言している。

第六章

サルマティアびとの服属

一　サルマティアびとですが、神ご自身が彼らをコンスタンティヌスの足下に駆り立て、以下のようにして、その野蛮な精神性を誇りにしていた男たちを押さえつけられました。ゴート人が彼らを襲撃したとき、主人たちは彼らの敵を追い払うために家僕たちに武装させました。しかし、奴隷たちが勝利すると、彼らはその武器を主人たちに向け、彼らすべてを彼ら自身の土地から追い立ててしまいました。主人たちは安全な場所をただコンスタンティヌスのもとだけに見出したのです。

二[1]　コンスタンティヌスは、救出しなければならぬと見てとると、この者たちすべてをローマ人の領地にいる者として受け入れました。兵士として適している者はご自身の軍団に入れました。そしてその他の者には生きていくために必要な耕作地を分け与えられました。そこで彼らは、野蛮な獣性の代わりにローマ人の自由を享受できたという点で、自分たちにとって災いが転じて福となったことを認めたのです。こうして神はコンスタンティヌス[2]にすべての異民族にたいする勝利を与えられたので、すべての蛮族は、自分たちの意志で進んで彼に服したのです。

第七章

各地からの外交使節

一　さて、各地からは外交使節がひきもきらずにやって来ました。彼らは自国の高価な贈物を携えました。あるとき、わたしたち自身は、たまたまその場に居合わせたのですが、宮殿の外の門の前に、蛮族の者が一目でそれと分かる姿で整然と列をつくって待っているのを目にしました。(4) その服装や着衣の仕方は互いに異なり、頭髪や顎髭も非常に異なるもので、そのいかつい顔はいかにも蛮人的で肝を冷やさせるものでした。またその背丈はとてつもなく高いものでした。ある者は赤ら顔でしたが、ある者の顔は雪よりも白く、またある者のそれは黒檀やピッチよりも黒く、ある者のそれはその中間の混合色でした。ブレンミュエスびとの種族や、(5)「人類の二つに分かれた最遠隔の地の者」(6) であるインド人とエチオピア人が上述の者の中に見かけられたからです。

二　これらの者はそれぞれ順番に、まるで壁画の絵のように、自分たちの国の価値あるものを皇帝に携え

---

(1) テクストではこの節番号が欠けているが、キャメロンにしたがう。

(2) テクストにはない固有名詞を補う。

(3) エウセビオスを指す。

(4) キャメロン（三一二頁）は、エウセビオスが各国からの使節を目撃したのは、三十年祭のときであったと想像する。

(5) ここではギリシア語表記を採用する。テクストでは「ブレンミュエスびとの種族」。リッデル／スコットはギリシア語をあげていない。

(6) これはホメロス『オデュッセイア』第一歌二三から。

ました。ある者は黄金の冠を、ある者は高価な石のディアデーマ(1)を、ある者は金髪の子どもたちを、ある者は花柄模様の刺繡が金糸でほどこされた珍しい外衣を、ある者は馬を、ある者は楯と長槍と投げ矢と弓を捧げました。彼らはこれらの贈物で、もし皇帝が望まれるなら、彼へ奉仕し、同盟関係を結ぶ用意があることを示してみせたのです。

三　皇帝はこれらの贈物を携えてきた者からそれを受け取ると、それを記録し、それに見合う返礼の品を贈られました。そのため、携えてきた者は一様に非常に豊かにされた思いになりました。皇帝はまた、彼らの中のもっとも傑出した者にローマ人の官位を与えて敬意を表されました。そのため非常に多くの者がそのとき、故国に戻ることなど忘れて、ここに留まることを熱望したのです。

第八章

ペルシア王からの使節

ペルシア人の王(2)も使節を遣わしてコンスタンティヌスの知遇を得ておくのをよしとし、彼自身も友好条約のしるしとして贈物を送って寄こしました。皇帝は、そのため、協定書を作成されました。そのさい彼は、敬意を最初に表した王に非常に豪華な返礼で、圧倒されたのです(3)。もちろん彼は、神の教会がペルシア人(4)の間で増加していることや、何万という平信徒(5)がキリストの群れの中に入っていることを知ると、これらの報告を喜ばれ、各地の人びとの安寧に責任を負う者として、ここでもまたすべての者のためになる心遣いを払われたのです。もちろん皇帝は、ペルシア王に宛てて使節を介して送った書簡[6]により、ご自身の言葉で、これをも説明されるでしょう。[7]皇帝直筆の以下の書簡[8]も、わたしたち自身のもとに[9]ラテン語で届いております[10]、ギリシア語に翻訳されれば、それは読者により分かりやすいものになるでしょう。内容は以下のものです。

(1) これは通常王位を象徴する頭に巻くはちまきの類を指すが、ここでは王冠のようなものを想像すべきか。
(2) シャプール一世を指す。
(3) テクストでは「勝利されたのです」。
(4) テクストでは「ペルシア人の種族」。
(5) 「平信徒（ラオス）」。キャメロン（一五六頁）は、このギリシア語に特別なニュアンスを認めず「人びと（people）」の訳語を与えている。
(6) ここでの書簡は複数形。
(7) ここで動詞パリステーミの未来形が使用されているのは、この先で皇帝の書簡を引いて、皇帝自身の言葉で説明しようとしているから。テクストでは、この後に、「アメとむちでもって男たちをご自分の傍らに置いて」と意味不明の文章が来るが、この一文の前後には欠落があると考えられる。
(8) テクストでは「この書簡」。ここで「このラテン語の書簡」と書かれていないことに注意したい。それは送り先の言語で書かれていたことを示唆する（「ラテン語でもって」は「届けられている」を修飾している）。キャメロン（一五六頁）は、この書簡が皇帝によりラテン語で書かれたと理解する。
(9) 「エウセビオス自身のもとに」の意。キャメロン（一五六頁）は、ここでの「わたしたち」をパレスチナの司教たちを想定してか、「この文書もまたわたしたちの間で回覧されており」と訳出する。
(10) 皇帝の文書にたいするエウセビオスの申し立ては第二巻二三、四七参照。キャメロン（三一四頁）は、エウセビオスがこの文書を三三六年にコンスタンティノポリスで入手した可能性とその出所が宮廷の吏員のマリアヌスであった可能性を否定しないが、同時に以下の書簡の冒頭に挨拶文などが欠落していることを指摘して、書簡が直接のものでない可能性をも示唆する。なおキャメロンによれば、この書簡の時期は三二四年と三三七年の間。

第九章

ペルシア王へ宛てたコンスタンティヌスの書簡[1]

「予は神聖な信仰を守ることで、真理の光に与っている。予は真理の光に導かれて神聖な信仰を認めるに至っている。それゆえ、これらのことでもって、もろもろのことを確認してくれるように[2]、予は至聖なる宗教的儀式[3]を知るものである。予は、この宗教[4]が至聖なる神についての知識の教師を有していることを認める。予は、この神の力を同盟者として[5]、大洋の最果ての所からはじめて、救いの確かな希望で、全世界[6]を次々に覚醒させてきた[7]。そのため、かくもひどい暴君の隷従下にあって日々の災禍に膝を屈し、消滅寸前にまで行ったすべての者が、共通の繁栄を取り戻し、まるで何かの治療を受けたかのようにして生き返ったのである。予はこの神を敬い、神に捧げられた予の軍隊は、そのお方のしるし[8]を肩に担いで運び、正義のロゴス[9]が召集をかけるものには、それが何であれ、それに立ち向かって行く。そして、ほかならぬこの者たち[10]から、予は誰の目にもとまるトロパイオン[11]をもって、ただちに［勝利の］恵みを手にするのである。予はこの神に永遠に忘れることなき[12]敬意を払うと告白する。予はこのお方がいと高き所におられることを、邪心のない純なる心ではっきりと認める。

第十章

一　予はこのお方に助けを乞う。［そのさいには］膝を曲げ、おどろおどろしいすべての血と不快で反吐が出そうになる死臭を[13]絶ち、[14]この世の栄光をすべて拒否し――これらすべてで汚された、無法で口にするのも

(1) 一部の学者は、以下の書簡の真正性を問題にする。キャメロン（三一三頁）参照。
(2) この一文は、この書簡のはじまりが非常に唐突なものであることを示唆する。「これらのこと」と「もろもろのこと」が何であるかが不明だからである。この書簡の冒頭部分は、挨拶部分をも含めて、大きく切断されていた可能性がある。
(3) あるいは「礼拝」。
(4) あるいは「礼拝」。
(5) あるいは「この神の軍勢をともに戦う者として」。同盟者は、危急のさいに「ともに戦う者」を意味する。先に進んで「神に捧げられた予の軍隊」という語句が出てくる。
(6) この場合の世界は、基本的には、「人の住む地中海世界」である。
(7) あるいは「起こしてきた」。
(8) 軍旗を指す。第一巻二八―三一参照。エウセビオスは第二巻八―一、九―一でそれを担ぐ者たちに描写しているが、そこでの同じ語句がここでも認められる。
(9) キリストを指す。
(10) コンスタンティヌスの兵士を指す。
(11) ここでのトロパイオンは複数形。
(12) テクストでは「不死の記憶をもって」。
(13) ギリシア文には言葉遊びが認められる。
(14) キャメロン（三一五頁）は、この一文は動物犠牲に言及するものだと理解するが、それは唐突すぎる。ここで言及されているのは、戦争で流される血とその遺体が発する死臭である。動物犠牲の血は不快でも、反吐の出るものでもない。ここでは必要ならば、戦争を行なうコンスタンティヌスの祈りのときの態度が云々されているのである。

憚られる過誤が[1]、多くの民族や部族全体を転覆させた[2]——、それらを［黄泉の］もっとも深い所に[3]引き渡しながら、である。

二　全世界の神が、人類の［安寧への］心遣いをもって、またご自身の人類愛ゆえに、［全人類が］使用するために手に入るようにされたもの、これらはけっして各人の欲望を満たすために転用されてはならない。神は人類にただ清い思いと汚れなき魂を求め、徳と敬虔の諸行為をこれら二つの中で計られておられる。

三　なぜなら、神は公平で優しい働きを喜び、柔和な者を友とし、騒ぎを起こす者を憎み、信仰を愛し、不信仰を戒め、思い上がった権力をすべて打ち砕き、傲慢な者の尊大な態度に復讐し、虚飾で己を高める者を徹底的に打ち砕き、他方、へり下った者や悪に堪え忍んでいる者には、それにふさわしいものをお与えになるからである。

四　神は正義にかなった帝国を尊び、それをご自身の力で[4]強められ、皇帝の願いを平和の静謐さの中で守られる。

第十一章

一　予の兄弟よ、予はこの一なる神を全宇宙の創始者[5]にして父であると告白するが、予は誤っていないと思う。ここで皇帝として統治した者の多くは、狂気の過誤に誘惑されて、そのお方を否認しようとした。しかし、その罰は、最終的には、彼らすべてを飲み込んでしまったので、全人類[6]は以後彼らの蒙った災禍を、彼らに倣おうと熱心な者たち(7)への何よりのみせしめとしてきたのである。

二　予はその一例として、神の怒りである雷鳴とどろく一陣の大風か何かが、こちらの領地から追い立てて貴国の領地に引き渡した一人(8)の人物を考える。その者は貴下に敗れ、その蒙った恥辱のゆえに大いに話題になった。

第十二章

しかし、われわれの時代においてもまだ、そのような者の処罰が話題になっているが、それは結構なことのように見える。予は、神に献身した人びとを無法な勅令でもって不安に駆り立てた、予に次ぐ者たちの末路をわが目で見てきた。それゆえ、大いなる感謝の念が神に捧げられる。なぜなら、そのお方の十全なる心

---

(1)ギリシア文には言葉遊びが認められる。
(2)具体的にどの部族かは不明。
(3)この語句は先行の「いと高き所に」と対比的に使用されている。
(4)あるいは「援軍、同盟軍」。
(5)あるいは「起因者」。
(6)テクストでは「人類の種族」。
(7)「彼らに倣おうと熱心な者たち」。キリスト教徒を迫害する者たちを指す。
(8)この人物はキリスト教を迫害したウァレリアヌス帝(『教会史』第七巻一〇-一一-四)を指す。彼は二六〇年にシャプール一世と戦って敗れた。キャメロン(三一五頁)によれば、シャプール一世のこの戦勝記念碑は残されている。

遣いにより、神の法を守る者が一緒になって、今や平和が彼らに回復されたので、誇らしげに小躍りしているからである。そこで予は、予ら自身にとっても、すべてがもっとも美しく、かつもっとも安定していることを確信する。なぜなら今は、彼らの純粋で卓越した宗教的儀式を介して、また神的な事柄に関する一致から、そのお方がすべての者をご自分のもとへ集めようとされているからである。(1)

第十三章

この集団の者たち、もちろんキリスト教徒のことであるが――予の関心はすべてこの者たちにある――、この者たちとともに、ペルシアのもっとも有力な町々もまた飾られていると予は聞いているが、それは予にとって欣快なことである。それゆえ、もっとも美しいものが貴下のために、そして同時にもっとも美しいものが彼らのためにもあるように。彼らもまた貴下のものだからである。というも、そうすれば貴下は全宇宙の主人を親切で、憐れみにとみ、穏やかなお方としてもつであろう。それゆえ、予は、貴下がかくも偉大なお方であり、貴下もまたその信仰で知られているので、ほかならぬこの者たちを貴下の手の下に置き、この者たちを貴下に委ねるのである。貴下の人類愛により、この者たちを愛するがよい。そうすれば貴下は、信仰の果実ゆえに、途方もない満足を貴下自身と予らに与えるであろう」(2)。

第十四章

コンスタンティヌス支配下の帝国

一　こうして以後、世界の全民族が一人の舵手によって操舵され、神のしもべによる統治を歓迎したのです。ローマの支配を妨害する者はもはや一人もなく、すべての者が穏やかで平穏な生活をしました。

二　皇帝は神を敬う者の祈りが全人類の安寧を守るご自分の目的に大きく貢献したことを認めると、ご自身が神に嘆願する者となり、教会の指導者にご自分のために執り成しをするよう命じられました。

第十五章

コンスタンティヌスと肖像画

一　神の霊を吹き込まれた信仰の力は皇帝の魂を支えましたが、それがどれほど大きなものであったかは、皇帝がご自身の肖像を金貨に刻ませるにあたり、ご自身が祈りの中で神に達しようとする者のように、上方

(1) キリスト教を指す。

(2) この書簡の結末部にはコンスタンティヌスの祝福が見られない。

に目をやっている事実からも窺い知れるのです。

二　この刻印された貨幣は全ローマ世界で流通しました。いくつかの都市のほかならぬ宮殿地区で、その入り口の高い所に立てられた肖像画では、彼は直立し、その視線を上方の天の方へ向け(1)、その両手を祈りの姿勢で前に差し出している姿で描かれているのです。

第十六章

確かに、皇帝ご自身は、こうした仕方で、ご自身の祈りの姿を肖像画に描かせたのですが、彼は、法律により、ご自身の像を偶像の杜に建てることを禁じたので、その影絵(2)に至るまで、禁じられた事柄の過誤で汚されることはなかったのです。

第十七章

宮中でのコンスタンティヌス

皇帝は、ほかならぬ宮中においても、神の教会の流儀に従って［すべての］(3)事をなされたのですが――皇帝ご自身はそこでの教会に集う者の熱心の先頭に立つ者でした――彼は聖書を両手に取ると、神の息吹きを与えられた託宣(4)の意味を沈思黙考し、ついで宮中に大勢いる者(5)と一緒に法(6)に適った祈りを捧げるのでした。

第十八章

主日の制定

一　皇帝はまた、まことに主のものである、［週の］最初にやって来る救い主の主日[7]を、定められた祈りの日と見なされるようにされました。［神に］捧げられたご自分の家僕と神のしもべ、その生活が後ろ指をさされないすべての徳で飾られた男たちが［主の］家[8]全体の管理を託され、忠誠心の篤い近衛兵や忠誠心で武装している身辺警護の者は、皇帝を敬虔な生き方の教師としました。[9]もちろん、彼ら自身も救い主の主日に［皇帝に］劣らぬ敬意を払い、その日には皇帝が愛した祈りを唱和するのでした。

（1）ススキア出土の金貨（三二六年頃）には、ディアデーマを頭に巻き、目を上方に向けたコンスタンティヌスが描かれている。
（2）「影絵（スキアグラフェー）」。一種の画法。
（3）テクストでは「本」（複数形）。
（4）ここでの託宣は複数形。第一巻三‐四、第二巻一二‐一、四三‐三参照。
（5）テクストでは「宮中の建物を満たす者」。
（6）キリスト教を指す。
（7）ここでは語順を入れ替えて訳文をつくる。ここでの「主日」にはヘーメラが欠けている。dies dominica のこと。
（8）「礼拝を守る場所」「教会」を指す。
（9）テクストでは「……教師として登録しました」。

二　祝福されたお方は[1]、すべての者に同じ事をするように促されました。あたかも、この祈りをなすことで、すべての者を穏やかな仕方で敬虔に導くことができるかのようにです。そこで彼は、ローマ帝国で暮らす者はみな救い主の名にちなんだ日には[2]休息しなければならないと定め[3]、また同じようにして、これらの日に［わたしたちの］共通の救い主によってなされたと記録されている事柄を記念して――そうだとわたしには思われるのですが――、安息日の日をも[4]敬意を表わすことが［定められました］。

主日とローマ軍

三　そこで皇帝は、全軍隊に、「光の日」とか「太陽の日」の名をも冠する「救いの日」を［宗教的］熱意をもって敬意を払うよう教えられました[5]。彼は、神が与えられた信仰に与る者には、妨げられることなく神の教会に欠かさず出席できる自由な時間を与えられました。何の妨げもなくなれば、ともに祈れるようになるかもしれないからです。

第十九章

非キリスト教徒である兵士の義務

他方皇帝は、まだ神のロゴス[6]に与っていない者には、別の法令で[7]、彼らが主日には、町の外の空き地に出て行き、その場所で全員が一緒になって号令一下、実際に身につけた祈り[8]を神に捧げるように命じられました。彼らは自分たちの希望を槍や武具、肉体的強靱さに置いてはならず、万物の上におられる神、すべてのよきものとほかならぬ勝利の与え手を認め――そのお方に法に適った祈りを捧げることは正しいことでした[9]――、天に向けて両手を高く上げ、天におられる王[10]に向けてさらに高く心の目をやり、祈りの中で勝利の与え手にして救い主、守護者にして助け手を呼ばわるのです。皇帝ご自身はすべての兵士にとって祈りの教師であり、彼ら全員に、以下の言葉をラテン語で口にするよう命じられました。

(1)「祝福されたお方(ホ・マカリオス)」。「祝福されたお方」とは通常キリストを指すが、ここではコンスタンティヌス自身がキリストの地位に格上げされている。同じような格上げはすでに見た。
(2) ここでの日は複数形。
(3) ここでのギリシア語は、法令で決定されたことを示す。『ユスティニアヌス法典』第三巻一二-二によれば、コンスタンティヌスは三二一年五月に「太陽の崇敬される日」の商取引を禁止している。
(4)「安息日の日(タス・トウ・サバトゥ)」。ウィンケルマンは、ソゾメノス『教会史』第一巻八-一一-一二がこの一節に依拠して日曜日と金曜日の商取引の禁止に言及していることから、タスの後に「前に」を意味する前置詞プロを挿入し「安息日の前の日」に読み改める。キャメロン(三二七頁)は、他の文書が金曜日の取引などに言及していないことから、本来のテクストの読みを採用する。
(5) エウセビオスはここで「太陽の日」をキリスト教的に解釈している。
(6) キリスト、ないしはキリストの救いを指す。
(7) テクストでは「第二の法令で」。
(8) この語句から「不敗の太陽神」に捧げていた祈りを読み取らねばならない。
(9) 教会の祈りを指す。
(10) あるいは「皇帝」。

第二十章

コンスタンティヌスが兵士たちに命じたラテン語の祈り（1）

一　「あなただけが神であることをわれわれは知っております。
あなただけをわれわれは神として認めます。
あなたを助け手としてわれわれは寄り頼みます。
あなたから勝利をわれわれは得ました。
あなたを介してわれわれは敵対する者に打ち勝ちました。
あなたにわれわれはこれまでのよきものへの感謝の念を認めます。
あなたがこれからのよきものの与え手であることをわれわれは願います。
われわれはみなあなたの嘆願者となります、
　われわれの皇帝コンスタンティヌスと
神に愛された彼のご子息たちのために。
皇帝がいついつまでもわれわれのために無事安全でおられて、
　勝利者となられるために、われわれは嘆願します」。

二　以上は、軍団兵士が「光の日」に行なわねばならぬと皇帝が定められたもので、また以上は、神への祈りで口にしなければならぬと彼が教えられたものです。

第二十一章

兵士の進軍時には

皇帝はさらに、救い〔主〕のトロパイオンのしるし(2)を彼らの楯に刻ませ、軍団を黄金の彫像のようなものを先頭にして進軍させるのではなくて――そうするのはそれまでの習慣でした――、救い〔主〕のトロパイオンによって進軍させました。

(1) キャメロン（三一八頁）は、以下の祈りがマクシミヌス・ダイアに対する遠征でリキニウスとその軍隊が使用した祈りに似ており、ラクタンティウスにより戦闘の前夜にリキニウスに天使が口述したと言われているものにも似ていると指摘する。

(2) このしるしは、第一巻二八－三一で言及されている「十字架」のようなものを指すのか。

第二十二章

宮中での皇帝の勤行

一　皇帝ご自身は、聖なる密儀宗教に参加している者のように、毎日決まった時間に、宮中の最奥にある秘密の部屋に籠もり、一人でご自分の唯一の神に語りかけられました。彼は、嘆願者の姿でぬかずくと、祈りの嘆願をされるのでした。彼は救い主の祝祭の日(1)には断食し、精神と身体の力を集中させて聖なる密儀を執り行なわれました。一方で彼はご自分の日常の生の聖化につとめ、他方ですべての者のために祝祭の先陣を切られたのです。

復活祭の前夜祭

二　皇帝は聖なる前夜祭を明るい昼間のようなものに変えられました。その仕事を託された者が都中の大きな蝋の灯心に点火したからです。すべての場所が松明の火で明るく照らし出され、そのため神秘的な前夜祭が明るい昼間よりも燦然と輝くものにされたのです。そして明け方になると、皇帝は、救い主の好意に倣い、好意に満ちたその右手をすべての属州、平信徒と一般の民衆に差し出して、すべての者に潤沢な贈物をされました。

以上は、皇帝ご自身がご自分の神にたいして宗教的儀式として行なわれたものです。

第二十三章

偶像崇拝の禁止と殉教者の日の遵守

ローマ帝国の一般民衆と兵士は一様に、すべての偶像礼拝から閉め出され(2)、またすべての犠牲が禁じられました(3)。一本の法令が属州知事のもとへ通達され、彼らも同じく主日に敬意を払わねばならぬとされました(4)。そこでこの者たちも、皇帝の命令で、殉教者の日(5)を尊び、集会をもつことでその祝祭に栄光を与えました。彼らは皇帝のためにすべてを、そしてこのようなことを実行したのです。

---

(1) ここでの主の祝祭の日は複数形。復活祭を指す。
(2) テクストでは「ローマ帝国下の一般民衆と兵士には、すべての偶像の門は閉じられ」。
(3) 偶像に犠牲を捧げることを禁じた法令は、第四巻二五-一、第二巻四五参照。コンスタンティヌスが異教の祭儀をどの程度禁止したのかに関してはいろいろと議論がある。キャメロン(三一九-三二〇頁)を参照。
(4) 第三巻一八-一九参照。
(5) ここでの日は複数形なので、殉教者を記念する特別な日が設定されたのではなくて、各地で殉教者の出たそれぞれの日を覚えることが要求されたのであろう。キリスト教徒には、殉教は天国への凱旋であり、それは祝うべきことであるとする理解がある。

第二十四章

司教たちを前にしてのコンスタンティヌスの発言

皇帝はあるとき司教たちを食事に招かれました。その折り彼は、われわれの聞こえる所で、もしかしたら自分自身も司教ではないのかと、次のように発言されて口を滑らせたことがありますが、それは当然のことだったのです。「汝らは教会の中の司教であるが、予は、多分、神によって任命された教会の外の者の司教である」(1)。皇帝はこの言葉どおり、司教としてすべての民を監督し、ご自分の権限のかぎりを尽くして、敬虔な生活を追い求めるよう［彼らに］勧められたのです。

第二十五章

法令や勅令の発行

一 それゆえまた、皇帝は矢継ぎ早に発行した法令や勅令でもって、すべての者にたいし、偶像に犠牲を捧げてはならない、占いをしてはならない、彫像(2)の建立を行なってはならない、秘密の宗教儀式を執り行なってはならない、剣闘士の血だらけの遺体で町々を汚してはならない、と命じられましたが、それは当然のことだったのです。

アレクサンドリアに住む者たちの慣習と迷妄ぶり

二　エジプトの者たち、とくにアレクサンドリアの住民には、女装の麗人を介して、自分たちの所に流れる川［の神］を拝する慣習があったので、彼らには別の法令が送られ、すべての同性愛は猥雑だとして禁止され、この見苦しい行為にはまっている者は、いかなる場所においても、目にされることは許さないとされました。

三　迷信深い者は、川はもはやこれまでのように自分たちのためには流れてくれないと想像しましたが、神は、彼らの期待に反するすべてのことを、皇帝の法令に協力して行なわれたのです。その忌むべき行為で町々を汚していた者はいなくなり、川は、地があたかも川のために清められたかのように、かつてなかったほどに滔々と流れ、大量の流れで水嵩は増し、全耕作地帯が覆われたのです。こうして川は、その働きでもって、思慮なき者に、人は汚れた者たちを拒否し、繁栄の原因はすべてのよきものの唯一の与え手に帰さねばならぬことを教えたのです。

（1）キャメロン（三二〇頁）は、この発言は本書の中でもっとも有名な、しかし謎めいたものであると指摘する。この発言は国家と教会の関係に立ち入るものであるが、ここでの「教会の外の者」は、異教の民衆、異教の地の民衆を指すのであろうか。

（2）あるいは「木像」。

第二十六章

旧来の法律の改正

一　実際、どの属州でも皇帝のために、このような措置が無数に講じられたので、それらを書き留めておこうとする熱心な者にとっては、大きな紙幅が必要とされるでしょう。皇帝はまた法を、古いものからより聖なるものへ改正することで、一新されました。これらの改正について簡単に説明することは容易です。

結婚法の改定

二　旧来の法[1]は子宝に恵まれぬ者を、親族の者から相続することを認めないことで[2]、罰しました。これは子なしの者にとって残酷な法でした。彼らを犯罪人として処罰したからです。皇帝はこれを無効にし、正当な者が相続できるようにされました。皇帝はこれを聖なる正義に照らして行なわれたのです。そのさい彼は、［法を］知っていて過ちを犯す者を相応の罰でもって正さねばならぬ、と言われました。

三　自然は子に恵まれぬ者を多くつくりました。子宝に恵まれるようにと祈っても、虚弱なために不妊の者もいます。ある者は、子らの相続を嫌ったからではなくて、女性との性交渉を嫌って子なしとなっております。これは哲学へのより激しいエロースのために彼らが選んだものです[3]。神の聖なる奉仕に捧げられた女性は、貞節と絶対的な処女性を守り、魂と肉体の徹底した聖なる生活で己を聖化するのです。

四　では、これは驚きや許容ではなくて、処罰に値すると考えるべきものなのでしょうか。熱心は賞讃に値し、達成は自然にまさるものです。それゆえ、子を願っても虚弱なために失望に終わった者は、罰せられるのではなくて、憐れみをかけられるべきなのです。そして至高者の愛こそは罰ではなくて驚きを超越したものなのです。こうして皇帝は、健全な理性でもって、法を改正されたのです。

遺言法の改定

五[4]　旧来の法はまた、亡くなろうとしている者[5]にたいしても、その最後の吐息に関しても、作成される遺言状は言葉の用法で正しくなければならず、ある種の語句や専門用語が用いられなければならない、と定めておりました。そしてここから、亡くなった者[6]の願いを歪める悪質な操作が頻繁になされたのです。

六　皇帝はこれに気づくと、次のように言ってこの法をも改められました。すなわち、最後を迎えようと

（1）ここでの法は複数形。結婚に関するアウグストゥス法（『テオドシウス法典』第八巻一六-一）が無効にされたのは三二〇年で、新法はコンスタンティヌスとリキニウスの名で出されたが、ここではリキニウスの名は言及されていない。リキニウスと結婚法については、『教会史』第十巻八-一一-一二参照。なお、詳しくはキャメロン（三二一-三二三頁）参照。

（2）テクストでは「親族の者の相続の喪失で」。

（3）ここでは聖職者や修道士がエウセビオスの念頭に置かれている。

（4）ウィンケルマンのテクストでは節番号が欠落。キャメロンにしたがう。

（5）テクストでは「その生を変えようとしている者」。

（6）テクストでは「（黄泉の世界へ）下って行った者」。

している者は、その心にある思いを使い慣れた言葉や日常の言葉で表現し、遺言状を普通の文書として作成する、またそう欲するならば書き残さなくてもよい、ただし、［その場合］自分に託されたものを正確に守れる、信頼に足る証人の前でこれを行なう、と。

第二十七章

奴隷法に関する法律(1)

一　皇帝は、いかなるキリスト教徒もユダヤ人に奴隷として仕えてはならぬ、と法令で定められました。(2)救い主によって贖われた者が隷従の頸木によって預言者殺し(3)にして主殺し(4)である者たちに服するのは正しくないからです。もしこの種の状況に置かれた者が発見されれば、その者は自由人として解放され、ユダヤ人は罰金刑をもって処罰されました。

公会議で司教たちが定めたものは

二　皇帝は司教たちが定め、公会議(5)で宣言されたものに押印されました。(6)そのため属州知事にとって［司教たちの］決定事項を無効にすることはできなくなりました。神の祭司はどんな行政官にもまさったからです。

三　皇帝はご自分の配下にある者のために、これらに類した無数［の法令］を作成されました。これらのことに認められる皇帝の思いを正確に知るには、別の著作に委ねる時間が必要とされるでしょう。万物の上におられる神にご自身を委ねられた皇帝は、どうすれば人びとのためになることができるかを、朝早くから夕方遅くまで考えられました。また皇帝は、すべての者に平等で、そのよき働きに公平でした。しかし、これらのことについて、今ここで詳述する必要があるでしょうか。

第二十八章

教会にたいして示された皇帝の好意

皇帝は、(7)とくに神の教会にたいしては例外的に寛大で、必要な物を潤沢に与えられました。一部の教会には所領を与え、他方、貧しい男や、孤児となった子供、それに困窮している女を養うために穀物を給付された。

(1) この一文は「しかし」ではじまるが、それは前節との間に欠落があることを示唆する。
(2)「テオドシウス法典」第十六巻九-一参照。キャメロン(三一三-三二四頁)参照。
(3) ユダヤ人を指す。この言葉はすでに使用されてる。
(4) この用語はすでに何度も出てきた。反ユダヤ主義者であるエウセビオスが好んで使用するもの。
(5) ここでの公会議は複数形。
(6) 皇帝印の使用に、司教たちにたいするコンスタンティヌスの敬意を読み取ることは可能。
(7) ウィンケルマンのテクストでは不要な節番号(一)が見られる。

ました。[1] 彼はまた、大変な心配りをされて、裸の者や身にまとうものなき者のために大量の衣服を用意されました。

皇帝はまたとくに、その生涯を神についての哲学に捧げている者[2]を格別な名誉に値する者とされました。[3] 彼は、どこまでも聖でつねに処女である者の神の合唱隊だけを拝しつづけ、そのような者の魂の中にこそ、彼らが献身している神が住まわれていると信じたのです。

第二十九章

皇帝は説教し、人びとは聞いた

一　皇帝は、実際、神の霊が宿った言葉でご自分の思いを増し加えようとし、そのため夜間寝ずに過ごし、暇さえあれば演説文を草し、絶えず人びとの前で語られました。彼は民をご自身の訓育的な言葉で支配されました。全帝国を理性的なものとして打ち立てられるべきだ、と考えられたからです。

二　そのため、皇帝ご自身が呼びかけられると、無数の群衆[4]は彼が語るその哲学を聞こうと、熱心に集まりました。もし語っている最中に神のことについて触れるようなこと[5]があれば、彼は直立不動の姿勢を取られました。厳粛な面持ちで、厳かな声となりました。その姿は、神の霊を受けた教えを深い畏怖の念をもってそこにいる者に授けているかのようでした。そして聴衆が感極まって声を発すると、皇帝は彼らに上の方を、［すなわち］天の方を見るようにと指示し、万物の上におられる王[6]だけを何にもまして賛嘆し、敬虔な賛美の言葉で敬意を払うように［と指示されたのです］。

三　皇帝は演説を計画されるときには、必ず多神教の過誤に非難を投げつけ、異教徒の宗教はまやかしで、無神論者のためのファサードであることを示し、同時にまた、あの単独支配者の神性を認めなければならぬとし、一般的な場合と個々の場合における摂理の説明を次々にされました。彼はそこから救い主の経綸に進み、それが起こる必然性を適切な言葉で示されたのです。彼はさらにそこから進んで、神の裁きの教えにも触れられました。

四　ついで彼は、とくに聴衆の最大関心事に触れ、強奪する者や強欲な者、すなわち飽くことなき金銭欲に己の身を投じている者を非難されました。彼はあたかも議論の鞭[7]で打つかのようにして打つと、しかも激

（1）キャメロン（三二四頁）は、コンスタンティヌスがローマをモデルにしてコンスタンティノポリスの市民たちのために穀物を配給したことに言及する。

（2）独身の聖職者を指す。

（3）第四巻二六-二一五参照。

（4）第四巻二九-四に見られる「周囲に立った知り合いの者たち」という表現からして、ここでの聴衆は宮中の者たちであろう。それにしても大袈裟な！

（5）あるいは「神を賛美する機会」。

（6）コンスタンティヌスの謙遜した態度を読み込みたいのであれば、「すべての上におられる皇帝」。ギリシア語バシレウスには「王」ばかりか「皇帝」の訳語をも与えうる。

（7）「議論の鞭で（トイ・ロゴイ）」。ここでのロゴスはキリストを意味するものでもあるかもしれない。もしそうならば、「キリストを引き合いに出すことで」位の意味となろう。

しく打つと、自分の周囲に立っている腹心の一部で、その良心を打擲された者(1)に頭を低く垂れさせました。彼は誰にでも分かる言葉で証しをすると、自分は彼らの行為について彼らに代わって神に申し開きをしなければならぬ、と告げられました。というのも、万物の上におられる神が、地上の者による支配権を彼に授けておられたからです。そこで彼は至高者を模倣して、帝国の行政区を区分けして彼らに委ねておられたのです。すべての者は、いつかは、偉大なる王(2)によってその行為を調べ上げられるのです(3)。

五 皇帝はこれらのことをつねに証しされて、これらのことを想起させ、これらのことの教師でした。

欲ぼけした者

皇帝は、正統信仰(4)を拠り所にして、このような見解を主張し表明されたのですが、彼らは学ぶに鈍く、よき教え(5)には耳の聞こえぬ者となっておりました。彼らは皇帝の言葉に「そうだ、そうだ」と合いの手を入れて拍手喝采するのですが、いざとなると(6)、欲の皮がつっぱっていたため、それを無視したのです。

第三十章

皇帝の問いかけ

一 そこであるとき皇帝は、自分の周りにいた一人の者を捕まえて、問いかけました。「友よ、いったどこまで、われわれは欲の皮を引っぱることができるのかね」と。ついで彼は、地上に、そのとき手にしていた杖で男の身の丈がおさまる空間を描いて言われました。「たとえ世界のすべての富とすべての土地(7)がおまえのものになっても、おまえが持ち去れるのは――それがおまえのものだとしての話だが――ここにその輪郭を描いた一片の土地でしかないのだ(8)」と。

二　祝福されたお方(9)は、このようなことを口にしたり行なったりされたのですが、「そのときは」一人として正すことはできませんでした(10)。とはいえ、「その後の」出来事は彼らに、皇帝の言葉(11)が普通の言葉ではなくて、神託に近いものであると、はっきりと得心させました。

---

(1) この一文に「打つ」を意味する単語が三度も出てくる。パイオー、ディアマスティゾー、プレッソーである。
(2) 神を指す。
(3) ここでは「神の裁き」が前提とされている。第四巻五五参照。
(4) あるいは「真の信仰」。
(5) テクストでは「よきこと」。
(6) あるいは「現実には」。
(7) テクストでは「どんなわずかな土地もすべて」。
(8) おまえの埋葬に必要な土地は一片の土地でしかない、の意であろう。
(9) 「祝福されたお方（ホ・マカリオス）」。コンスタンティヌスを指す。
(10) テクストでは「一人をも終わらせることができませんでした」。
(11) ここでのギリシア語テスピスマタは「神の預言」「託宣」を意味する。

第三十一章

あまりにも寛大な、あまりにも寛容な

死［刑］の恐怖も、悪人どもを悪から引き離すことはできなかったので——それというのも、一方で皇帝がすぐに赦免を与えられたからで、他方で各属州の統治者の誰一人として犯罪者にたいし何の措置もまったく講じなかったからです(1)——、これは［コンスタンティヌスの］体制全体に大きな非難をもたらしました。それが理に適ったものであったか否か、どちらを好むかは各自の判断にまかせるとして、わたしは真実を記録することだけに専念したいと思います。

第三十二章

ラテン語で準備される皇帝の演説草稿

皇帝は演説の草稿をラテン語で準備されました(2)。［すると］専門の翻訳技官がそれをギリシア語に翻訳しました。翻訳された演説文の例として、わたしは現在の主題を扱った後で、それにつづくものとして「聖徒たちの集会へ(3)」と皇帝ご自身が題された演説文を添付するつもりです。皇帝はこの一文を神の教会に捧げられました。［それを読めば］皇帝の演説についてのわれわれの証言がレトリックであるとは誰も考えないでしょう。

第三十三章

エルサレムの救い主の墓についての話

一　他の一つのことは、この賛嘆に値するお方がほかならぬわたしたちの前で行なわれたことなのですが、わたしには忘れがたいものになりそうです。あるとき、神的なものへの皇帝の献身に寄り頼んで、わたしたちは皇帝に聞いていただくために救い主の墓について話をする許可を求めました。皇帝は耳をそばだてて聞いて下さいました。大勢の聴衆が宮中の中で取り囲むようにして立っていたので、皇帝は起立し、他の者とともに聞いて下さったのです。わたしたちが近くに置かれていた椅子にお座りになるよう請うても、頑として応じられなかったのです。皇帝は、わたしの話を妥当なものだと判断し、神学的な教えをもって、その真理性を確認されたのです。

二　それは非常に時間のかかるものでした。わたしたちは、話がまだまだつづくので、中休みを取ることを提案しました。すると皇帝はそれを許されず、終わりまでつづけるように促されました。わたしたちが皇

(1) ギリシア文には言葉遊びが認められる。第三巻一三参照。
(2) コンスタンティヌスは通常ラテン語で草した。第二巻九、(3) この文書は現在残されている。

帝にお座りになるよう求めると、神の教えが語られているときには、くつろぎながら聞くのは間違っているとか、起立している方が自分によいのだとか、神的な事柄を起立して聞くのは聖なる行為であるとか言って、拒みつづけられたのです。

さて、これらのことも終わると、わたしたちは帰国し、いつもの日常生活に戻りました。

第三十四章

皇帝は神の教会(1)の将来に心遣いし、神の息吹きを受けた託宣(2)の写しに関する書簡をわたしたちに直接送っ(3)て寄こされました。皇帝はその書簡に復活祭(4)の至聖なる祭りについてもう一通の書簡を添付されました。というのも、わたしたちは皇帝にこの祭りでのロゴス(5)の神秘的な開示について語っていたのですが、彼は、それにたいして、返書を送ってわたしたちに敬意を表されました。そのことは、以下の書簡自体を読めば、お分かりいただけるでしょう。

第三十五章

エウセビオスへ宛てたコンスタンティヌスの書簡

一 「勝利者コンスタンティヌス・マクシムス・アウグストゥス［から］エウセビオスへ

キリストの神秘について的確に語ることと、復活祭についての論争やその起源(6)、そしてその尊いが痛ましい成就(7)などを適切な仕方で説明することは一大難事であり、どんな言葉の力をも超えるものである。なぜなら、神的なる事柄を人びとに的確に語ることは不可能なことだからである。どんな有能な知識人によってもである。

二　それにかかわらず、予は、汝の学識と熱意(8)に感嘆しながら、その小冊子(9)を喜びをもって読んだ。予は、神(10)の礼拝に誠心誠意打ち込んでいる大勢の者のためにも、汝の願いに従い、［その写しを］作成するよう命じた。

三　さて汝は、予らが、汝の『良識(11)』から［与えられた］このような贈物をどんなに大きな喜びをもって受け取ったかを承知していると思うので、汝が通暁している分野の著作をもっと頻繁に公刊し、それでもって

---

(1) ここでの神の教会は複数形。
(2) ここでの託宣は複数形。旧約と新約を指すように思われるが、新約の諸文書のみを指している可能性もある。
(3) テクストでは「わたしたちの顔に宛てて」。ここではエウセビオス自身に宛てられたことを意味する。
(4) ギリシア語ではパスカ。
(5) キリストを指す。
(6) 具体的にどの論争がコンスタンティヌスの念頭にあるのかは不明。
(7) キリストの受難と復活の出来事がコンスタンティヌスの念頭にある。
(8) ギリシア文には言葉遊びが認められる。
(9) この小冊子は現存しない。
(10) テクストでは「神的なもの」。
(11) この呼称はすでに頻出した。

予らを喜ばすよう努力するがよい。予らは、汝の不断の熱心な研鑽に、俗に言う『はっぱをかけている』のである。予らの信頼が大きすぎるからといって、それは汝の労作をラテン語に翻訳する者が、汝のために、その仕事ができないことを示すものではない。たとえ、その翻訳が相応の典雅な言葉でなされないにしても、である。

敬愛する友よ、神が汝を守られるように」。

以上はこの主題についての皇帝の書簡でした。聖なる文書(1)を供することについての書簡は、以下の内容のものです。

第三十六章

エウセビオスへ宛てたコンスタンティヌスの書簡

一　「勝利者コンスタンティヌス・マクシムス［から］エウセビオスへ

予らの名を冠している都市(2)においては、救い主の神の摂理(3)がともに働き、人びとの大きな群れが至聖なる教会に所属した。そのため、そこではすべてが大きく増し加わっているので、より多くの教会がその都市に(4)もうけられることがとくに必要であるように思われる。

二　そこで、汝は予らの下した決定を熱烈に受け入れてほしい。汝の『理解』に、以下のことを明らかにするのは、適切であるように思われる。汝は五〇部を(5)――もちろん聖なる文書の［写し］のことであるが――、［転写の］技術を正確に学んだ専門の(6)筆写生によって転写されるよう命じられたい。(7)それは飾りの入った革装(8)で、読みやすく、携行して使用できるものでなければならない。汝はその供給と使用が教会の説教のために(9)必要不可欠であることをとくに承知していると思う。

三　それらを作成するのに必要なものすべてを供するよう配慮せよ、とする文書による指示は、予らの『優しさ』(10)によって教会管区の責任者に送られた。転写された［五〇］部を可及的速やかに用意することは、汝の『配慮』の仕事となる。

---

(1)「聖なる文書（トーン・テイオーン・アナグノースマトーン）」。「朗読する」の意が内包されているアナグノースマから判断すれば、これは朗読用の聖書を指すのかもしれない。
(2) コンスタンティヌスを指す。
(3) ここでのギリシア語は「救い主の（父である）神」なのか、「救い主である神」なのか、曖昧である。
(4) テクストでは「そこにおいて」。
(5) この数は必ずしもコンスタンティノポリスの教会の数を示唆するものではない。
(6) あるいは「熟練の」。
(7) この一文はエウセビオスが所属するカエサリアの教会管区に聖書の諸文書を転写する工房（scriptorium）が存在していたこと、その評判がコンスタンティノポリスの皇帝のもとにまで達していたことを示唆するとともに、エウセビオスが聖書学者としてもその名声を確立していたことを示している。
(8) 形容詞の「飾りの入った」は「革装の」と同格であるから、革装に飾りが入っているのであって、テクストそれ自体に飾り文字などの装飾が入っていたかどうかは不明。
(9) あるいは「教会での朗読のために」（キャメロン、一六七頁）。
(10) これは一種の呼称。

四　そのため汝は、この予らの書簡の権威により、一般用の二台の荷馬車を運搬用に使うことができる。[1] そうすれば、美しく手書きされたものは、予らが見るために予らのもとに、何の支障もなく運ばれる。[2] もちろん、汝の教会の助祭の一人がこの任にあたり、その者は予らのもとに達したとき、予らの博愛を経験するであろう。[3] 愛する兄弟よ、神が汝を守られるように」。

第三十七章

皇帝は以上のことを命じられたのです。ただちに、行動がその言葉に従いました。わたしたちは皇帝に豪華な表装されたものを三セットか四セットに分けて送りました。[4] ……………[5]

コンスタンティアの町の改宗

皇帝の別の返書自体がこれを確認します。[6] 皇帝は、その返書で、わたしたちの近隣の町コンスタンティア[7] ――そこはそれまでは群を抜いて迷信深い男たちの町でした[8]――が、［キリスト教徒の］敬神の念の勢いで、それまでの偶像崇拝の過誤から離れたことを知って喜ばれたことや、[9] その改宗[10]を歓迎したことなどを説明されております。

第三十八章

さて今や、属州パレスチナのコンスタンティアが救い主の宗教を裏書きし、神ご自身と皇帝によって、よ

---

(1) ここでのギリシア語は「一般民衆が利用できる」を示唆する。
(2) ここでの「見る」は、転写されたものの「出来映えを見る」の意を内包する。
(3) この一文は、コンスタンティヌスによって労がねぎらわれることを示唆。
(4) この一文はエウセビオスが転写された聖書を一回に三セットか四セットに分けてコンスタンティノポリスに送ったことを示唆するように思われるが、キャメロン（三二七頁）は、この一文が「三巻か四巻に分けられたセット」が送られた可能性をも否定しない。その場合、三巻が新約で、四巻が旧約か。
(5)「……分けて送りました」で終わる一文から次の一文への移行は内容的にスムーズなものではないため、ここに欠落があると指摘される。キャメロン（三二七頁）は、その可能性を認めながら、次の一文を第三十八章の一文に接続できることをも示唆し、「もしそうできるならば、この不適切な所への移動はエウセビオス自身の性急な編集にまで遡ることになる」と説明している。鋭い洞察である。
(6)「これを（ホ）」。この関係代名詞は、先行する内容の存在を前提としている。
(7) ギリシア語読みではコーンスタンティア。コンスタンティヌスの妹コンスタンティアを指す。
(8) パレスチナのガザの港町マイウマ（Maiuma）を指す。
(9) この町全体がキリスト教に改宗し、異教が廃れたという証拠はどこにもない。キャメロン（三二七頁）によれば、ガザの町は、五世紀の初頭にゼウス・マルナスの神殿が破壊された後にも、異教的な国際都市であった。
(10) あるいは「実践」。

り高い名誉に値するとされました。そこはそれまで町ではなかったのですが、町とされ、皇帝の敬虔な妹のより高い地位のおかげでその名前に改められたのです。

第三十九章

他の町の改宗

一　他の多くの土地が行動を起こしました[1]。皇帝ご自身の名を冠した属州フェニキア[2]の町では、市民が数え切れぬほど多くの木彫りの像を火にくべると、代わりに救い主の法[3]を受け入れました。

二　他の属州でも、多くの群集が宗旨替えをして救い主を知る知識へと向かいました。どの土地でも、またどの町でも、それまで聖なるものと見なされていた、あらゆる種類の木で彫られた像を、あたかも無であるかのように処分されました。彼らは自分たちの聖所や高台へと接続する神域を誰の命令もなしに破壊し、その基礎の上に教会を建てると、かつての迷妄に決別したのです。

三　わたしたちの仕事は、神に愛されたお方の事績の一々を書き記すことにあるのではなく、その全時間を皇帝の傍らで過ごす特権をもった者たちのことを書き記すことにありました。わたしたちは、簡単でしたが、わたしたちが知るに至ったものを本書で伝えましたので、次に皇帝の晩年に移りたいと思います。

第四十章

三十年祭と三人の子息

一　さて、［この頃までには］皇帝の治世の三十年祭は終わろうとしておりました。[4] 皇帝の三人のご子息――彼らは燦然と輝くカエサルでした――は、［それぞれ］異なる時期に、帝国の共同統治者に任命されておりました。父上と同じ名前のコンスタンティヌス[5]は、父上の［治世の］十年祭のときにその名誉に与る最初の者となり[6]、祖父と同じ名前で飾られた二番目のコンスタンティウス[7]は二十年記念の頃に[8]、そして、与えられたそ

（1）キャメロン（三二八頁）によれば、フリギアのオルキストゥスが、その住民がキリスト教に改宗したため、町に昇格した。

（2）ギリシア語読みではフォイニケー。

（3）キリスト教を指す。

（4）テクストでは「満ちようとしておりました」。なお、コンスタンティヌスの三十年祭が終わるのは、三三六年七月二十五日。

（5）あるいは「父コンスタンティヌスと同じ名前の者」。

（6）三一六年八月七日生まれのコンスタンティヌス二世がカエサルと宣言されたのは三一七年三月一日。

（7）あるいは「祖父と同じ名前コンスタンティウスで飾られた二番目の者」。コンスタンティウスはギリシア語読みではコーンスタンティオス。

（8）コンスタンティウスがカエサルと宣言されたのは三二四年十一月八日。

の名前が「意志強固」や「安定」を意味する三番目のコンスタンス(1)は、第三の十年期祭の頃に(2)［その名誉に］与ったのです(3)。

二　皇帝はこうして、三位一体のロゴスのように、神に愛された三人の子孫(4)を得、そして各十年祭の終わりに彼らを帝国の名誉ある地位に入れると、ご自身の三十年祭を全世界の諸王の王(5)に感謝を捧げる盛大な機会とされ、エルサレムにおいてあらゆる美しい努力で建てられたマルテュリオンの奉献を適切なことだと判断されたのです。

第四十一章

妬みの霊、エジプトの諸教会をかきまわす

一　この頃、美しいものを憎む妬みの霊(6)が、太陽の燦然と輝く光線に立ち向かう暗雲のように、今一度エジプトの諸教会を言い争い(7)で引っかきまわし、この華やかな祝祭(8)を台無しにしようとしました。

二　しかし神のために心遣いされるお方は、司教たちを全エジプトとリビアから、アシアとヨーロッパから急遽参集させると、彼らの多数が出席した公会議を神の軍隊として再び武装させ、悪意に満ちたダイモーンに立ち向かわせました。そのお方は、まず論争を解決させ、ついで前述の聖堂の奉献を行なうよう命じられたのです。

ツロの公会議

三　皇帝は道中にある彼らに、その争いをフェニキアの母なる都(9)で決着をつけるよう命じられました(10)。言い争いをしている者は、和解して互いに平和的にならなければ、贈物を携えてはならない、と神の法(11)は明言しておりますが、見解が分裂したままで神の礼拝に出席するのは正しくなかったのです。

四　皇帝は、救いに関わるこれらの命令をご自身の判断で意味あるものとされ、以下の内容の書簡により、彼らに完全な一致と協調の中で事にあたるよう指示されました。

---

(1) ギリシア語読みではコーンスタス。

(2) 「三十年祭の頃に」の意。

(3) コンスタンスがカエサルに宣言されたのは三三三年の十二月二十五日。なお、コンスタンティヌスの長男クリスプスは三一七年にカエサルと宣言されているが、三二六年に殺されている。そのため、その存在はここでは完全に無視されている。そうでなければ「三位一体のロゴスのように」などとは言えなくなる。

(4) テクストでは「三人の子孫の子ら」。

(5) 神を指す。

(6) アタナシオスを指す。この人物の名前があげられていないのは、エウセビオス自身がその論争に深く関わっていたからであろう。

(7) メリティアノスとのアタナシオスの論争を指す。なお、妬みの霊という表現は、第一巻四九-二、第二巻六〇にも見られる。

(8) コンスタンティヌスの在位三十年祭を指す。

(9) ツロを指す。

(10) この公会議が開催された時期は、皇帝の三十年祭がはじまった三三五年の七月二十五日とエルサレムの聖墳墓教会（「聖堂」として言及されている）が奉献された同年の九月十三―二十日の間のある時期とされる。

(11) 福音書を指す。

第四十二章

ツロの公会議へ宛てたコンスタンティヌスの書簡

一　「勝利者コンスタンティヌス・マクシムス・アウグストゥス［から］ツロの聖なる公会議へ

普遍的教会に抗争はあってはならず、それはキリストに仕える。しかし、一部の者は、不健全な分派心の狂気から――予は彼らが［司教に］ふさわしい生き方をしていると言うことはできない――、すべてを無秩序の中に投げ込もうと画策している。これはあってはならぬ災禍のように予には思われる。そこで予は、俗に言う『はっぱをかけられている』汝らがともに遅滞なく同じ場所に馳せ参じ、公会議を開催し(1)、時間が許すかぎり、助けを必要としている者を守り、危険な状況にある兄弟に癒しをもたらし、仲違いしている者を協調へと導き、過誤を正すよう促す。そうすれば、汝らは、かくも多くの属州のために、ごく少数の者の尊大な態度が破壊した――ああ、何たる愚行！――あの適切な一致を回復するであろう。

二　これこそは全人類の主人であられる神(2)を喜ばすものであり、予らにとってはすべての祈りの中の最高の願いであり、そして汝ら自身にとっては、もし再び平和を呼び戻せるならば、尋常ではないよき評判のものとなるが、予はすべての者がこれに同意すると考える。そこで、これ以上遅延させることなく、今すぐにでも汝らの熱意を呼び覚まし、諸問題に速やかにかつ適切に決着をつけるがよい。もちろん、われわれが拝するあの救い主が、とくに汝らに、どこにおいても声に出さんばかりに要求される、絶対的な誠実さと信頼のもとで相集ってである。

三　予の心遣いの中に入ってきたものの中で、汝らのために欠けるものは何一つない。汝らが書簡で説明したすべてのことは、予によってなされている。予は汝らが［そうするようにと］願った司教たちに、彼らがやって来て汝らの討議に与るよう促す書簡を送った。予は執政官級のディオニュシオス(3)を遣わした。彼もまた汝らと一緒に公会議に出席する義務のある者(4)に通告し、そしてそれに出席するであろう。そこでなされることに、とくによき秩序の維持に目を光らせるためである。

四　もしこの期に及んでも予らの命令を無視して出席を拒む者がいれば――そのような者がいるとは思われないが――、皇帝命令でその者を追放し、真理のためになされた皇帝の決定に反対することは正しくないと教える者が、この地から、予らのもとから、遣わされるであろう。

五　憎しみや贔屓からではなく、教会と使徒の基準に従って、躓いて罪を犯した者のために適切な(5)矯正手段を考えることは、同じ判断を下せば、以後、汝らの『聖性(6)』の仕事となる。そうすれば、汝らは教会をあらゆる中傷から自由にし、予の悩みを軽減するであろう。そして汝らはまた、現在仲違いしている者に平和

（1）テクストでは「公会議を（定数で？）満たし」。
（2）あるいは「全人類の神である主人」。
（3）この人物はフェニキアの前知事であった。
（4）その一人はアタナシオスであった。彼はディオニュシオスから書簡を受け取るまでは、公会議に積極的に出席しようとはしなかった。
（5）あるいはカノンに「調和する」。
（6）これは一種の呼称。

の恵みを回復することによって、汝ら自身のために最高の評判を勝ちうるであろう。敬愛する兄弟たちよ、神が汝らを守られるように」。

第四十三章

エルサレムの公会議

一　命令された事柄が実行に移されていたとき、皇帝が遣わされもう一人の男が到着し、皇帝の書簡を示して公会議［への出席］を促し、一刻の遅滞もなしに、ただちにエルサレムへの旅をするようせき立てました。

二　そこで彼ら全員が属州のフェニキアを離れ、公共の交通手段を使って[1]目的地にやって来たのです。そのときその場所はどこも、神の大合唱隊で膨れ上がりました。すべての属州から著名な司教が、いっときに、エルサレムに参集したからです。

三　マケドニア人は彼らの母なる都の司教[2]を送り込み、パンノニア人[3]とミュシア人[4]は彼らの間の、神に仕える若い世代の美しく咲き誇る者たち[5]を［送り込みました］。ペルシア人の司教の中の聖人も列席しておりました。聖なる託宣[6]に精通している方でした。ビテュニア人とトラキア人は、公会議を厳かなものにしました。

四　キリキアびとの中の重鎮も欠けてはいなかったのです。カッパドキア人[7]の中の御言葉の教育の指導者は、すべての列席者の間で異彩を放っておりました。全シリアとメソポタミア、フェニキアと、パレスチナとそれ自体と一緒のアラビア、エジプトとリビア、テーベの土地に住む者、これらの者たちはみな、神の大合唱隊を構成する者でした。この者たちには全属州から数え切れぬほど多くの平信徒がつき従っておりました。宮中の下役の一人はこの者たちすべてに仕え、またほかならぬ宮中からも、立派な人物が、皇帝の負担でなされる祝祭を輝かしいものにするために送り込まれました。

第四十四章

すべてを仕切った人物

一　いやそれだけではなく、これらすべてを仕切る人物もおりました。この者は皇帝に近く、信仰と敬神の念で神の御言葉の鍛錬に一頭地を抜いておりました。(8) 彼は暴君の時代に神への信仰告白で輝いていたので、当然のことながら、このような仕事を託されたのです。この人物は、皇帝命令に従い、誠心誠意奉仕し、友

(1) 馬か馬車の利用が考えられる。
(2) キャメロン（三三一頁）はこの司教をテッサロニカのアレクサンドロスであったと想像する。
(3) ギリシア語読みではパンノニオイ。
(4) ギリシア語読みではミュソイ。
(5) キャメロン（三三一頁）は、この者たちを Urusacius of Singidunum と Varens of Mursa と想像する。
(6) 聖書を指す。
(7) ギリシア語読みではカッパドカイ。
(8) キャメロン（三三一頁）によれば、この人物はソゾメノス『教会史』第一巻二六で言及されているマリアヌスである。彼はコンスタンティヌスの書簡をツロの公会議に運んだ人物でもある。

好的な歓迎や、素晴らしい宴と楽しいパーティを催し公会議を盛り上げました。

二　彼は、身にまとう服のない貧しい者や、おびただしい数の男や女の群れ、そして食べ物やその他の生活必需品を欠く者に、金子や着る物を潤沢に配り、聖所全体を皇帝からの豪華な奉納物で美しく飾り立てたのです。

第四十五章

説教と称賛と

一　彼がこの奉仕を行なっているとき、神のための儀式を執り行なう者は、祈りと説教で祝祭を飾りました。一部の者は全人類の救い主への、神に愛された皇帝の献身を称賛し、そしてマルテュリオンに関する壮大な仕事を詳細に語りました。また一部の者は、神の教えにもとづく祝祭説教でもって、聞く者すべてにさまざまな知的な喜びを与えました。

二　他の一部の者は、聖なる文書の解釈を行ない、隠された意味を解き明かし、また一部の者は、これができないため、血のない犠牲と神秘的な儀式とでもって神に贖い(1)をしました(2)。共通の平和のために、神の教会のために、このような偉大なことの立案者である皇帝ご自身のために、そして神に愛された彼のご子息たちのために、彼らは嘆願の祈りを神に捧げたのです。

三　わたしたち(3)はまた、この機会に、過分な好意を受けたので、共通の関心事に向けたさまざまな頌辞で祝祭を盛り立てました。皇帝のために哲学的に議論されたものを語ったり、そのとき話題に上がっていたもろもろの象徴[4]に預言者的な洞察を与えたりしました。こうして、ほかならぬ皇帝の［在位］三十年に、奉献の祝祭が楽しい祝賀行事とともに執り行なわれたのです。

第四十六章

救い主の聖堂と聖なる洞窟

救い主の聖堂がどんなものであったのか、救いがもたらされることになった洞穴がどんなものであったのか、金や銀、［その他の］高価な石でつくられた皇帝の奉献物がどれほど美しいものであったのか、わたしたちはこれらのことすべてを、皇帝ご自身に関する草稿の中で一括して扱い、力のかぎりを尽くして語りました。将来いつか、この［著作の］後で、わたしたちはそれを、三十年祭での頌辞を添付して公けにするつもりです。わたしたちはこの頌辞を、少しばかり後になって、皇帝の名を冠した都[5]に旅をしたさい、皇帝ご自身

(1) あるいは「神的なもの」。
(2) キャメロン（三三二頁）によれば、「血のない犠牲で神に贖いをする」は、ミサを表現する語句であった。
(3) エウセビオス自身を指す。
(4) キャメロン（三三二頁）は、エウセビオスの言葉の曖昧さを指摘する。
(5) コンスタンティノポリスを指す。

に聞いていただくために行ないました。宮中で、全人類の上に君臨される王・神を称える二度目の機会を得たからです。神の友なるコンスタンティヌス[1]は、熱心に聞いて下さいましたが、そのときの彼は、目を輝かせて聞き入る［少年］のようでした。皇帝は、それを聞いた後で、列席した司教の歓迎レセプションを主催し[2]、あらゆる種類の名誉で彼らを歓待していたときに、そう漏らされたのです。

第四十七章

エルサレムでの第二回公会議

皇帝はこの第二回の公会議をエルサレムに招集されました。それはわたしたちの知るかぎり最大規模のもので、皇帝がビテュニアの都で華やかに執り行なったあの第一回につづくものでした。この［第一回の公会議］は勝利を祝うもので、そのため、帝国支配の第二十年に、ほかならぬニカイア[3]で、敵対する者や敵たちの敗北に感謝する祈りを捧げられたのです[4]。一方この［第二回の公会議］は、［即位の］三十年を飾るもので、皇帝はすべてのよきものの与え手である神に、救い主の墓の近くに、平和を祈念する捧げ物としてマルテュリオンを奉献されたのです。

第四十八章

称賛と皇帝の困惑

　これらのことが皇帝によってなされ、すべての者が神への彼の献身(5)を口々に称賛していたときのことです。神への奉仕者の一人が大胆にも、彼の面前で、彼を「祝福されたお方(6)」と言い放ったのです。皇帝は、この世においては全人類にたいする最高主権者の支配権に値し、来るべき世においては神の子とご一緒に共同統治をする、というのがその理由でした(7)。皇帝はこの発言を聞いて困惑し(8)、そのような性急なことを(9)口にすべきではないと諌め、むしろ祈りにより、自分のために、現世と来世において、自分が神の奴隷に値する者だ

---

(1) テクストにはない固有名詞を補う。
(2) 第三巻一五、第四巻二四参照。
(3) ニカイアは「勝利」を意味する。
(4) エウセビオスはここで皇帝の二十年祭のときの第一回公会議と三十年祭のときのこの会議を第二回公会議とすることで、他の公会議を意図的に無視する。戦争の勝利（第一回）と平和（第二回）という単純な図式が彼の中にある。
(5) ここでのギリシア語の原義は「徳」。
(6) 「祝福されたお方（マカリオス）」。これはキリストに適用される形容詞。
(7) エウセビオスは本書の後半でコンスタンティヌスをキリストの地位にまで高めているが、ここでも第三者に託してそれを行なっているように見える。
(8) ここに見られる個人的なタッチは、第四巻七参照。
(9) あるいは「そのような大胆なこと」。

と見られるよう求めてほしい、と言われたのです。

第四十九章

二番目の子息の結婚式

帝国支配の三十年［の祝賀］が進行中、皇帝は二番目のご子息の結婚式を執り行なわれました。[1]長男の結婚式はすでにすんでおりました。楽しいパーティや祝祭が催され、皇帝ご自身がご子息の介添え役をつとめられました。皇帝は豪華絢爛たる祝宴や歓迎レセプションを主催されました。男性たちは一か所に集まり、女性たちは他の会場で祝いました。皇帝はまた、一般民衆や町々に贈物を潤沢に配られました。

第五十章

インドからの使節

その祝宴のときには、太陽の昇る方角に住んでいるインド人の使節が贈物を携えてやって来ました。[2]贈物はあらゆる種類の燦然と輝く宝石と、わたしたちの間では知られていない珍獣でした。彼らがこれらのものを皇帝のもとへ携えて来たのは、彼の権力がほかならぬ大洋にまで及んでいることを告げ、さらにインドの土地の統治者が、肖像画や彫像を奉献して彼に敬意を払い、彼を最高主権者にして皇帝であると見なしていることを告げるためでした。帝国統治を開始したときに彼に最初に服したのは、太陽が大洋に没する方角に住むブリトン人でしたが、こうして今や、太陽が昇る方角にある土地のインド人が服したのです。

第五十一章

コンスタンティヌス、帝国の統治権を三人の子息に割譲する

一　皇帝は今や、全世界(3)のそれぞれの端を征服したので、全帝国の統治権をご自分の三人のご子息に割譲されました。(4)最愛の者に先代の遺産を譲り渡すかのようにです。彼は一番上のご子息には祖父の割り当て地を、二番目には東方の統治を、そして三番目にはその二つの間の土地を委ねられました。(5)

二　皇帝はよき相続ばかりか魂の救いをも供し、敬神の念の種を彼らに植えつけ、彼らを神学の学びへと

---

(1) ここで言及されている二番目の子息はコンスタンティウスで、その花嫁はユリウス・コンスタンティウスの娘であるらしい。
(2) インドからの使節は第四巻七でも言及されている。
(3) 「世界（オイクーメネー）」。このギリシア語の字義は「人の住む所」「人の住む世界」。
(4) この割譲の時期は不明。
(5) I. König 編『コンスタンティヌス資料集』三五によれば、帝国の支配権には、三三三年に執政官だったフラウィウス・ダルマティウスの子ダルマティウス、三三五年九月十八日にカエサルを宣言されたコンスタンティウス・クロルスの孫、そして彼の兄弟ハンニバリアヌスも与っている。

導き、彼らの教師として信仰心が認められている者を任命されました。世俗の学び[1]でも、彼は彼らの上に第一級の学識をもった教師[2]を立てられました。ある者が彼らに軍事学の手ほどきをし、別の者が彼らに政治の教育をほどこし、さらに他の者が彼らに法律の知識を教えました。

三　宮廷の付き人の一団が、それぞれのご子息につけられました。武装した兵士、近衛兵、身辺警護の者、さまざまな地位の軍団付き司令官、この者たちの指揮官、百人隊長、指揮官、小隊長ですが、これらの者は〔いずれも〕、彼らの父がそれまでに戦争での経験とご自分への忠誠心を試したことのある者たちでした。

第五十二章

一　カエサルたちがまだ一人前に達っしていなかったときは、当然のことながら、秘書官[3]がつき、彼らが公務[4]を代行しました。しかし、一丁前に達すると、以後ご子息たちにとって、ただ父だけが教えとなりえました。父は、ご子息たちと一緒にいれば、彼らに個人的に助言し、彼らがゼーローテース〔熱心なる者〕[5]になるようにと励まし、またご自分の敬神の念を模倣する者になるようにと教えられました。皇帝は、彼らと一緒でないときでも、宮廷関係のことで連絡を取り合い、書簡をしたためてはさまざまな教えを説かれました。そのさい彼は、何よりも大切なのは、彼らが、どんな富よりも、いや帝国よりも、全人類の王・神についての知識や献身を尊ぶことである、と諭されました。

二　皇帝は、この頃までにはすでに、彼らが己の責任で公益のために行動できる権威をお与えになりました。彼は、彼らの主要な関心が何よりも神の教会に向けられるべきだと助言し、それは明白にキリスト教徒の益になるものでなければならぬ、と教えられました。こうして皇帝はご子息たちを導き、他方ご子息たちは、たんに教えに従ったのではなくて、ご自分たちの意志で行動するその熱意でもって、父の助言を超えられたのです。彼らはご自分たちの思いを儀式でもって神の方へと向け、ほかならぬ宮中においても、またどの離宮においても、教会の戒めを守られたのです(6)。

三　父の先見の明は、彼がご子息たちに、宮廷の付き人として神を畏れる者を与えられたことに見られました。公共関係の担当者として最高の地位ある者の一部も、そのような者でした。こうして皇帝は、神の前に堅牢な城壁のような信仰深い者で、彼らを守られたのです。

---

(1)「世俗の」と訳したギリシア語は「外の」を意味する。彼らにとって世俗とは「教会の外のもの」いっさいなのであろう。

(2) テクストでは「学識の頂点に達した」。

(3) テクストでは「一緒になって仕事をする者」。

(4)「公務（タ・コイナ）」。

(5) ここでのゼーローテースは複数形（ゼーロータイ）で使用されている。この語は本来は「律法に熱心な者」を指して使用されたものであるが、ヨセフスの『ユダヤ戦記』では律法の遵守に熱心なあまり、ローマの支配を否定し、民衆を反ローマの運動に駆り立て者たちを指して使用されている。ここでのゼーローテースは本来の意味で使用されているが、それでもヨセフスの影響を見ることは可能である。エウセビオスがヨセフスの熱心な読者であったことは覚えておきたい。

(6) あるいは「満たされたのです」。

コンスタンティヌスの健康と信仰

四 これらのことが三度祝福されたお方のために、そのお方にふさわしい仕方で整えられると、すべての祝福の与え手である神は、［帝国］全体がよく落ち着いたこともあって、今こそは彼がよりよきもの(1)へ与る適切なときだと判断し、自然への借りを取り立てられました。

第五十三章

皇帝は、わずか数か月と数日欠けるものの、帝国支配の三十二年目を、その二倍の生の時期で満たそうとしておられました(2)。その年齢でも彼の身体には衰えもたるみもなく(3)、しみなどもまったくなく、どんな若者よりも若々しく、目にするにハンサムで、体力を必要とされる訓練や、乗馬、旅、戦さもでき、また敗北した敵兵の上に勝利の記念碑を立てたり、敵を相手に無血の勝利をつねに手にされたりしてもいたのです。

第五十四章

完成の域に達したコンスタンティヌスの精神面

一 皇帝の精神面(4)もまた、人間的な完成の域に達しておりました。彼はすべての徳に秀でておられましたが、とくに慈悲深さ(5)ではそうでした。しかし、多くの人は、これを皇帝の弱点だとしました。自分たちの悪を皇帝の忍耐心[6]のせいにした恥知らずの男たち[7]の卑しい振る舞いのためにです。

二　確かに、わたしたち自身も、今記述しているこの時代に、次の二つの困った状況に気づかされたのです。一つは社会のあらゆる階層を食い物にした強欲で恥知らずの男たちがあまり非難告発されなかったことであり、一つは教会の中へ忍び込み、キリスト教徒であることを僭称した者に、口にするも憚られる偽善があったことです。

三　皇帝は、その慈悲深さと寛大さ[8]のゆえに、またその純なる信仰とその誠実なる性格のゆえに、ご自分への真の忠誠を狡猾にも申し立てた自称キリスト教徒たちの演技を信じるに至ったのです。この者たちを信じ込んだため、多分そのために彼は、彼らの不適切な振る舞いのために非難されたのです。妬みの霊がこの汚点を彼の美徳にもたらしたのです。

（1）ここでの「よりよきもの」は複数形。復活の命が考えられている。
（2）このときのコンスタンティヌスの年齢は六四歳か六五歳とされる。第一巻八でのエウセビオスの記述を参照。
（3）ギリシア文には言葉遊びが認められる。
（4）あるいは「精神的な資質」。
（5）あるいは「人類愛」。
（6）あるいは「悪に耐える性格」。
（7）キャメロン（三三五頁）は、この者たちが三三七年の虐殺で滅んだダルマティウスやハンニバリアヌス、そしてその一党ではないかと想像する。
（8）ギリシア文には言葉遊びが認められる。

第五十五章

死を前にしてのコンスタンティヌスの告別の挨拶

一　しかし、程なくして、神の裁きがこの者たちに下りました(1)。皇帝ご自身は修辞的な技法を身につけておられたので、その生の最後まで、つねに演説草稿をしたため、つねに人びとの前に姿を現わし、聞く者に聖なる教えを垂れました。彼はつねに(2)行政上と軍事上の法整備を行ない、すべてのことを人類の益に適う仕方で行なわれました。

二　皇帝はその生涯がまさに終わろうとしたとき、いつもの聞き手を前に告別めいた挨拶(3)をされましたが、それは記録するに値するものです。彼はその長々とした挨拶の中で、魂の不死や、この世の生を敬虔に生き抜いた者について語り、神ご自身がその愛した者たちのために蓄えられたよきものについて触れられました。彼は長々とした例を示して、［キリスト教徒とは］反対の立場にある者がどんな最期を迎えるかを明らかにされました。その草稿の中で無神論者の悲劇的最期について紙幅を割かれたからです。彼はこれを重々しく証しされたのですが、ご自分の周囲にいる一部の者を批判しているようにも見えました。彼はその知恵を誇っている者の一人にご自分の話をどう思ったかと尋ねさえされ、その者は語られたことの真実性を証し、本心からではないでしょうが、多神教への非難(4)にたいして盛んに拍手喝采しておりました(5)。

三　死を前にしてこのような挨拶を腹心の者にすることで、皇帝はみずから、ご自身のために、よりよいもの[6]へ向かう旅立ちを何の支障もない容易なものにしようとされている者のようでした。

第五十六章

ペルシア遠征の準備

一　この頃[7]皇帝に、東方の蛮族の不穏な動きについて報告がありました。[8]彼は、この者たちにたいする勝利がまだ残されていると言って、ペルシアへの遠征を行おうと急がれました。これも記録に値するものです。

二　皇帝はその決断を下されると、軍団を移動させました。彼はまた、ご自分のもとにいた司教たち[9]にそ

(1) この神罰は前註の三三七年の虐殺に言及するものかもしれない。

(2) ここでは副詞シュネートースが三度も繰り返し使用されている。同じ言葉を三度も連続的に使用するのは珍しい。なお次出の「いつもの聴衆」に見られる形容詞シュネトスにも注意。

(3) あるいは「埋葬時にするような挨拶」。

(4) テクストでは「多神教を非難する教え」。

(5) コンスタンティヌスの宮廷にキリスト教への改宗を拒んだ気骨のある者たちがいたことが知られる。

(6) ここでの「よりよいもの」は複数形。天上界でイエスにまみえたり、復活の命に与ったりすることを指すのか。

(7) テクストでは「上述の時期に」。

(8) この報告がなされた時期は不明。キャメロン（三三六頁）は、コンスタンティヌスが三三六年までにペルシアの攻撃的な動きに呼応し、三三七年までには遠征準備を整えていたと想像する。エウセビオスの死は三三七年五月二十二日。

(9) そのときたまたま宮中にいた司教か、宮廷に招集された司教たちを指すのであろう。エウセビオスもその一人か。いずれにしても聖職者の政治への介入が知られる箇所である。

の遠征について語り、神の礼拝に必要とされる者は自分と同道しなければならない、と注意を喚起されました。

三　すると彼らは、何はさておき、そう望まれる皇帝には喜んで従い、［途中で］引き返したりはせず、ともに遠征し、神へ勝利を祈願しながら一緒に戦うと約束したのです。(1)皇帝は彼らの約束にいたく喜ばれ、彼らのためにその旅の準備を整えられたのです。(2)……〈欠落〉……。

第五十七章

【そこで皇帝は、その戦闘の配置のために、多くの飾りをほどこした、外観を教会に似せた天幕をつくられました。彼はこの中で勝利の与え手である神に司教たちとともに［勝利を］祈願しようとされたのです。この間ペルシア人は、皇帝の戦争準備を聞いて、また彼を相手に戦うことを非常に恐れ、使節を遣わして和平を求めてきました。そのため何よりも平和を愛する皇帝は、ペルシア人の使節を受け入れ、喜んで彼らと友好的な関係を結ばれました。そのとき復活祭の大祭となり、皇帝は神へ祈りを捧げ、他の者と一緒に夜間の勤行を行なわれました。これらのことの後、彼はご自分の名を冠した都市に使徒たちを記念してマルテュリオンを建てる準備を行なわれたのです。(3)】

第五十八章

使徒聖堂

……[4]［皇帝は］みずから聖堂全体を想像[5]もつかぬ高い[6]ものにされ、あらゆる種類の宝石を使って燦然と輝くものとし、床面から屋根まで化粧張りがほどこされました。天井は精巧な格子で仕切られ、その全体は金で覆われました。上には、すなわち、この上方の建物部分には、瓦ではなくて青銅が使用されました。建造物

(1) これは現代の戦争でも見られる従軍牧師のはしり。

(2) テクストはここで中断し、以下に大きな欠落がある。ウィンケルマンはその異読欄で一六一二年に刊行された「ジュネーブ版」の読みを補い、キャメロン（一七五頁）は、それが「要約にすぎないかもしれない」と断って訳出し、本文の中で括弧の中に入れている。キャメロンにならい、その訳文をここで掲げておく。

(3) キャメロン（一七六頁）は、この一文を第五十八章の冒頭に属するものとして、本文の中で括弧の中に入れて訳出するが、ウインケルマンのテクストの異読欄によれば、それは第五十七章に属するものである。

(4) 以下の冒頭の言葉はこのセクションのはじまりにふさわしいものではない。この前に欠落があると想像される。なお、以下の聖堂についてのエウセビオスの描写は、第三巻二九―四〇の聖墳墓教会、第三巻五〇のアンティオキアの教会の記述、さらに『教会史』第十巻四‐三七―四五と比較せよ。

(5) 以下、ギリシア語のネオースには「聖堂」の訳語を与えるが、ここでのこのギリシア語が「教会」を意味するのか、それとも「霊廟」を意味するものなのか、いろいろと議論がある。

(6) テクストでは「口にできぬ」。

子状の青銅や金の浮き彫り細工がほどこされておりました(1)。光の照り返しで、遠くから見る者に目の眩むような光を放っておりました。この建造物の周囲全体には、格を雨からしっかりと守るためです。金が惜しみなく使用されたため、その周辺も燦然と輝き、それは太陽の

第五十九章

聖堂はこうして、皇帝の物惜しみしない大いなる精神(2)と相俟って、その熱心にふさわしいものとされました。これを取り囲んだのは、広々とした(3)空間のある非常に大きな庭で、その四隅には列柱が走り、それが空間と聖堂それ自体を中に取り込んでおりました。これらの列柱とともに伸びていたのは、宮中の建造物や、洗い場、ランプの備蓄所、そしてその場所の警備にあたる者のために適切にも用意されたその他多くの建造物でした。

第六十章

皇帝の目的は

一　皇帝はこれらすべてを奉献し、わたしたちの救い主の使徒たち(4)の記憶を全人類のために不滅にされました。しかし、その建造では、彼の心中には別の目的もありました。最初それは秘匿されていたのですが、

最後には誰にでも知られたものです。

二　皇帝はご自分が亡くなったときのために、[5]そちらの場所をご自分のために準備されておられたのです。彼はそのほとばしる信仰の熱心から、ご自分の亡骸[6]が死後も、使徒たちの呼びかけ[7]に与れるようあらかじめ考えておられたのです。皇帝は、亡くなった後も、使徒たちに敬意を払ってその場所でなされる祈りにご自分も与れる者になろうとされたのです。そのため、そこでなされる礼拝について指示され、中央に祭壇をつくらせたのです。

三　そこで彼は、まさにそこに、使徒たちの一団へ敬意を払いそれを記憶するために、一二の安置台[8]を聖

(1) 第三巻三二、三六参照。
(2) あるいは「野心」。
(3) テクストでは「清浄な大気へと開けた」。
(4) 十二使徒を指す。
(5) テクストでは「ご自分の最期の必然のときのために、ご自身のために」。
(6) 「亡骸（スケーノス）」。ここでのギリシア語は「天幕」を意味する。
(7) ここでの「呼びかけ」とは、神に助けや、加護などを求めるさいのもの。
(8) 「安置台（テーケー）」。ここでのギリシア語は「死体を安置する台」ないしは棺架みたいのものを想像させる。もちろん、十二使徒の遺体があったわけでない。

なる列柱のように立て、両側に六つずつ置いた使徒たちの安置台の間に、ご自分の柩[1]を置かれたのです。[2]すでに述べたように、コンスタンティヌスはこれを冷静な計算の上で計画されました。その生涯を終えたご自分のために、その亡骸が適切にも憩う場所をです。

四 皇帝はこれらのことを相当前から計画され、使徒たちの記憶はご自分の魂に益をもたらすものだと信じて、使徒たちにこの聖堂を献納されたのです。そして神は彼を失望させることはなく、彼が祈りの中で求めたものをかなえられたのです。

五 皇帝は復活祭の祝祭の最初の徹夜の勤行を終えると、ご自身とすべての者のためにこの祝祭を賑やかなものにされました。そして、その輝かしい歓喜に満ちた救い主の日を過ごしておられたとき、神は――彼はこのお方の助けでこれらのことを執り行なっておられました――、その生涯の最後をこうして終えようとし、実際これらのことに関わっておられたお方を、頃合いを見計らって、よりよい生へと移されたのです。

第六十一章

病、洗礼の準備、そして死

一 皇帝は、最初、体の変調を訴え、ついでそれが変じて病気になられました。[3]そこで彼は、ご自分の都[4]の温泉へ赴き、そこからご自分の母の名を冠した町[5]に行かれました。彼はその地にある殉教者教会[6]で［しばらくのときを］過ごし、哀願者の祈りと嘆願を神へ捧げられました。

二　彼はご自分の命が終わりに近づいていることを悟られると、今こそは過去に犯した罪からご自分を清めるときであることを認められました。彼は死すべき人間であるご自分が犯した罪のすべてを、秘儀の言葉

(1)「柩(ラルナクス)」。ここでのギリシア語は「聖櫃」を意味する。

(2)この一文から、コンスタンティヌスは自分を十三番目の使徒と考えていたとされるが、はたしてこの想像は正しいのであろうか。もし十三番目の使徒であれば、そこに建てられた一二の柱(安置台)の右か左に自身の柩をおけばよかったことになるからであり、また先行する箇所で「使徒たちの語りかけに与る」という語句もこの文脈で見直す必要がある。使徒たちの「語りかけ(プロスレーシス)」の相手は、本来、キリストであるはずである。十二使徒を半分に分け、自分を中央に置いて、その左右に彼らを配置するという発想は、コンスタンティヌスが自分をキリストの地位にまで高めていることを物語るように見える。なお、キャメロンは、コンスタンティヌスが自分をキリストと同定していることをここでの配置が示唆するとする見解(Leeb, 103-110, 115)を「われわれには悪趣味であるように思われ、エウセビオスが同じことを感じていることを何も示唆していない」(三三九頁)と述べているが、われわれはすでに他の箇所で、エウセビオス自身がコンスタンティヌスをキリストに等しい者であると考えていたことを示唆した。エウセビオスは『教会史』においてコンスタンティヌスを「モーセの再来」と考え、本書においてコンスタンテイヌスをキリストの地位にまで格上げしているのである。

(3)エウセビオスはコンスタンティヌスが病に倒れた日を復活祭のときとしているように見える。

(4)コンスタンティノポリスを指す。

(5)イズミト湾の南に位置するヘレノポリスを指す。この場所はドレパヌム(Drepanum)と呼ばれていたが、ヘレナの誕生地であったことから、コンスタンティヌスにより、その名がヘレノポリス(「ヘレナの町」の意)に改められた。

(6)あるいは「殉教者たちの祈りの家」。

の力と救いをもたらす洗礼[1]でもって、ご自分の魂から洗い流すことができると信じたのです。
三　彼はこのことを認めると、床の上に跪いて神への哀願者となり、ほかならぬマルテュリオンの中で告白されました[2]。そこにおいて彼ははじめて按手礼を受け、祈りに与りました[3]。
皇帝はそこを発つとニコメディア[4]の町の近郊へ行き、そこに司教たちを集めると、次のように語りかけられました。

第六十二章

コンスタンティヌス、司教たちに語りかける

一　「神における救いを渇望し祈ってきた予にとって、これは予が長い間待ち望んできた定めの時である。それは［人を］不死にする印に予らが与るとき、救いの押印[5]を受けるときである。
二　予はかつてヨルダン川[6]の流れでそれに与ろうと考えた。そこでは救い主も、われわれの範として、洗礼[7]に与ったとされている。しかし、われわれのためによきことを計られる神は、予らが今ここでこれを受けるに値するとされたのだ。
三　一刻の遅滞があってはならぬ。たとえ命と死の主であるお方が、予がここで生き長らえること[8]を望まれたとしても、予は、これから先、神の民の群れの中で生きることや、祈りの中で彼らすべての者と一緒になることがすでに定められているのだ。予は今、神によしとされる生の定め[9]に予自身を委ねたのだ」。

四　皇帝はこれらのことを口にされました。それにたいして司教たちは、諸儀式[10]を執り行なって神の定めを満たし、秘儀を授け、［洗礼を受けるさいに］必要ないっさい［の教理］を教えておきました。歴史がはじまって以来、すべての最高主権者の中で、ただコンスタンティヌスだけがキリストの神秘で再生して受け入れられたのです。彼は、神のしるしに値するとされて喜び、霊で新しくされて神の光に満たされたのです。皇帝はその一途な信仰のために心から喜ばれました。神的な力の顕現に激しく打たれたからです[11]。

（1）ここでは前出の「浴場」を意味するギリシア語が単数形で使用されているため、「救いをもたらす湯浴み」とでも訳すべきなのか。もちろんここでの「湯浴み」とは、先に進んで出てくる「洗礼」（同じギリシア語である）のことである。
（2）洗礼を受ける者は罪を告白した。
（3）この段階での按手礼は珍しい。皇帝ゆえの救いの大盤振舞いか。
（4）ギリシア語読みではニコメーデイス。
（5）「押印（スフラギスマ）」。
（6）ギリシア語読みではヨルダネース。
（7）ここでの「洗礼（リュトロン）」は、先行箇所で「湯浴み」の意で使用されていた。
（8）テクストでは「再び生きること」。
（9）死を指す。
（10）キャメロン（三四二頁）によれば、この諸儀式の中には、塗油（終油）、悪霊払い、浸礼、按手礼が含まれる。
（11）エウセビオスはここでコンスタンティヌスに洗礼をほどこしたとされる人物の名前をあげていないが、通常それは、コンスタンティヌスの死後ほどなくしてコンスタンティノポリスの司教となったニコメディアの司教で、彼と同名のエウセビオスとされる。キャメロン（三四一頁）によれば、コンスタンティヌスの受洗からはさまざまな伝説物語が生まれ、その中には、受洗場所はローマに移され、洗礼をほどこしたのは教皇シルウェステルとするものもあるらしい。なお、コンスタンティヌスが受洗した話を疑うわれわれの見解は、巻末「解説」参照。

五　さて、必要な諸儀式がすむと、彼は、紫の王衣に触れることをもはや望まれなかったので、光のように輝く煌びやかな君主の外衣(1)をまとって、純白な椅子の上で休まれました。

第六十三章

コンスタンティヌスの最後の言葉

一　ついで皇帝は声を上げると、神への感謝の祈りを捧げられました。それがすむと、さらに次のように申されました。「予は分かった。予は今、言葉の真の意味で祝福されていることを。予は今、不死の生に値すると示されたことを。予は今、聖なる光に与ったことを」と。彼は惨めな状態にある者たちの名前をあげ、「彼らは気の毒だ。これらのよきものに与れぬので(2)」と申されました。

二　軍団の司令官や指揮官は、中へ入って来ると、自分たちが今まさに［皇帝を］失おうとしていることを知って悲しみ、嘆きの声を上げました。彼らは「どうかもうしばらくは生き長らえて下さい」と哀訴したのですが、彼は彼らにたいしても、「予は今真の生にふさわしい者とされた。予だけは［今］よきことに与っていることを知っている」と答えられたのです。そこで彼らは彼の神のもとへの出立を遅らせるのではなく、急がせたのです。

三　そこでこれらのことの後、彼は財産分けをされました。彼は帝都(3)に住んでいるローマ人には遺贈金(4)を与えて敬意を払い、ご子息たちには、父祖の所有物であるかのように、帝国の相続［権］を与えられました。

彼は、ご自分が望まれるように、すべてを分け与えられたのです。

第六十四章

コンスタンティヌス、神のもとへ召される

一　以上のこと[5]はいずれも、あの一大祝祭、もっとも聖なる、またもっとも神聖な[6]ペンテコステーのときの出来事でした。ペンテコステー[7]は七週をもって敬意を払われ、[次の]一日をもって封印されたのです。神の御言葉によれば、その期間中に、[全人類に]共通の救い主が天に上げられ、聖霊が人びとに下ったのです[8]。

二　よきものに与るに値するとされた皇帝は、この期間中の、祝祭中の祝祭と呼んでも差し支えのない最

---

(1) ここでの外衣が白のものであることが分かるが、キャメロン(三四二頁)によれば、白の外衣は当時洗礼を受けた後で着用されるものだった。

(2) あるいは「これらのよきものを奪われているので」。

(3) キャメロン(三四二頁)は、ここでの「帝都」をコンスタンティノポリスではなくてローマを指すものと考え、第四巻六九-一を参照させる。

(4) この遺贈金の性格と額は不明。

(5) コンスタンティヌスの病気、洗礼の準備など、復活祭とペンテコステーの間の七週の間の出来事を指す。エウセビオスはペンテコステーに復活祭を含める。

(6) 「もっとも聖なる、またもっとも神聖な」。ギリシア文には言葉遊びが認められる。

(7) ギリシア語のペンテコステーは、「五〇日」を、転じて過ぎ越の祭りの五十日目に祝われた「五旬祭」を意味する。

(8) 使徒言行録二-一以下。

後の日の、真昼の太陽の時刻の頃に、(1)ご自身の神のもとへと引き上げられたのです。(2)彼は残された者(3)にその亡骸(4)を引き渡すと、ご自分の魂の知的で神が愛された部分とともに、ご自分の神に結びつけられたのです。(5)

以上は、コンスタンティヌスの生涯の最後についてでした。では話をつづけましょう。

第六十五章

服喪について

一　近衛兵や一団の身辺警護の者は、〔崩御を聞くと〕すぐにその服を引き裂き、地の上に身を投げ出しました。彼らは、頭を打ちながら、悲しみの叫びをうめき声や泣き声で発し、「ご主人さま」とか、「主よ」、「皇帝よ」と、まるで自分たちが真の子らであるかのように、主人としてではなく父として呼びかけました。

二　他方、軍団司令官や軍団長は「救済者さま」とか、「守護者さま」、「善行者さま」と大声を上げて嗚咽し、他の兵士も喪章をつけて、(6)よき羊飼いを失った羊の群れのように嘆きました。(7)

三　同じようにして民衆も、都の至る所をあてどもなく彷徨いました。ある者は魂の最奥の苦痛をうめき声と泣き声で吐き出し、ある者は茫然自失の体でした。誰も彼もが、自分の身を打ちながら、その嘆き悲しみをそれぞれの仕方で表わしました。まるで、自分たちの生から、万人に共通のよきもの(8)が奪い取られたかのようにです。

(1)同一の表現は、コンスタンティヌスが太陽に懸かる十字架を見たと記述する第一巻二八-二でも認められる。キャメロン(三四三頁)は、「エウセビオス自身は、コンスタンティヌスに太陽神礼拝とキリスト教の信仰を調和させることを可能にする象徴主義に敬意を払っているように見える」と適切にもコメントする。

(2)コンスタンティヌスの死は三三七年の五月二十二日。その場所は、I. König 編『コンスタンティヌス資料集』三五によれば、「コンスタンティノポリスの郊外の別荘」であり、その他の伝承によれば、ニコメディアの近くの別荘」。なおここでの表現「ご自身の神のもとへ引き上げられたのです」は、コンスタンティヌスの地位をキリストのそれに高めているであろう。

(3)テクストでは「死すべき者」。

(4)「亡骸(ト・シュンゲネス)」。ここでのギリシア語の原義は「親族関係にあるもの」「同根のもの」。

(5)コンスタンティヌスの最後については、ソクラテス『教会史』第一巻三九-四〇をも参照。それは部分的には本書によるものであり、またそこでの遺言についての記述はルフィヌス『教会史』第十巻一二による。

(6)テクストでは「(その場に)ふさわしい飾りをつけた」。

(7)テクストでは「羊の群れの中においてのように、よき羊飼いの喪失を嘆きました」。われわれはここにおいても、エウセビオスがコンスタンティヌスをキリストの地位にまで高めているのを見る。

(8)あるいは「万人に共通のよきお方」。この場合、ここにコンスタンティヌスがキリストの地位にまで高められているのを読むことが可能となる。

第六十六章

柩の中に安置されたコンスタンティヌスの亡骸

一　兵士は亡骸を持ち上げて黄金の柩の中に置くと、それを紫の布で覆いました。(1) 彼らは柩を皇帝の名を冠した都の中へ運び込むと、宮中の中のもっとも豪華な部屋の高い台石の上に安置しました。周囲の黄金の燭台が点火されると、それは見る者に、歴史がはじまって以来太陽の光のもとにある者が一度として目にしたことのない光景を供しました。

二　宮中の諸建造物の中央にある、宮殿の中の高い台石上の黄金の柩に横たわる(2) 皇帝の遺骸は、皇帝が身につけるさまざまな飾りや、紫の外衣、ディアデーマで飾られておりましたが、大勢の者がそれを取り囲んで昼夜その警護にあたりました。

第六十七章

指揮官らによる別れの挨拶

一　法はどの軍団の指揮官にも、また行政官やすべての階層の指導者にも、皇帝への跪拝礼を最初に行なうよう義務づけていたので、彼らはこの慣行に何の変更も加えず、定められた時間に入室し、棺台上の皇帝に、生前と同じように死後も、片膝をついて別れの挨拶をしました。これらの最初の者たちにつづいて[3]、元老院の議員や官位にあるすべての者が入室して同じことをしました。この者たちにつづいたのは、あらゆる階層の人びとの群れで、彼らは妻子と一緒に〔最後の〕別れのためにやって来ました。

二　これらのことは非常に長い時間にわたって執り行なわれました。兵士が、皇帝のご子息たちが到着し、それぞれが個人的に儀式を執り行なって父上に敬意を払うまで、亡骸をそこに安置して警護したいと願ったからです。

三　人間たちの中で[4]この祝福されたお方だけが、死後も、こうして支配されたのです。そして諸慣行は、彼がまだ生きておられるかのように、守られたのです。神はこの特権を、歴史がはじまって以来、ただ彼だけに[5]お与えになったのです[6]。それゆえ最高主権者の中で、他の誰でもなく、ただ彼だけが、諸王の王であられる神とそのお方[7]のキリストにあらゆる業でもって敬意を払っておられたので、これらの儀式を受けるにふさわしいのです。全人類の上に立っておられる神は、彼の亡骸[8]に人びとの間でまだ支配することを許され、

（1）テクストでは「王の紫で」。
（2）キャメロン（一七九頁）はこの語句を訳出しない。
（3）ここでのギリシア語プロートスは皇帝への別れの挨拶をした順序を示すように見える。
（4）テクストでは「死すべき者たち」。
（5）より正確には「絶対的に彼だけに」。
（6）ここでの誇張はエウセビオスがコンスタンティヌスをキリストの地位にまで格上げしていることを示す。
（7）神を指す。
（8）テクストでは「死すべきもの」「死すべき部分」。

そうすることで彼の魂の不老で不死の支配を、その知性を化石化していない者に示されたのです。[1]

第六十八章

カエサルへの報告と軍団の一致

一　ともかく、これらのことがこうして執り行なわれている間、[2] 軍団司令官は、それまで忠誠と忠実のために皇帝に知られていた者を軍団兵士の中から選ぶと、こちらで進行中の事態を報告するためにカエサルたちのもとへ彼らを遣わしました。

二　軍団司令官はこれを実行したのです。そして、あたかも激しい霊感によるかのように、各地の軍団はすべて、皇帝の崩御を知ると、この偉大な皇帝が自分たちのためにまだ生きておられて、他の誰でもなく、ただ彼のご子息たちだけをローマの最高主権者として認めようとしているとの認識で一致に至ったのです。

三　それからしばらくすると、彼らはご子息たちをカエサルではなく、以後は全員にアウグストゥスの称号を与えるのが適切であるとしました。[3] その称号こそは、何にもまして、至上の皇帝権の最高の象徴となるからでした。そこで彼らはこれらのことを実行に移し、自分たちの軍団の「一致した」投票と「軍団の推戴の」声を、書簡により、それぞれ「のカエサル」に伝えました。そのため軍団の一致が、瞬時にして、[4] 全地のすべての者に知れ渡ったのです。[5]

第六十九章

帝都ローマでは

一　帝都[6]に住んでいる者は、元老院[7]やローマの民衆とともに、皇帝の崩御を知ると、それを人類史はじまって以来の恐ろしい災禍とし、絶望的な悲嘆[8]に陥いりました。浴場や市場は閉じられました。民衆のための見せ物や娯楽のための芸人の通常の活動もすべて自粛されました。それまでのお調子者たちも、すっかり気落ちした様子で［町を］ほっつき歩いたのです。そしてすべての者が、声をそろえて、「祝福されたお方よ」、

(1) ギリシア文には言葉遊びが認められる。

(2) ウィンケルマンのテクストでは、この一文は前章の最終節を構成するものとされ、次の一文が第六十八章一のはじまりとなる。

(3) コンスタンティヌスの三人の子息がアウグストゥスと宣言されたのはこの時点ではなくて、彼らのライバルが排除された(ゾシムス第二巻四〇)三三七年の九月七日(T. Mommsen ed., *Chron. Min.* 1. 235)とされる。彼らはそのときパンノイアに集まると、帝国の分割について合意した。もしそうであれば、エウセビオスはここにそのときの宣言を読み込んでいることになると同時に、少なくとも本箇所の著作時期はそれ以降となる。

(4) テクストでは「ときの一つの傾きによって」。

(5) キャメロン(三四五頁)は、この時期に軍団が支持を表明したことに疑念を表明する。

(6) エウセビオスはローマを帝都と呼ぶことで、「皇帝の名を冠した都」(たとえば、前出第六十六章一)であるコンスタンティノポリスと区別している。

(7) テクストでは「ほかならぬ元老院」。

(8) あるいは「抑制のきかぬ悲嘆」。

「神に愛されたお方よ[1]」、「真に帝国の統治に値したお方よ」と賛美したのです。

二　彼らは大声を上げてこれらの賛美を口にしただけではなく、行動をも起こしました。彼らは、あたかもまだ生きておられるかのように、亡くなられた彼に肖像画を奉献して敬意を払いました[2]。彼らは顔料を使って天を描き[3]、天のアーチの上の、大気の中で[4]休んでおられる彼を描いてみせたのです[5]。この者たちもまた、他の誰でもなく、彼のご子息たちだけを「最高主権者」とか、「アウグストゥス[6]」と呼び、嘆願者の叫び声を上げて、皇帝の亡骸が自分たちのもとへ運び込まれ、帝都に安置されるよう訴えたのです。

第七十章

二番目の子息の到着と聖堂までの葬列

一　しかし、ここの者たちも[7]、光栄にも神の傍らにおられるお方[8]に敬意を払いつづけておりました。彼の二番目のご子息は、都に到着すると[9]、みずから葬列を率いてご自分の父の亡骸を運びました。兵士の一団が隊列をなして先頭を行き、それに何万という群集がつづきました。槍持ちと武装した歩兵が皇帝の遺体につき従いました。

二　救い主の使徒たちの聖堂に到着すると、柩はそこに安置されました。そして新皇帝のコンスタンティウス[10]は、その場に居合わせることでもって、またご自分に払われた敬意でもって[11]、葬儀に要求される諸儀式を執り行なわれたのです。

第七十一章

死後も支配するコンスタンティヌス

一　コンスタンティウスが兵士の一団と一緒にその場を離れると、神への奉仕者(12)が、大勢の民衆や敬神の念の篤い平信徒の中で中心的な役割を果たし、祈りを介して礼拝の諸儀式を執り行ないました。そこでは、

---

(1) あるいは「神を愛したお方」。
(2) コンスタンティヌスの肖像画は、第四巻一五-二参照。
(3) テクストでは「天の形状」。
(4) より正確には「大気の中の憩いの場所で」。
(5) テクストでは「描くことに引き渡したのです」。
(6) ギリシア語読みではセバストス。
(7) コンスタンティノポリスの者たちを指す。エウセビオスはあたかも自分がそこにいるかのような書き方をしている。
(8) キリスト教の神学によれば、神の傍らにいるのはキリストであるから、エウセビオスはここで明らかにコンスタンティヌスをキリストの地位にまで高めている。
(9) コンスタンティウス二世は都に到着したが、他の二人の兄弟は到着していない。
(10) ギリシア語読みではコンスタンティオス。コンスタンティウスはこの時点ではまだアウグストゥスではなかった。彼がその地位を得るのは葬儀の後の数か月後のことである。
(11) コンスタンティヌスの葬儀のイニシアティブを取ったのはコンスタンティウス二世であることが分かる。
(12) 宮廷の祭司団を指すであろう。

上で、(1)［いや］棺台の上で休まれている祝福されたお方の栄光が高められ、他方、群がり集まった大勢の者は、神への献身者と一緒に、涙を流し悲嘆の声を次々に上げて、皇帝の霊魂のために神に祈りを捧げ、神に愛されたお方が喜ぶことをしたのです。

二　神はまた、ご自分のしもべにたいして、その最後においても、好意を示されました。すなわち、神はコンスタンティヌスがご自分の愛する真のご子息たちをその後継者として帝国を授けることを許され、そればかりか使徒たちの記念碑の隣りに彼が心から望んだ場所をお与えになったのです。わたしたちはそれを今日でも三度祝福されたお方の魂の仮りの住処(2)が使徒たちに語りかけられる名誉に与っていることや、神の民の群れの中に入っていることを見ることができるのです。(3)彼は聖なる儀式や神秘的な典礼に与る名誉を与えられ、聖なる祈りを［使徒たちと］一緒に享受しながら、(4)ご自身はその死後も帝国に影響力を与えておられるのです。彼は、あたかも再生されたかのように、(5)帝国全土を経営しておられるのです。勝利者マクシムス・アウグストゥスは、ほかならぬその名前で、ローマ帝国の支配権を手にしておられるのです。

第七十二章

彼はエジプトの不死鳥(6)のようではありません。人びとによれば、その鳥は不思議な性質をもち、芳香性の薬草の上で死ぬと、自分自身の亡骸を犠牲の捧げ物として捧げ、ついでほかならぬその灰から再生し、そして飛び立つようにして、元の状態に戻るというのです。彼はご自身の救い主のようでした。救い主は、小麦の種のように、神の祝福を受けて一粒の種から増し加えられ、そして成長すると、全世界をご自身の果実で満たされました。これと同じように、この三度祝福されたお方は、ご子息たちによる帝国の継承により、一粒の種から増し加えられたのです。そのため彼は、全属州で、ご子息たちの肖像画とともに、その肖像画を掲げられる名誉を与えられたのです。コンスタンティヌスの名前は、その死後でさえ、人びとの口の端に上っているのです。

(1)「上で(アノー)」。ここでのギリシア語は「天上で」の意味で使用され、それがただちに「棺台の上で」に置き換えられているように思われるが、ここで「(その霊魂が)上に」あって、その肉体(亡骸)が棺台の「上で休まれている」と解釈することが可能であれば、われわれはここにエウセビオスの霊肉論を見ることができるかもしれない。

(2)「仮りの住処(スケーノス)」。このギリシア語は「亡骸」の意で使用されていた。ここでも「これまで魂の宿っていた亡骸」と解釈することは可能。魂はすでに神のもとにあるのか、神のもとに向かう途中を彷徨っているのか、それとも地上にあるのか、この辺りの詳細は不明。

(3)この一文は、少なくともこの箇所が、コンスタンティヌスの死後かなりの時間が経過した後書かれたものであることを示唆する。

(4)あるいは「聖なる祈りの交わりを享受しながら」。この場合の「交わり」とは「使徒たち」との交わりである。

(5)あるいは「あたかも生き返ったかのように」。

(6)フェニックスを指す。

第七十三章

コンスタンティヌスを記念する貨幣の発行

貨幣がそのとき鋳造されました。表には頭に覆いをかぶった祝福されたお方が[1]、裏には四頭立ての馬車[2]のようなものが描かれ、上から彼のもとへ伸ばされた右手で引き上げられようとしておりました[3]。

第七十四章

コンスタンティヌスは真のキリスト教徒であった

神は、それまでの皇帝たちの中でただコンスタンティヌスだけがキリスト教徒であることを明白に示すために、これらのものをわたしたちの目の前にお示しになったのです。全人類の上に立つ神は、ご自身にとって、そのお方とそのお方のキリストを拝するに値するとした者と、その反対を選んだ者の間の違いがどんなに大きなものであるかをお示しになったのです。後者はそのお方の教会を大胆不敵にも攻撃し、そのお方を自分たち自身の敵対者にして敵としました。そして各自のその悲劇的な最後こそは、神へ敵意を抱いた彼らへの明々白々な罰を指し示すものなのです。ちょうどコンスタンティヌスの最後が、すべての者にとって、神を愛したことへの報酬であったことを明らかにしたようにです。

第七十五章

コンスタンティヌス、万歳！

ローマの皇帝の中でコンスタンティヌスだけが諸王の王である神を、尋常でない敬神の念をもって敬いました。彼だけがすべての者にキリストの御言葉を臆することなく宣べ伝えられました。歴史がはじまって以来登場した支配者の中で、他の誰でもなく、ただ彼だけが、そのお方の教会に栄光を帰されたのです。彼だけが多神教の迷妄すべてを打ち壊し、あらゆる形態の偶像崇拝を摘出してみせました。確かに、彼だけが、その生前や死後において、ギリシア人の間でも、蛮人の間でも、いや古代のローマ人の間でも、他の誰も手にしたことがないと人が言うようなものに値したのです。彼のような人物は、全歴史がはじまって以来わた

(1) 実際の貨幣にはスカーフのような覆いがコンスタンティヌスの後頭部を覆っているが、キャメロン（三四九頁）は、この覆いは神々とのコンスタンティヌスの特別な地位を表わすと指摘する。

(2) 実際の貨幣には divus が刻銘されている。

(3) キャメロン（三四九頁）も指摘するように、ここでの四頭立て馬車に乗るコンスタンティヌスのイメージは、エリヤの昇天と結びつければ（列王記下二-九―一四）、聖書的な解釈を可能とし、「神の手」はキリストの昇天の光景に転用されるものである。コイン自体は異教的なものであっても、それは十分にキリスト教的解釈が可能なもので、コンスタンティヌスが貨幣の上でもキリストとして認知されていることが分かる仕掛けとなっている。

したちの時代に至るまで、記憶に残されていないからです。

解説

エウセビオスとコンスタンティヌス
――『コンスタンティヌスの生涯』の理解のために

はじめに

コンスタンティヌスの在世中、彼を讃美する者は絶えなかった。とくに司教たちやキリスト教の著作家はそうだった。キリスト教を弾圧した暴君マクセンティウスとリキニウスを征伐し、キリスト教徒に集会の自由を与え、教会の名誉を回復し、ローマ帝国のいくつかの都市に豪壮な教会堂を建て、異教を禁じ、偶像を破壊し、それればかりか解体業者よろしくその杜を取り壊してくれたわけであるから、司教たちがコンスタンティヌスによって代表される帝国権力に急接近し、キリスト教の著作家や頌辞家が臆面もなく彼を讃美してみせたのは、けだし当然だったのかもしれない。

コンスタンティヌスは三三七年に亡くなる。その死後二〇年も経つと、彼を批判する者たちが出てくる。

キリスト教という一つのイデオロギーしか許されない、コンスタンティヌスを持ち上げることしか許されない世界ではなくなるからである。それはキリスト教が帝国の国教になる前の、束の間の自由のときであったのかもしれない。「背教者」と芳しくないレッテルを一方的に貼られる皇帝ユリアヌスは、古代世界が生んだもっとも魅力的な人物の一人であるが、彼は叔父コンスタンティヌスを快楽への欲望の虜だったと罵倒する（『カエサル列伝』三二九A―C、三三五B、三三六AB）。著者未詳の『梗概』は、コンスタンティヌスが敵将リキニウスや、自分の息子クリスプス、自分の妻ファウスタを殺害したと告発し（第四十一巻七―一一―一二）、彼が讃辞を受けるのを異常に好んだ、とその俗物ぶりを強調する（第四十一巻一三）。

『コンスタンティヌスの生涯』（以後『生涯』と略記）は、コンスタンティヌスの同時代人であったカエサリアの司教エウセビオスによって書かれたものである。以下の「解説」の前半部分はエウセビオスの生涯とその著作について触れ、その後半部分はコンスタンティヌスと『生涯』のさまざまな面を論じる。

エウセビオス

一　その生涯

コンスタンティノポリス出身のソクラテス・スコラスティコス（三八〇頃―四五〇年頃）は、三〇五年のディオクレティアヌスの退位から四三九年までの『教会史』全七巻を著わしたが、その第二巻四は、エウセビオスの弟子でカエサリアの司教になったアカキオス（？―三六六年）がいくつかの著作を残し、エウセビオスの没後に、その『生涯について』を著作したと述べている。しかし、それは失われて久しい。

エウセビオスの生年は不明である。しかしそれは一般に二六〇年頃、ないしは二六〇年と二六五年の間とされる。ときのローマ皇帝はガリエヌス（二六〇―二六八年）である。

エウセビオスの出生地は、その生年と同じく不明であるが、一般にはパレスチナの町であったとされる。彼がしばしば「パレスチナのエウセビオス」とか「パレスチナびとエウセビオス」と呼ばれるところから、そう想像されるわけであるが、この場合の「パレスチナ」とか「パレスチナびと」は、同時代の他の同名のエウセビオスと区別するために用いられるものであり、その呼称は必ずしも彼の出生地を特定するものではない。

エウセビオスを理解する上で重要なのは、パレスチナの港町カエサリアである。彼はその地の教会で受洗し、その地でキリスト教の教理を学び、その地で聖書学者ドロテオス（？―三〇三年）の聖書講解を聞き、その地でオリゲネス（一八五頃―二五四年頃）の学統に連なる聖書学者パンフィロス（二四〇―三〇九年）の知遇を得たからであり、その地でコンスタンティヌスが「皇帝ディオクレティアヌスと一緒に、その右に立って、パレスチナの属州を巡幸」するのを目撃したからであり、また、キリスト教迫害の嵐が吹きまくったときには、その地で殉教の出来事を目撃したのであり、迫害の嵐が終息するとその地で教会の長老をつとめ、その地で司教に任命されたからであり、さらにはその地で倦むことなく精力的な著作活動を行なったからである。

彼の時代のカエサリアはエルサレム（当時はアエリアと呼ばれた）以上に大きな町で、出土した貨幣に刻印された町の守護神「テュケー」から知られるように、そこは基本的には異教的な町であった。

エウセビオスの若き日の信仰形成に大きく与った人物の一人はドロテオスであるが、彼の著作『教会史』第七巻三二・一―四は、ドロテオスをヘブル語聖書の素養とギリシア的パイデイアを身につけたバランスある人物として紹介している。

エウセビオスはまたこの同じ『教会史』の中で、もう一人の人物パンフィロスにもたびたび言及しているが（『教会史』第六巻三二・二、第六巻三三・四、第七巻三二・二四―二五、第八巻一三・六）、彼が生涯にわたってこの人物を信仰の師父、学問の師父として仰いでいたことは確実である。エウセビオスがパンフィロスを知ったのは二〇代の前半であったとされる。早い時期に生まれた「師―弟子」という親愛の絆からであろう、パンフィロスはエウセビオスを息子同然に扱ったと思われる。そのことは『パンフィロスの生涯』のコデックスに書き込まれた書名に見られる、「パンフィロスの（子）エウセビオス」の呼称が証明する。パンフィロスはアレクサンドリアでキリスト教の教理を教える学塾の教師をしていたピエリオス（？―三〇〇年頃）のもとで学び、カエサリアでオリゲネスの学塾や図書館の復興をはかり（『教会史』第六巻三二・二）、獄中にあって『オリゲネス擁護論（*Apologia pro Origene*）』を著わしている。パンフィロスは獄中死したが、エウセビオスはその死後、それを六巻本として完成させている。『教会史』第六巻二三・一以下やヒエロニュムス『著名者列伝』七五、八一によれば、オリゲネスは、カエサリアで聖書の注解を口述筆記させたり、聖書の写本を転写させたり、校合したりしているが、パンフィロスはその伝統を引き継ぎ、さらにそれはエウセビオスに引き継がれ、彼の時代には七十人訳聖書を生み出す大きな「工房」に発展していたことは、『生涯』第四巻三六が証しする。コンスタンティヌスはエウセビオスに聖書の写しを五〇部つくり、それを帝都コンスタンティノポリスに送るよう個人的な書簡で指示しているからである。エウセビオスはこのパンフィロスについて三巻本を著わしたと述べているが（『教会史』第七巻三二-二五、『パレスチナ殉教者列伝』一一）、それは現存しない。

ディオクレティアヌス（二八四—三〇五年）は、三〇三年にキリスト教を禁じる勅令を発行する。彼とその共同統治者であるマクシミアヌス（二八六—三〇五年、三〇六—三〇八年）にはじまる迫害の規模や実態については史家の間でさまざまな意見があるが、キリスト教弾圧の当初の目的が徹底したものであったことは、皇帝勅令が四度も発行されたことから分かる。エウセビオスはカエサリアからパレスチナの海岸沿いに北上してツロの町へ、そしてそこから南下してエジプトのテーバイに難を逃れているが、その行く先々でキリスト教迫害の直接の「目撃者」になっている。彼はその詳細を「わたしたちの時代の出来事」として「後世のために」、『教会史』第八巻と『パレスチナ殉教者列伝』の中で記録する（『教会史』第八巻の前置き、同書第八巻一三-七）。エウセビオスによれば、この迫害の嵐は七年間吹き荒れ、八年目で勢力が衰えはじめ、十年目に終息したが（『教会史』第八巻一六-一）、彼の師パンフィロスはこの迫害の犠牲者である（『教会史』第七巻三二-二五）。その殉教の時期は迫害の終わり近くの三〇九年か三一〇年であったとされる。

迫害の期間中のエウセビオスの行動は不明だらけであるが、その行動は、ツロの公会議（三三五年）で、ヘラクレアの司教ポタンモン（エピファニオス『全異端駁論』六八-八）や、その会議に召喚されたアタナシオス（アタナシオス『アレイオス派反駁のための弁明』八）によって告発されている。エウセビオスは『生涯』の中でこの会議に触れるが、そこではポタンモンにもアタナシオスにも言及していない。

キリスト教は、ガレリウスがその死の直前の三一一年四月三十日に発布した「寛容令」により、キリスト教徒がローマの「良風美俗に反することをいっさいしない」ことを条件に認められ(『教会史』第八巻一七-三以下、ラクタンティウス『迫害する者の死について』三四)、そしてコンスタンティヌスとリキニウスの両名が三一三年に発布したいわゆる「ミラノ勅令」と呼ばれるものによって、帝国に認知された宗教となる(この勅令は、『教会史』第十巻五-二—一四、ラクタンティウス前掲書四八-二以下に見られる)。避難先からカエサリアに戻っていたエウセビオスはその地の教会の長老をつとめるが、三一三年か三一四年にはその地の教会管区の司教に任命される。

ミラノ勅令が発布されてから五年後の三一八年頃から、東方の全教会を揺るがすことになる教理闘争が起こる。論争は「先在の(プロオーン)」神の子、ロゴスの本質理解をめぐるもので、キリスト教の教理史上「アレイオス論争」と呼ばれる。それは論争の仕掛け人がアレイオス(ラテン語表記ではアリウス、二五六—三三六年)だったからである。

コンスタンティヌスは、キリスト教が帝国統一の道具になることを早くから認めていた。彼はこの論争のために、教会の内ばかりか、外での一致が壊されていく事態を憂慮し、三二五年、各地の司教をビテュニアのニカイアに招集する。『生涯』第三巻六四—七二は、コンスタンティヌスがアレクサンドリアの司教アレクサンドロスと、彼のもとで論争を起こしたアレイオスの二人に宛てた皇帝書簡を掲載し、また第三巻六以下は、公会議の開催を呼びかけたコンスタンティヌスの書簡に言及し、司教たちがニカイアに集結したことや、公会議に出席した司教たちの数、コンスタンティヌスが臨席した公会議の模様、コンスタンティヌスの開会の挨拶に触れている。前掲書第三巻八は、公会議に出席した司教の数を「二五〇人強」とするが、その数についてはさまざまな報告がある。[2]

公会議は三二五年五月二十三日から六月三十日までつづく。エウセビオスはその開会式ではコンスタンティヌスの右に座し、皇帝に向かって開会の挨拶をしたと思われる（『生涯』第三巻一一）。彼にそのような特権が与えられたのは、「彼が疑いもなくもっとも博学な人で、当時の教会の中でもっとも著名な著作家」（ライトフット）だったからだとか、「東方教会の高位聖職者の中でただ一人皇帝の胸中を推し量ることができた」（スタンレー）からだったと推量されたりする。公会議の期間中、エウセビオスは自分の教会管区の信仰告白文をコンスタンティヌスの前で朗読し、妥当なものと宣言されたことを「カエサリアの教会へ宛てた手紙」の中で報告する。この手紙はまた、「ニカイア信条」が採択される方向に向かう経緯の一端をも伝えている。最終的に採択された「ニカイア信条」は、エウセビオスがコンスタンティヌスの前で朗読したカエサリアの信条に、㈠「父の本質から」、㈡「造られずに生まれた」、㈢「同質」という三つの語句がつけ加えられ、イエス・キリストが「父から生まれた、唯一生まれた、すなわち父の本質から（唯一生まれた）神からの神、光からの光……造らずに生まれた、父と同質である」神の子と告白するものとなり、さらにそれにはアレイオス主義者を呪う言葉が加えられる（「ニコメディアのエウセビオスへ宛てたアレイオスの手紙」参照）。呪いは、祝福とともに、ユダヤ・キリスト教の本質部分をなす聖書的要素である。この会議が一か月以上つづいた事実は、ロゴスの本質をめぐる議論が非常に熾烈だったことを物語るが、それ以外の諸種の問題も討議されたようである。

「ニカイア信条」が採択されて、教会に一致が到来したのではない。信条の採択決議に書名したニコメディアのエウセビオスが早々とそれを撤回するからである。彼は今や、アレイオスの立場を断固として支持する側にまわったのである。そしてアンティオキアのエウスタティオスは、アレイオス派との論争を再燃させ、カエサリアのエウセビオスがニカイア信条を歪めたとして非難すると、今度は逆にエウセビオスがエウスタティオスをサベリウス主義者であると告発する（ソクラテス『教会史』第一巻二三、ソゾメノス『教会史』第二巻一九）。そのため、ニカイアの公会議から五年後の三三〇年には、アンティオキアで公会議が開催され、その結果、エウスタティオスがトラキアのトラヤノポリスへ追放される。コンスタンティヌスは、カエサリアにアタナシオスを召喚しようと試みるが、彼はそれに応じない。三三四年、コンスタンティヌスは、三三五年ツロに招集された公会議では、アタナシオスの罷免とアレイオスの復権が決議される。コンスタンティヌスは三三六年か三三七年にコンスタンティノポリスに司教たちを招集する。エウセビオスもこの会議に出席する。会議ではアレイオス主義の敵対者であったアンキュラの監督マルケロスの罷免が決議される（ソクラテス『教会史』第一巻三六、ソゾメノス『教会史』第二巻三三）。エウセビオスはコンスタンティノポリスで祝われている皇帝在位の三十年祭に列席し頌辞を読み上げ、その祝宴には他の司教たちとともに嬉々として参加する（『生涯』第四巻四〇）。

（1）『中世思想原典集成二』二四―二七は、「アレイオス論争の発端からニカイア公会議に至る経過は、はなはだ不明瞭である」と断った上で、その経過を説明している。

（2）たとえば、アタナシオス『アレイオス派の歴史』六六はその出席者を「およそ三〇〇人」とし、テオドレトス『教会史』第一巻八・一―五は二七〇人としている。

そのとき司教の多くは、教会が帝国権力といとも簡単に癒着しうることを示したのである。コンスタンティヌスは三三七年五月二十二日に亡くなる。エウセビオスはコンスタンティノポリスで行なわれた葬儀で彼を称える弔辞を読み上げる。彼自身もそれからしばらくして亡くなる。それは三三八年か三三九年のこととされる。

二 エウセビオスの著作について

エウセビオスは、三〇三年の迫害の勃発前も、迫害の最中も、そして、晩年になってからも、いや死の直前でさえも、倦むことなく著作しつづけた。ヒエロニュムスは、その『著名者伝』八一で、エウセビオスが「数えきれぬほど多くの」著作を次々に産み出したことに敬意を払っている。彼はその生涯で四六の著作を残したとされるが、それらは、通常、次の六つの範疇に分類される。

㈠歴史関係――『パンフィロスの生涯』、『年代記』、『教会史』、『初代の殉教者』[1]、『パレスチナ殉教者伝』、『生涯』

㈡護教関係――『ヒエロクレス駁論』、『ポルフュリオス駁論』、『古代人の子沢山について』[2]、『福音の備え』、『福音の論証』、『神顕現』

㈢釈義関係――『詩篇注解』、『イザヤ書注解』、『オノマスティコン』[3]、『過ぎ越しの祭について』、『問題と解決』、『福音書一覧』

(四)教義関係——『マルケロス駁論』、『教会の神学について』
(五)頌辞関係——『コンスタンティヌスへの頌辞』など
(六)手紙関係——「パラネアのエウフラティオスへ宛てた手紙」、「カエサリアの教会へ宛てた手紙」など

これらの著作の中でもっとも重要なのは、(一)の歴史関係として分類される『年代記』二巻(最初の版の著作年代は三〇三年以前、最終の版は三二五年頃)、『教会史』一〇巻、『パレスチナ殉教者伝』(二つの版で存在、三一一年頃)、『生涯』四巻と、(二)の護教関係として分類される『福音の備え』一五巻(三一二―三一八年の間に完成)、『福音の論証』二〇巻(最初の一〇巻と第十五巻の相当部分の断片が現存、三一二―三一八年の間に完成)、そして(六)の手紙関係として分類される「カエサリアの教会へ宛てた手紙」(三二五年)である。この中の『年代記(*Chronicon*)』は、(一)アブラハムからトロイの陥落まで、(二)トロイの陥落から第一回オリンピックまで、(三)第一回オリンピックからダリウス治世の第二年まで、そして(四)キリストの死から三〇三年までの四つの時代に分けて、それぞれを世界史と対比させたものであり、後の時代の歴史記述で年代確定の基礎の一つとなったものである。『教会史(*Historia ecclesiastica*)』は、「救い主」の時代からエウセビオスの時代までの教会の

(1) この書名は『教会史』第四巻一五―四七から。同書第五巻前置きと第五巻四―三では『殉教者集録』、第五巻二一―五では『初代の殉教者集録』と呼ばれている。
(2) この書は『福音の備え』第七巻八―二〇で言及されている。
(3) パレスチナの聖書関係の地名辞典。

歴史を扱ったものであるが、第八巻から第九巻までは『生涯』の理解に有益である。第八巻は、ディオクレティアヌスの迫害から三一一年のガレリウスの迫害中止までの期間を、第九巻は、東方教会の蒙った災禍から、マクセンティウスにたいするコンスタンティヌスの勝利、マクシミヌスの死、リキニウスの登場までを、そして最後の第十巻は教会の復興、地方における教会建設、ミラノ勅令、リキニウスの反乱とそれにたいするコンスタンティヌスの勝利を語っている。現代のわれわれの歴史記述の感覚からすると、われわれは本書がはたして「歴史記述」の名に値するのか、それはさまざまな史料のパッチワークにすぎないではないかとの印象をもたらざるをえぬが、本書は古代キリスト教世界においては一種の「正典文書」として扱われる。そのことは、本書につづく後の時代の教会史家が、この『教会史』に過重な敬意を払うあまり、エウセビオスの歴史記述を徹底的に批判することでその記述をはじめるのではなく、それには無批判で、エウセビオスが擱筆《かくひつ》した所から教会の歴史を語り継いでいることから分かる。『福音の備え(*Preparatio evangelica*)』は、異教世界の多神教を痛罵し、「福音の備え」として機能したユダヤ教の優越性を示すのを目的とし、また『福音の論証(*Demonstratio evangelica*)』は、ユダヤ教側からの告発、すなわちキリスト教が律法を守りもしないくせに、ユダヤ民族に約束された神の祝福を自分たちのものだ、などとぬかしてユダヤ教を利用している、といった告発に答えるのを目的とする。『福音の備え』や『福音の論証』には散逸した古典の著作からの引用が多く、両者はともに古典研究にとってきわめて価値の高いものであるとされる。「カエサリアの教会へ宛てた手紙(*Epistula ad ecclesiam Caesariensem*)」は、既述のように、ニカイアの公会議に出席したエウセビオスが、そこからカエサリアの教会宛てに送った手紙で、エウセビオスがその公会議で表明した立場が分かるものである。[1]

コンスタンティヌスと『コンスタンティヌスの生涯』

一　コンスタンティヌスの経歴

コンスタンティヌス（Flavius Valerius Constantinus）は、セルビアのナイッススの町で、コンスタンティウス一世とヘレナの間の子として生まれる。その誕生年は一般に二七二年か二七三年とされる。コンスタンティウス一世（後になってクロルス（「青白い者」の意）として知られる）は、二九三年にディオクレティアヌスによりカエサル（副帝）に指名され、三〇五年の夏にアウグストゥス（正帝）となる。コンスタンティウスはその二番目の妻テオドラ——彼女はマクシミアヌスの娘である——の間に六人の子をもうけている。

コンスタンティヌスの幼児期やその受けた教育は知られていない。最初の結婚相手はミネルヴィナであるが、その時期は不明である。彼女との間に一子クリスプスをもうけている。もっとも、『梗概』第四十一巻

（1）エウセビオスの著作についての有益な案内となるのは、今日でも依然として、A Select Library of Nicene and Post-Nicene Fathers of the Christian Church 所収の *The Church History of Eusebius*, trans. with prolegomena and notes by A. C. Mcgiffert; Oxford: Parker and Company, 1895, 26-45; Johannes Quasten, *Patrology*, Vol. 3, Westminster Maryland: Christian Classics, 1986; D. S. Wallace-Hadrill, *Eusebius of Caesarea*, Westminster, Maryland: The Canterbury Press, 1961 である。

四、ゾシモス第二巻二〇-二は、クリスプスがミネルヴィナ以外の女性から生まれた私生児であったことを示唆する。コンスタンティヌスの二度目の結婚相手はマクシミアヌスとエウトロピアの間の娘ファウスタである。その結婚は三〇七年であったとされる。彼は彼女との間に五子をもうける。そのうちの三人は男子（コンスタンティヌス二世、コンスタンティウス二世、コンスタンス）、二人は女子（コンスタンティナ、ヘレナ）である。

コンスタンティヌスは、二九三年頃から東方で、ディオクレティアヌスとガレリウスに仕え、ディオクレティアヌスが退位する三〇五年五月一日まではニコメディアで彼と一緒であった。しかしその間コンスタンティヌスが、ディオクレティアヌスによってカエサルに指名されることはなかった。

コンスタンティヌスの父コンスタンティウス一世は、三〇六年の七月二十五日、ブレタニア島のヨークで亡くなる。コンスタンティヌスは、父の死により、その地に駐留していたローマ軍により「アウグストゥス（正帝）」と宣言されるが、それがそのまま認められたのではない。彼がガレリウスから受けた称号は「カエサル（副帝）」で、「アウグストゥス」の称号は三〇七年になってはじめてマクシミアヌス（コンスタンティヌスの義父にあたる）から授けられる。その場所はトリーア（ドイツ西部のモーゼル川に臨む都市）であったとされる。(1)

三一〇年、マクシミアヌスが帝権を簒奪する。それを聞いたコンスタンテイヌスはマッシリアへ遠征して彼を打ち破り、そればかりか彼を自決に追いやる。ガレリウスは三一一年に亡くなるが、その死の直前の四月三十日に、ニコメディアで「寛容令」を発行する。

コンスタンティヌスはマクセンティウス（マクシミアヌスの子）に戦いを挑む。ローマに向かって進軍したコンスタンティヌスはマクセンティウスにヴェローナで勝利し、ついでローマの郊外を流れるテベレ川にかかるミルヴィオ（ミルウィウス）橋を渡ってローマに入城しようとしたが、マクセンティウスによって橋を破壊されて入城を阻止される。マクセンティウスは橋を破壊した後のテベレ川に小舟を繋いでつくった仮設の橋（浮き橋）を渡って出撃しようとしたが失敗し、城内に戻ろうとしたがそれもできず、テベレ川のもくずと消える。コンスタンティヌスはローマに入城し、元老院と市民の歓迎を受ける。彼は元老院により「アウグストゥス」と認められる。三一二年の十月二十八日から二十九日にかけての出来事である。[2] この年の九月一日から、「インディティオ（財産査定の更新の周期である一五年周期）」が、東方の属州ではじまる。三一三年、マクシミヌスは、リキニウスに敗れて亡くなる。

三一三年の二月、西方の唯一の実力者となったコンスタンティヌスは、東方の実力者リキニウスとミラノで会する。妹のコンスタンティアがリキニウスに嫁ぐためである。このとき二人は帝国の宗教政策に関して一致をみる。六月十三日に、後になって一般に「ミラノ勅令」と呼ばれるものが発行される（この勅令の実際の発行場所は不明）。それは「キリスト教徒の慣例や礼拝に従ったりそれを選んだりする権利はなにびとにもけっして否定されず、また各人には各人が、自らに適すると考える礼拝に己の精神を捧げる権利が与えられ

（1）この間の三〇六年の十月二十八日、マクセンティウスはローマで皇帝となり、やがてイタリアやアフリカ全土に及ぶ支配権を確立する。

（2）今日でもパラティヌスの丘の東にはコンスタンティヌスの凱旋門が立っているが、それは、ミルヴィオ橋での勝利を記念して三一五年につくられたものである。

るが、それは神が万事においてわれわれにいつもの心遣いと慈悲深さを示してくれるためである……」とうたい、教会堂や教会財産などの返還などを定めているが、とくにキリスト教だけを優遇しているものではない（この勅令は、『教会史』第十巻五-二一-一四、ラクタンティウス『迫害する者の死について』四八参照）。とはいえ、この勅令により、キリスト教は帝国により「選択の自由」が認められた諸宗教の一つになる。コンスタンティヌスは、三一三年以降、キリスト教に好意的な法令を発行しはじめたばかりか（『教会史』第十巻五-一五-一七、六-一-五）、北アフリカのキリスト教徒の分裂やドナトゥス派の者たちと正統派教会の者たちの間の抗争に関わり（『生涯』第一巻四四-二）、必要ならば公会議をローマに（三一三年）、またアルルに（三一四年）招集する。

三一五年、コンスタンティヌスは皇帝在位十年の祝典を催す。この年、彼は北アフリカのドナティズム論争を調停するために自らアフリカへ赴こうとするが、リキニウスにたいする敵意を新たにしたためそれは実現しない。コンスタンティヌスの妹との結婚によりつくられたリキニウスとコンスタンティヌスの同盟関係は、一年ももたなかったのである。リキニウスはミラノ勅令を放棄し、異教の擁護者となる。

三一六年、コンスタンティヌスはリキニウスの領地に侵入する。その年の十月にはキバラエで最初の戦闘が行なわれ、翌年三一七年のはじめカンプス・アルディエンシスで行なわれた第二回の戦闘でコンスタンティヌスはリキニウスを打ち破る。この年、コンスタンティヌスの二人の息子クリスプスとコンスタンティヌス二世、リキニウスの息子リキニウスが「カエサル（副帝）」と宣言される。コンスタンティヌスは、三二三年に、ゴール地方でサルマティアびとを相手に戦い、翌年の三二四年にはリキニウスとの一戦の準備をする。

彼は三二四年の七月三日アドリアノポリスの会戦でリキニウスの部隊を、そして同年九月十八日のボスポラスの海戦でリキニウスの軍船を打ち破る。リキニウスは逃げのびるが、同年の九月十八日にクリソポリスで行なわれた二度目の戦いでコンスタンティヌスに敗北を喫し、退位する。そして彼は、三二五年の春に、息子と一緒にコンスタンティヌスにより処刑される（『生涯』第二巻一八）[1]。なお、コンスタンティヌスは、リキニウスとの戦い前の三二三年か三二四年に、母ヘレナに「アウグスタ」の称号を与えている（『生涯』第三巻四三-四、四八-二）。

コンスタンティヌスは、三二四年九月十九日からその死まで、ローマ帝国の単独支配者となる。この間の彼は、キリスト教に好意を示しつづけ、没収された教会の財産を返還させるために布告や法令を発行し、異教を禁じ（『生涯』第二巻二〇－二二、二四－四二、四五）、アンティオキアを訪問し、三二五年の五月にはニカイアに招集した公会議に出席して教会の抗争を調停する。コンスタンティヌスの皇帝在位「二十年祭（*Vicennalia*）」が三二四年の七月三日にはじまる。彼は三二六年の七月にはローマに滞在し、その少し前に、息子クリスプスをポラで処刑し（？）——クリスプスの名前は三二六年の碑文からは抹殺される[2]——、そしてまた二番目の妻ファウスタも処刑（？）する。二人の死因とその関連性については、作者不詳の『梗概』や、アレイオス派の歴史家フィロストルギオス（三六八頃－四二五年）、アウレリウス・ヴィクトル（四世紀後半）、

（1）*Die Chronik des Hieronymus* [ed. Rudolf Helm; GCS *Eusebius Werke 7*] 231 参照。

（2）*Corpus Inscriptionum Latinarum* 10.517 = H. Dessau, *Inscriptiones Latinae Selectae* 708 参照。

エウトロピオス（四世紀後半）らが詮索してくれる。この頃、コンスタンティヌスの母ヘレナはパレスチナに出かけ、キリストに縁《ゆかり》のある土地を掘り起こさせ、その上に、あるいはその近くに教会を建てる（『生涯』第三巻四一―四三-三）。彼女はコンスタンティノポリスへ戻ると、程なくして亡くなる（『生涯』第三巻四三-五―四七-三）。

コンスタンティヌスは、三三〇年の五月十一日に、東の「新しいローマ」「第二のローマ（デウテラ・ローメー）」としてビザンティウムに創建したコンスタンティノポリスを奉献する。彼は、以後、その大半の時間をこの新都で過ごすことになるが、三三二年にはゴート族を相手に、三三四年にはサルマティアびとを相手に戦うために、そして三三六年にはダニューブ川の北に遠征する。エルサレムの教会（聖墳墓教会）は三三五年の九月に奉献され、エウセビオスは、その墓について、皇帝の面前で挨拶をする機会を与えられる（『生涯』第四巻三三-一―二、四六）。コンスタンティヌスは三三五年に、三人の息子とダルマティウスとハンニバアリアヌスに領地を割り当てる。彼はまたこの年、アタナシオスが引き起こした論争に関わり、ツロで公会議を主催する。アタナシオスは追放される（『生涯』第四巻四一―四二）。三三六年七月二十五日、皇帝の在位「三十年祭（*Tricennalia*）」が、コンスタンティノポリスとローマで幕開けする。

三三七年のはじめ、ペルシアがローマ帝国に宣戦を布告する。そのためコンスタンティヌスはニコメディアまで赴くが、病に倒れる。彼は、三三七年の復活祭のときに、ニコメディアのエウセビオスによりその郊外の離宮でキリスト教的な儀式を受ける。彼はその地で五月二十二日、ペンテコステーの日に亡くなる（『生涯』第四巻六一―六四-二）。六四歳か六五歳であった。その遺体はコンスタンティノポリスに運ばれ、息子コンスタンティウス二世により葬儀が盛大に執り行なわれる(『生涯』第四巻六五―六七、七一―七三)。ローマでも彼を記念して貨幣が発行される(『生涯』第四巻六九、七三)。

なお、コンスタンティヌスの二人の娘のうちのコンスタンティナは三五一―三五四年に「カエサル」となるガルスに嫁ぎ、ヘレナは三六一―三六三年に「アウグストゥス」となるユリアヌスに嫁いでいる。ユリアヌスは、後になって「背教者」のレッテルをはられるあのユリアヌスである。

二　『生涯』の内容と解説

『コンスタンテイヌスの生涯(*Vita Constantinii*)』は、当時の世界の国際語であるギリシア語で著わされた小品である。全部で四巻からなる(あるいは「四部からなる」と言うべきか)。

第一巻の序文(第一巻一―一一)は、本書の主人公となるコンスタンテイヌスが三三六年の皇帝在位の三十年を祝す行事を終えて、すでに亡くなっていること、しかし、神によって「祝福された」その方は、死してなお支配していることを強調し、そうすることで本書全体がその亡くなった皇帝に捧げられた弔辞の側面をもつことなどを教えてくれる。それは本書の構成について語る通常の序文とか前置きといったものではない。序文の第一巻七は、第十二章からはじまる物語の本体部分で語られることになるコンスタンティヌスの傑出した偉大さを強調するために、古代の二人の支配者ペルシアの王キュロスとマケドニアの王アレクサンドロスを引き合いに出す。この二人の惨めな最期や夭逝が、帝国の規模を三倍にし、その祝福された長い生涯を全うし、それればかりか三人の子息を帝国の後継者として残したコンスタンティヌスの偉大さと対比される。

この対比の中にすでに見え隠れしているのは、真の宗教を迫害する者は惨めな最期を迎えるが、その擁護者は繁栄するという、前二世紀のユダヤ側の文書マカベア第二書や、紀元後一世紀のヨセフスの『ユダヤ戦記』第七巻四五一―四五三（カテュロスの最期）などに認められ、さらにはエウセビオスの同時代人であり『迫害する者の死について』を著わしたラクタンティウスらが使用した文学的トポスである。この序文を締めくくるのは、無力な自分が本書の中で語るのは、あまたあるその事績の中で「後世の者にとって最重要で語るに値するもの」（第一巻一一）だけであるとするエウセビオスの宣言である。彼はこの一大事業を成し遂げるために「神を助け手として呼び求め、共働者である天のロゴスがわたしたちにその息吹を入れてくれますように」と祈る。この祈りは彼の『教会史』の序文に見られる言葉「わたしたちは、神がその道案内人になり、主の権能が（わたしたちと）共にあって働いてくれるように祈る。……」を想起させる。大きな事業をするには、神の加護が必要だ、ということである。

エウセビオスは、第一巻一二から、イスラエルの解放者・救済者であったモーセに比すことで、コンスタンティヌス「物語（ディエーゲーシス）」をはじめる。これにつづく第一巻一三から一八までの主要なテーマは、コンスタンティヌスの父コンスタンティウスの徳であるが、そのためにはまずコンスタンティウスが、帝権を彼とともに分有した者たちとは違う人物であったことが強調され、またコンスタンティウスが神だけを認め、その宮廷はさながら「神の教会」（第一巻一七）そのものであったことが強調される。

第一巻一九によれば、エウセビオスがコンスタンティヌスを直接目にしたのは、ディオクレティアヌスがパレスチナの属州を巡幸した三〇一年か三〇二年のときである。コンスタンティヌスはそのとき、ディオクレティアヌスの右に立っていたからである。エウセビオスはそのときのコンスタンティヌスの威風堂々とした立ち振る舞いに、すでに「皇帝としての確かな資質」を見てとったらしいが、ここでの記述も文学的トポスにしたがったものである。

　コンスタンティヌスの父コンスタンティウスの没年は三〇六年の七月二十五日とされる。第一巻二一は、臨終の父のもとへ駆けつけたコンスタンティヌスを描写する。そこでのコンスタンティウスは、創世記第四十八章に見られる息子ヨセフを目にする臨終前のヤコブである。そこには「人びとはヤコブに報告して言った。「ご覧なさい。あなたのご子息ヨセフがあなたの所へ来られましたよ」。イスラエルは力をふりしぼって、寝台の上に座った。……」とある。ここでのヤコブはコンスタンティウスに、ヨセフはコンスタンティヌスに置き換えることが可能である。コンスタンティヌスは父の死により、帝権を引き継ぎ、アウグストゥスと宣言される。[1] 父帝が亡くなった三〇六年からミルヴィオ橋で戦闘が行なわれる三一二年までの六年間であるが、コンスタンテイヌスがマクセンティウスに支配されている帝都ローマの惨状を知ってマクセンティウス攻撃の準備を開始したということ以外、何も特別なことは語られていない。第一巻二八以下は、唐突な仕方で、コンスタンティヌスが「これにて勝利せよ（トゥトイ・ニカ）」と刻まれた「十字架のトロパイオン」を幻の中で見た話や、このトロパイオンがコンスタンティヌス率いる軍隊の護符としてつくられた話を語る。

（1）ヨークのミュンスター大聖堂の入り口近くに、そこで（その近くで？）皇帝に宣言されたコンスタンティヌスを記念した座像が見られる。

この話はコンスタンティヌスが「直接」エウセビオスに語ったもので、しかも皇帝は彼に「その言葉の真実性を誓いで保証」し、そればかりか職人たちがつくったトロパイオンを見せたそうであるから、その話はあだやおろそかには扱えない「ありがたい話」となる。そのため、以後、エウセビオスは、物語の展開のいくつかの箇所において、この「十字架のトロパイオン」がいかに有効な護符となったかを大まじめに語ってくれる。いずれにしても、これは西欧キリスト教世界において「聖十字架伝説（Leggenda della Santa Croce）」を生み出すものになっただけに、一度は大まじめにテクストを読んでおく必要がある。第一巻三三以下は、帝都ローマに暴君として君臨していてマクセンティウスの犯罪を列挙し、それにたいしてコンスタンティヌスが勇躍立ち上がり、「十字架のトロパイオン」を全軍の先頭に置いて進軍したことや、三一二年十月二十八日に行なわれたミルヴィオ橋での戦闘の模様などを語る。そこでの戦闘についての記述はどこまで史実に即しているのか。エウセビオスは、コンスタンティヌスがその戦闘で勝利した「事実」を踏まえて、そこでのコンスタンティヌスをモーセに、マクセンティウスをファラオに対比することによって、事実と思われるものに都合のいい神学的な説明をしているにすぎないように思われる。この記述につづくのは、解放者としてのコンスタンティヌスの帝都入城の光景であるが、そこでの記述にはヨセフスの『ユダヤ戦記』第七巻に見られるローマへ凱旋したウェスパシアヌスとティトスを歓迎するローマ市民の歓迎の模様がエウセビオスの脳裏にはあったように思われる。彼はヨセフスの熱心な読者で、ヨセフスの著作、なかでも『ユダヤ戦記』をよく頭にたたき込んでいる。彼を理解するにはヨセフスを理解しておく必要がある。帝都入城につづいて語られるのは、ローマの市中に建てられた列柱や、コンスタンティヌスの像、教会にたいして与えられた彼の恩恵、アフリカの地におけるドナトゥス派と正統教会の争い、コンスタンティヌスにたいする陰謀などである。以上はコンスタンティヌスの「皇帝即位十年」までの出来事として締めくくられているが、その祝典の期間は、三一五年の七月から三一六年の七月までである。第一巻の残りの第四十九章から第五十九章までは、帝国の西方におけるリキニウスの犯罪、コンスタンティヌスの好意、リキニウスの振る舞い、神と教会の敵となったリキニウス、そしてリキニウスの悲劇的な最期などを語るが——それは教会を迫害した者の最期は悲惨なものであるというメッセージが含まれている——、それにつづくのは三一一年に死んだガレリウスの最期と三一三年に死んだマクシミヌスの最期である。マクシミヌスの最期は悲惨なものだったとして記述され、リキニウスはこの二人の悲惨な最期から何も学ばなかった愚か者とされるが、コンスタンティヌスの帝都入城以降の記述は、エウセビオスが西方での出来事に精通していなかったことを暴露する。事実、そこでの資料は彼の『教会史』の再生使用であり、資料の語句を少しばかり改めて使用しているにすぎない場合が多い。

第二巻は全部で七三章から成るが、リキニウスの教会攻撃、コンスタンティヌスとリキニウスの会戦、そしてコンスタンティヌスの勝利などが最初の一九章を費やして語られている。そこでの記述は、歴史というよりは、キリスト教の敵リキニウスを打ち破った「聖人」コンスタンティヌスの称賛に終始するものであるが、西欧のキリスト教聖人伝から歴史の真実を取り出せないように、ここで語られているものから真実を取り出すことなどはできない。ここでの物語の展開にも無理がある箇所がある。第二巻五は、開戦前のリキニウスの演説を伝える。その演説の内容はそれを実際に聞いた者からエウセビオス自身に伝えられたものであるとされている。エウセビオスはリキニウスにこの演説で、その戦闘がリキニウスが敬意を払っている神々とコンスタンティヌスの信じている神の間の決戦となること、今後どちらの側の神を拝せばよいのかが決定されると威勢よく述べさせておきながら、リキニウスとコンスタンティヌスの間の戦闘は徹底したものではなく、リキニウスにコンスタンティヌスから和解の条件を求めさせているのである。そこには読者が期待する「多神教」対「一神教」の壮絶なバトルはない。第二巻九には、コンスタンティヌスがエウセビオスに個人的に語ったとされる「軍旗（「救いのトロパイオン」）」にまつわる話が挿入されている。それによれば、戦場でこの軍旗を担ぐ者に敵兵が打ち込む槍が突き刺さることはなかったそうである。このような滑稽な話は与太話として一笑に付すべきであろうが、皇帝によって直接語られると、エウセビオスはそこに「神の権能」の働きを見てしまうようである。

コンスタンティヌスの勝利の結果、帝国の東方と西方が一つになる。そして「皇帝の人類愛に満ちた布告」や、「神に向かって敬虔の香りを放つ法令」が発行される。第二巻二〇から六〇までには、皇帝の書簡や、布告、法令の写しが挿入される。

第二巻六一以下は、「妬みの霊（フトノス）」によって引き起こされたアレイオス論争に触れるが、エウセビオス自身はその論争に深く関わったにもかかわらず、それが何であったのかを明らかにはしない。しかし彼は、アレクサンドリアの司教アレクサンドロス――この司教のもとで神の子の本質をめぐる論争が起こった――とアレイオスの両名に宛てた、信仰における一致を訴えるコンスタンティヌスの書簡を挿入して（第二巻六四―七二）、皇帝を介して「論争の発端」を語らせる。この書簡は、コンスタンティヌス自身が両者の間で争われている神学上の事柄が何であるかをまったく知らなかったことを暴露するように見えるが、ソクラテス『教会史』第一巻七は、この書簡を皇帝の「知恵に満ちたものである」とするように、しちめんどくさい神学的論争から一歩身を引き、皇帝としての、あるいは政治家としての「知恵」でもって問題解決を計ろうとするコンスタンティヌスのしたたかさを見ることも可能である。

第三巻冒頭の第一―二章では、暴君たちの行為と「神の友である」コンスタンティヌスの行為が、「彼らは……、それにたいして彼は……」という形式で、繰り返し対比される。そこで言及される暴君たちの行為の側面はすべてキリスト教徒エウセビオスの視点から見た一方的なものである。「この手の者たちが歴史の中に見られることは、かつてなかったのです。彼らは、歴史がはじまって以来聞いたことがないような犯罪を、教会にたいして犯し」たそうである。ここやその他の箇所で（第三巻七-二、五七-三、五八-三、第四巻六二-四、六六-一、六七-三、七五）、「歴史」の訳語を与えたギリシア語はアイオーンである。このギリシア語は、人間の歴史の時間を超えた、天地創造の時まで、あるいはそれ以前の「時のはじまり」にまで遡りうるものを指すだけに、本書において頻繁に見られる「歴史がはじまって以来」という誇張は、現代のわれわれには馴染まないものであろう。それにたいしてコンスタンティヌスは「万人に神のキリストを憚ることなく語りつづけ、救い主の呼称をけっして隠すことはされず、それを厳粛に受け止め……彼はご自分をあからさまにし、あるときはご自分の顔に救いのしるしを刻印し、またあるときは勝利のトロパイオンを誇示されたのです」。これを読むかぎり、コンスタンティヌスはキリスト教側陣営に身を置くと、それこそ「歴史がはじまって以来聞いたことのないような」、十二使徒などその足下にも及ばない「使徒の中の使徒」、「最高の使徒」となるが、ここまでの記述でコンスタンティヌスがキリスト教徒として振る舞っている形跡はまったくない。コンスタンティヌスがここまでで関心を示すのは唯一「勝利のトロパイオン」とか「救いのトロパイオン」、「救いのしるし」と呼ばれるものだけである。

アレクサンドリアの教会における神の子の本質をめぐる論争に端を発したエジプトの教会での混乱はつづく。それとともに、復活祭の日取りをめぐる教会の不一致の問題も浮上する。ある地域のキリスト教徒たちはユダヤ人の慣習にしたがって過ぎ越しの祭りのときに祝っていたが、他の地域のキリスト教徒たちは「その季節の正確なときを守るのが正しく、福音の恩恵に無縁な者」、すなわちユダヤ人たちの慣習などにしたがうべきでないとしていたのである。『教会史』第五巻二三－二四は、一九〇年頃、ローマの司教ウィクトルと小アシアの教会の間で、復活祭の日取りをめぐって論争が起きたことを報告しているが、ここでの報告は、この問題がまだ根本的な解決を見ていなかったばかりか、それが教会の分裂をも引き起こしていたことを教えてくれる。そのため、報告を受けたコンスタンティヌスは「これはもう一つの戦争である。予は教会を混乱に陥れている目に見えぬ敵に勝ち抜かねばならぬ」と言って、問題解決のための決意を表明する。もちろん、この言葉はエウセビオスの創作であろうが、このために、少なくともエウセビオスの記述にしたがえば、コンスタンティヌスはビテュニア州のニカイアを公会議の開催地に指定し、全世界から司教たち「二五〇人強」をアゴアシつきで招集する（第三巻六－八）。三二五年五月ことである。もちろん、エウセビオスもその招集された司教の一人である。彼は公会議の会場に入場してくるコンスタンティヌスの姿が「天上の神のみ使いのようであった」と述べる。公会議の招集者コンスタンティヌスが挨拶をする。彼は、ギリシア語をも自在にあやつるバイリンガルな皇帝であったが、開会の挨拶はラテン語で行なう。その挨拶文は第三巻一二―一三に挿入されている。エウセビオスはどこでそれを手に入れたのであろうか。第三巻一六によれば、この会議の記録は「出席できなかった者に個人的な書簡を添えて伝えられた」そうであるから、その中にコンスタンティヌスの挨拶文も入っていたのかもしれない。ここで報告されるのは、全世界で復活祭を同一の日に執り行なうことに列席の全司教が同意し、文書に署名したということだけであり、本書だけを読んでいるかぎり、読者は復活祭の日取りを決定するためにわざわざ二五〇名強の司教たちを招集したのかとあきれかえるであろうが、そこでの神学上の論争事項は、エウセビオスの他の文書や、彼以外の他の司教たちが残した文書から知られる。ある文書資料によれば、アレイオスと彼の二人の支持者は復活祭の日取りに関する合意書に署名することを拒否し、そのため追放の憂き目に遭うことになるが、[1]エウセビオスはここで皇帝の唯一の関心である「一致」を強調するために、その事実を曖昧にしているばかりか、彼の口を借りて「これは教会の敵にたいして予が勝ち得た二度目の勝利である」と言わせている。「これはもう一つの戦争である」と言って、その断固とした決意を表明した戦いは終わったのである。会議の全日程が終わると、司教たちはコンスタンティヌスが宮中の「皇帝の間」で主催した祝宴に出席する。そこで繰り広げられた光景は、司教たちの和気藹々とした宴のそれであったであろうが、エウセビオスはその光景を評するにホメロスの言葉を引き、「ある者は皇帝と一緒に横臥し、ある者は両側に置かれた座椅子に座ってくつろぎました。それ

(1) 一八一頁註(2)参照。

は想像されたキリストの王国の似姿であり、そこで生起しているのは『現実ではなくて夢である』(ホメロス)と想像されたに違いありません」と評する。キリストの王国の内実がこの程度のものであれば、それは失望・落胆以外のなにものでもないであろう。

多くの者の記憶から忘れ去られていたのは都エルサレムだった。そこは紀元後二世紀のバルコホバの反乱以降、ローマの植民市に様変わりしていた。都エルサレムの名前は抹消され、アエリア・カピトリーナと呼ばれていた。「救い主」が埋葬されていた洞穴は土砂によって埋め尽くされ、その上にはローマのカピトリヌス丘の神々である愛と美の女神ヴィーナスや、ユーノ、ミネルヴァなどを祭る大理石の聖所が建てられていた。しかしそこは、コンスタンティヌスによって聖なる都として再生され、「新しいエルサレム」として登場する。第三巻二五から四七は、アエリアからエルサレムへの復活再生を語る。ヴィーナス(アフロディテ)の杜(聖所)は解体され、「救い主の洞穴」を埋め尽くしていた大量の汚物や土砂は取り除かれ、その近くには「皇帝の雅量を示す立派で豪華な、神(の子)にふさわしい祈りの家」が建てられる。汚物の下の洞穴は、一夜明ければ、「聖なる洞穴」に様変わりする。ベツレヘムには救い主の誕生を記念した教会堂が、エルサレムのオリーブ山には救い主の昇天を記念した教会堂が建てられる。

エルサレムの再生事業に大きく関わったのはコンスタンティヌスの母ヘレナと、アエリアの司教マカリウスである。コンスタンティヌスがエルサレム再生のためにアエリアを訪れたという記録はどこにもないだけに、彼の母のパレスチナ訪問はクローズアップされる。彼女こそがキリストに縁のある場所を特定したのである。アエリアの司教マカリウスは、ニカイアの公会議の出席者であり、そこでなされた「決議七」は、

「慣習と古来の伝統ではアエリアの監督に名誉が与えられる、とされているゆえに、彼にはその名誉を継承させ、首都の正しい権利を保持させる」としていることや、コンスタンティヌス自身がマカリウス宛てに書簡を送って檄を飛ばしている事実（『生涯』第三巻三〇―三二）からしても、彼もまたアエリアからエルサレムへの再生事業に最初から大きく関わっていたに違いない。この再生エルサレムの物語につづくのは、ヘレナの死とその埋葬についての記述である。

第三巻四八から五八まででは、キリスト教の都市としてつくられたコンスタンティノポリスや、壮麗な教会堂が奉献されたニコメディア、アンティオキアの町、パレスチナのマムレの清め、各都市における異教の杜の取り壊しなどが語られる。今や勝利の街道を驀進するキリスト教である。キリスト教徒たちが目を輝かせて賛美するハレルヤの声が、ラッパやトランペットの音とともに聞こえてくる。しかし、彼らの傍らには悄然として立ちすくむ異教徒たちや、唖然としてことの成り行きを見守るユダヤ教徒たちがいたのである。

第三巻五九から六三まででは、「妬みの霊」が引き起こしたアンティオキアの教会に見舞った分裂の危機が語られる。われわれはソクラテスの『教会史』から、そこの教会を混乱におとし入れた人物としてエウスタティオスの名を知るが、そこでの係争事項が実際に何であったかは語られていない。そしてわれわれは、その間の事情がよく飲み込めぬままに、次にコンスタンティヌスが書いて「アンティオキアの平信徒たちへ宛てた書簡」や、「エウセビオスへ宛てた書簡」、「アンティオキアに集まった司教たちへ宛てた書簡」を立てつづけに読まされる。われわれは最初の書簡から、アンティオキアの教会の教会員の一部がエウセビオスを司教として招ねこうとし、そのために紛争が生じたことを知り、第二の書簡から、エウセビオスがアンティオキアの司教職を辞退したことを知り、そして第三の書簡から、コンスタンティヌスがエウセビオスの辞退をアンティオキアに集合した司教たちに伝えると同時に、教会の規範と使徒たちの言い伝えにしたがって適切な司教を選ぶことを勧めたことを知る。これらの三つの書簡を総合すると、アンティオキアの教会で起こった神学論争でそこの司教が敗れて追放され、コンスタンティヌスがその後釜にエウセビオスを据えようとしたが、エウセビオスがさまざまな理由から、転職の絶好のチャンスとも思われる皇帝からのこの誘いを断っている。第三巻の最終章に近い第六十四章には、「コンスタンティヌスが異端の者たちへ宛てた書簡」が挿入される。そこではノウァティアヌス派、ウァレンティヌス派、マルキオン派、サモサタのパウロ派の者たちや、反フリュギア派の者たちが、「真理の敵対者」「命の敵」「破滅の助言者」と芳しくないレッテルを貼られ、今後相集うことはいっさいまかりならぬ、とコンスタンティヌスにより通告される。それにしても、キャメロンも指摘するように、ここでその名前を具体的にあげられている異端の者たちはみなコンスタンティヌスの時代に出現した者たちではなく、三世紀に登場したお騒がせ者たちであるのは、なぜなのだろうか。この第三巻を締めくくる最後の言葉は、「神の普遍的教会だけが、それ自体固まって光り輝きました。地上のどこにも、異端の集まりや分派主義者の集まりは残されていなかったのです。この偉大な成功をもたらした者として、それまでの者たちの中でも、神のために心遣いされた皇帝だけが特筆大書されるのです」である。異教や、ユダヤ教や、異端を排除した世界、キリスト教の正統だけがその真理性を声高に主張する世界においては、その先に見えてくるのは神学的なヴァンダリズム（蛮行）が後押しをする政治的な全体主義の世界でしかない。

第四巻は、コンスタンティヌスの人道主義・博愛主義についての記述にはじまり、ゴート人の服属、サルマティアびとの服属、コンスタンティヌスのもとへやって来る世界各地からの外交使節を語り、ペルシア王へ宛てたコンスタンティヌスの書簡（第四巻九―一三）を挿入する。この書簡は挨拶部分を欠き、唐突に「予は神聖な信仰を守ることで、真理の光に与っている」ではじまるばかりか、結末部を明示する結語の欠けるものである。エウセビオスはこの書簡が「ペルシア王へ宛てて使節を介して送った書簡」（第四巻八）と述べているが、それが「ペルシア王」宛てであることを示唆するようにみえるものは、書簡の中のわずか一行、すなわち「神の怒りである雷神とどろく一陣の大風か何かが、こちらの領地から追い立てて貴国の領地に引き渡した一人の人物」でしかない。ここで言及されている人物は、通常、二六〇年にシャプール一世と戦って敗れたウァレリウス帝と想定されるが、七〇年も前の人物がこのような形式で引き合いに出されるものなのか。いったいどのようにしてエウセビオスはこの書簡の写しを手に入れたのであろうか。

第四巻一八は主日の制定について触れ、第四巻二〇は、コンスタンティヌスが兵士にその日に口にするように命じたラテン語の祈りを挿入する。そして第四巻二四は、コンスタンティヌスが司教たちを前にしてなした、はなはだ興味深い発言を挿入する。それによると、コンスタンティヌスは彼らを食事に招いた折り、「汝らは教会の中の司教であるが、予は、多分、神によって任命された教会の外の者の司教である」と発言したそうである。この発言こそは、司教権にたいする皇帝権の優位の道を開く契機となったものであろう。エウセビオスはコンスタンティヌスが「われわれの聞こえる所で」この発言をしたと述べている。これは彼自身を含むすべての司教が直接この発言を耳にしたことを意味するが、この文脈の中では、司教たちが皇帝の発言に抗議の声をあげたことを示唆するものは何もない。エウセビオスを含む司教たちは、今や骨抜きも同然で唯々諾々としてコンスタンティヌスにしたがっていたのであろう。第四巻二六は結婚法や遺言法の改定に、第四巻二七は奴隷法に関する新しい法令に言及する。この奴隷法は「いかなるキリスト教徒もユダヤ人に奴隷として仕えてはならぬ」と命じるもので、エウセビオスはその法令を引いた後で、「救い主によって贖われた者が隷従の頸木によって預言者殺しにして主殺しである者たちに服するのは正しくないからです」とコメントする。第四巻三五—三六は、コンスタンティヌスからエウセビオスへ送られた書簡を二通挿入するが、その一通は、コンスタンティヌスがエウセビオスに、彼が主宰するカエサリアの工房に「聖なる文書」の写しを五〇部「可及的速やかに」つくるよう命じたものである。そこでの書簡は、聖書の転写に関する貴重な証言である。もちろん、ここでの聖書はヘブル語の聖書ではなくて、「七十人訳」と呼ばれるギリシア語訳聖書である。

三三六年七月五日に幕開けした皇帝在位三十年祭が終わりに近づく頃、コンスタンティヌスの生涯も終わりに近づく。彼は三人の息子に帝国の統治権を割譲する（第四巻五一）。この息子たちはいずれも「敬神の念の種」をしっかりと植えつけられたばかりか、コンスタンティヌス自身の「敬神の念を熱心に模倣する」ようにと教えられて育った、信仰のサラブレッドだったらしい。コンスタンティヌスはすでに自分が埋葬されることになるコンスタンティノポリスの使徒聖堂を大々的に改修している。彼は、三三七年の復活祭のおりに、体調の異変を訴え、コンスタンティノポリスへ赴き、ついでヘレノポリスでしばらくのときを過ごす。コンスタンティヌスの死につづくのは葬儀の模様の活写であり、死後もなお息子たちを介して支配しつづけるコンスタンティヌス賛美の言葉である。「確かに、彼だけが、その生前や死後において、ギリシア人の間でも、万人の間でも、いや古代のローマ人の間でも、ほかの誰も手にしたことがないと人が言うようなものに値したのです。彼のような人物は、全歴史がはじまって以来わたしたちの時代に至るまで、記憶に残されていないのです」。全歴史がはじまって以来、これにまさる讃辞の言葉があったであろうか。

三 『生涯』の資料について

(一) 自著のリサイクル使用

エウセビオスの『教会史』第八巻、第九巻、第十巻は、マクセンティウス、マクシミヌス・ダイア、そしてリキニウスにたいするコンスタンティヌスの遠征に言及するが、『生涯』はしばしばそこでの使用ずみ記事を再利用する。そのさい、『教会史』の記事の語句には若干の修正が施されたりするが、それに新たな情報が加えられたり、状況の変化に応じてその内容が書き改められたり、変更されたりする場合もある。そこでの記事がまったく別の状況の中に置かれる場合もある。

『生涯』第一巻三七－一によれば、マクセンティウスとの戦闘のために出陣したコンスタンティヌスの軍隊の先頭を行く兵士たちの手に持たせたのは「真に救いのしるしである勝利のトロパイオン」、すなわちコンスタンティヌスが幻の中で見たと申し立てる十字架のついた軍旗であるが、その詳細はミルヴィオ橋での戦闘に触れている『教会史』第九巻九には見られない。

第一巻五一－五四の資料は、『教会史』第十巻八－一〇－一一に見られるリキニウスに関する記事であるが、エウセビオスは、リキニウスが対教会措置として公会議などを禁じた法令に言及する記事を第一巻五一-一―一二に置いている。この記事に該当するように見えるものは、『教会史』第十巻八-一四に認められる、リキニウスが司教たちを「餌食にした」という小さな言及でしかすぎない。冒頭にリキニウスの対教会政策を置いたのは、「東方の司教たちの決定が、アタナシオスとマルケルスが追放されていた教会管区に復帰したことで脅かされた三三七―三三八年の教会的関心を反映」(キャメロン、一四頁)させたからかもしれない。確かに、エウセビオスが『生涯』を著わしていたときの状況は、『教会史』を書いたり、書き改めていたときの状況とは違うのである。

第二巻五-一―五、六-一―二、九-一―一二に見られるリキニウスにたいする遠征記事の主要な資料は、リキニウスが会戦前になした演説(実際に聞いたと申し立てる者からもたらされたと称する情報)や、開戦前に見られた幻(伝説)、軍旗にまつわる話(エウセビオスが皇帝自身から直接聞いたと申し立てる情報)であるが、それは『教会史』で語られているリキニウスの物語を大幅に書き改めたものである。

第二巻四-二―四に見られる、リキニウスが預言者たちから有利な託宣を授けられたとする記事は、『教会史』第九巻一〇-六を下敷きにしたものである。『教会史』は、暴君マクシミヌスがリキニウスと戦って敗北して自分の領地に戻り、その領地でやったこと、すなわち彼に有利な託宣を授けた神官や預言者たちが、いかさま師であり詐欺師であり、そのため彼らを次々に殺害したことを伝えるが、本書ではそこでの記事内容が主人公を変えて再利用されている。

本書では『教会史』だけがリサイクルされているのではない。第三巻三三はアエリア(エルサレム)におけるキリストの墓（洞穴）の近くに建てられた教会堂（聖墳墓教会）に言及するが、そこでの語彙の多くは『コンスタンティヌスへの頌辞』からである。同じく、第三巻四一、五〇、五四-四-五五-四は、それぞれ『コンスタンティヌスへの頌辞』九-一七、九-一四-一五、八-一-七をちらちら見やりながらのものである。そこで使われている同じ語彙がそれを裏づける。

㈡皇帝書簡、法令ほか

エウセビオスは、『教会史』第十巻に、コンスタンティヌス関係の文書を集中的に挿入している。すなわち第十巻五-二-一四にはミラノ勅令の写しが、第十巻五-一五-一七と第十巻五-一八-二〇には勅書の写しが、第十巻五-二一-二四や、第十巻六、第十巻七には書簡の写しが見られる。勅令や、勅書、書簡などの集中的な使用は、コンスタンティヌスがいかに大きな理解をキリスト教にたいして示し、いかに大きな恩恵を与えたかを読む者に印象づける効果を発揮する。

エウセビオスは本書においてコンスタンテイヌスの書簡を一五本引用する。第二巻二四-四二には「パレスチナの地方知事たちへ宛てた書簡**」が、第二巻四六には「エウセビオスへ宛てた書簡」が、第二巻四八-六〇には「属州民へ宛てた書簡*」が、第二巻六四-七二には「アレクサンドロスとアレイオスへ宛てた書簡*」が、第三巻一七-二〇には「諸教会へ宛てた書簡」が、第三巻三〇-三二には「マカリウスへ宛てた書簡」が、第三巻五二-五三には「マカリウスほかの司教へ宛てた書簡」が、第三巻六〇には「アンティオキアの平信徒たちへ宛てた書簡」が、第三巻六一には「エウセビオスへ宛てた書簡」が、第三巻六二には

「アンティオキアの司教たちへ宛てた書簡」が、第三巻六四―六五には「異端の者たちへ宛てた書簡**」が、第四巻九―一三には「ペルシア王へ宛てた書簡*」が、第四巻三五には「エウセビオスへ宛てた書簡」が、第四巻三六には「エウセビオスへ宛てた書簡」が、そして第四巻四二には「ツロの公会議へ宛てた書簡」が挿入されている。このうちの一部の書簡（*を付したもの）は、結末部を構成する文言をもたない。これは書簡自体が結末部を含む一部分を欠いたか、エウセビオス自身がその部分を不要なもの、あるいは不都合なものと見なして使用しなかったか、そのどちらかを示すであろう。またある書簡（**を付したもの）の結末部は、「公知されるようにするがよい」、「これを公知するがよい」であり、これは書簡自体が法令ないしは勅令として機能したことを示唆する。事実、その内容それ自体もそうであることを示唆する。「ペルシア王へ宛てた書簡」は結末部を欠いているばかりか、その冒頭部には本来あってしかるべき挨拶の定型句も見られない。それは「予は神聖な信仰を守ることで、真理の光に与っている」ではじまるが、非常に唐突な書き出しである。この唐突さは、このはじまりの前に大きな欠落箇所があったことを示唆する。この書簡の出所は不明である。われわれは、エウセビオスがコンスタンティヌスの宮廷で、彼に近い人物、たとえば第四巻四四の註(1)でその名前をあげたマリアヌスのような人物から書き損じの書簡でももらったと想像すべきなのか。なお、冒頭にあげた「パレスチナの地方知事たちへ宛てた書簡」の真正性は、その第二十六章の終わり部分、第二十七章、第二十八章、第二十九章の冒頭部分が出土した同時代のパピルス断片（ロンドン・パピルス八七八）と同一のものであることによって確認されたが、その同定は本書の書簡の真正性の研究にとってきわめて重要なものであった。それについて、エウセビオス研究の第一人者A・M・H・ジョーンズは次のように言う。

「このパピルスは、確かに、エウセビオスが『生涯』の中で引くコンスタンティヌス関係の文書の一つが本物であることを証明し、同時に残りのものもそうであることを示唆する。もちろんそれは、それらが引用されている『生涯』がエウセビオスの著作であることを証明しないが、後の時代の捏造者が古い文書のオリジナルなものをわざわざ探し出してそれを写したなどと信じることを困難にさせる」(2)と。なお、第四巻三二によれば、コンスタンティヌスの演説はラテン語で準備され、専門の翻訳技官によりギリシア語に翻訳されたという。もしそうであれば、既に引いた皇帝書簡も本来はラテン語で書かれたものであったに違いない(3)。

エウセビオスはまた、第一巻四〇‐一で、ローマの市中に建てた列柱にラテン語で刻んだ碑文を、第三巻一二ではニカイアの公会議でコンスタンティヌスが行なった開会の挨拶を、第三巻二一では閉会の挨拶を、第四巻二〇では彼が口にするようにと兵士たちに命じた祈りを挿入し、第四巻二九ではコンスタンティヌス

---

(1) 二九九頁註(8)参照。

(2) A. H. M. Jones, and T. C. Skeat, "Notes on the Genuineness of the Constantinian Documents in Eusebius' *Life of Constantine*", *JEH* 5 (1954) 200.

(3) コンスタンティヌスの書簡のあるものは、他の史家によっても引かれている。

第二巻二四‐四二　ソゾメノス『教会史』第一巻八
第二巻四六　ソクラテス『教会史』第一巻九、テオドレトス『教会史』第一巻一四
第二巻六四‐七二　ソクラテス『教会史』第一巻七、キュジコスのゲラシオス『教会史』第二巻四
第三巻一七‐二〇　ソクラテス『教会史』第一巻九
第三巻三〇‐三二　テオドレトス『教会史』第一巻一六
第四巻三六　ソクラテス『教会史』第一巻九、テオドレトス『教会史』第一巻一五

の説教の内容が、第四巻五五では死を前にしてのコンスタンティヌスの告別の挨拶を挿入する。この告別の挨拶は、エウセビオスがそのときその場に居合わせた者からその内容を聞いた上で言及したものであろう。

本書の中でも諸種の法（法令）への言及がある。第四巻一八－二には、コンスタンティヌスが「ローマ帝国で暮らす者はみな救い主の名にちなんだ日に休息しなければならないと定めた」とある。第四巻一九－二〇は、「法令」や「皇帝が定めたもの」として、キリスト教徒でないローマ軍の兵士が主日に町の外の空き地で神への祈りを捧げねばならぬことや、軍団兵士が捧げるラテン語の祈りに言及する。第四巻二三も、主日の遵守が法令により属州知事へ通達されたことへ言及する。第四巻二三、二五は偶像へ犠牲を捧げることを禁じた法令へ言及し、第四巻二五は剣闘技を禁止する法令へ言及する。これらの法令の実在は『テオドシウス法典』[1]によって検証される場合もある。たとえば、この法典の第三巻一二－二から、コンスタンティヌスが、三二一年五月に、「太陽の崇敬される日」の商取引を禁止したことが知られる。エウセビオスは、第四巻二七－一で、「皇帝は、いかなるキリスト教徒もユダヤ人に奴隷として仕えてはならぬと法令で定められました」と述べている。われわれは三〇五－三〇六年のエルウィラ（スペイン）の公会議の決議録一六や五〇から、キリスト教徒がユダヤ人との社会的・家族的な絆をもたぬよう命じられ、聖職者や平信徒がユダヤ人と食事を取れば、教会での交わりを断たれるとされたことを知るが、ローマ帝国の市民であるユダヤ人がキリスト教徒の奴隷を新たに買い入れることを禁じたことは、前掲の法典によって検証される。エウセビオスはまた第四巻二六で、相続法と遺言法の改定に言及する。エウセビオスはそこで、多分、オリゲネスや自分自身を念頭に置いてだと思われるが、「哲学への激しいエロースのために」独身を貫いている聖職者に言及するが、その者たちと相続法の改定の関わりは明らかにしていないばかりか、結婚法と相続法を混同しているようにも見える。これ以外にも、第二巻四五-一-二は偶像崇拝、占い、犠牲の禁止などを定めた法令に、第四巻二-三は土地税の公平のための法的措置に、同巻二五-二-三はエジプトでの女装した祭司の慣習を禁止する法令に言及する。

(三) 聖書(旧約と新約)

既述のように、エウセビオスはローマの都を暴君マクセンティウスの手から開放したコンスタンティヌスを「第二のモーセ」に、マクセンティウスをファラオと見立てている。したがって、第一巻三八に見られるコンスタンティヌスの勝利に終わったその戦いの記述では、出エジプト記一五-四や、一五-五、詩篇七-一五-一六、出エジプト記一五-一〇、一五-一-二、一五-一一が引かれている。エウセビオスが第三巻三で言及する宮殿の入り口門に置かれたパネル板に描かれた「曲がりくねる竜」はイザヤ書二七-一からである。第三巻七-八は、ニカイアの公会議に列席した司教たちのエキュメニカルぶりを強調するが、そこで使徒言行録二-一-一三が引かれている。「新しいエルサレム」への言及はヨハネの黙示録三-一二、二一-二からとされるが、パレスチナの人びと、なかでもエルサレムやエウセビオスを含むカエサリアの人びとは、「新しいローマ」であるコンスタンティノポリスと対比してそれまでのアエリアを「新しいエルサレム」と呼んだ

(1) この法典は三一三年以降の勅令を集成したもので、テオドシウス二世下の四三八年に刊行された。

であろう。第三巻四二はパレスチナの土地を訪ねたコンスタンティヌスの母ヘレナに言及し、彼女が「預言者の言葉」にしたがったことを強調するが、そこでの預言者の言葉「われわれはそのお方の足が立つ所でぬかずこう」は詩篇一三二（一三一）-七からである。第三巻五八は、御言葉を述べ伝えようと奮闘しているコンスタンティヌスに言及して、「ご自身は、口実であれ、真実であれ、キリストが告げ知らされるがよい、と言った者と同じく、その言葉を口にされているかのようでした」と述べているが、それはピリピびとへの手紙一-一八を少しばかり都合よく改変したものである。

(四) 古　典

エウセビオスは、第一巻七で、コンスタンティヌスの偉大さを述べるために、女性の手のもとで死んだペルシア王キュロスと三二歳で若死にしたアレクサンドロスを引き合いに出す。ペルシア王の最期とくればクセノフォンの『キュロスの教育』が考えられるが、いつの時代でも愛人のもとでの死は、面白おかしく尾ひれや背びれがつけられて口から口へと伝えられるものであるから、エウセビオスの情報源を突き止めるのはむずかしい。エウセビオスは、第一巻一七-二で、コンスタンテイヌスがその生涯を静謐と平安の中に終えたことに言及して、「煩いがなく、煩わせることがないのは幸いである、と言われているようにです」と述べている。ここでの「……と言われている（ファシ）」は、引用された言葉が当時の人びとの口の端によく上るものであったことを示すが、それはエピクロスが口にしそうなものだという指摘がある。ほぼ確実なのは、ホメロスからの引用である。第三巻一五-二は、宮中に招かれた司祭たちとコンスタンティヌスの間で繰り広げられた和気藹々とした祝宴の光景を「キリストの王国の似姿」と評した上で、そこで生起しているのは「現実ではなく夢である」と述べているが、それはホメロス『オデュッセイア』第十九歌五四七からである。同書第四歌二四二の文言は、第三巻五四-六に見出され、同書第一歌二三の文言は第四巻七-一に見出される。

㈤ 直接見たこと聞いたこと

エウセビオスは、第一巻二八-二九で、コンスタンティヌスがマクセンティウスとの開戦前に見た十字架の幻に、そして第一巻三〇-三一でコンスタンティヌスが職人につくらせた「十字架のトロパイオン」に言及する。十字架の幻については、エウセビオス自身が「もし誰か他の人が語ったのであれば、それは、多分、受け入れがたいものとなったでしょう。しかし、その出来事があった後で相当な期間を経てから、わたしがかたじけなくも接見と知遇の栄を得たとき、勝利者となられた皇帝がこの話を、直接わたしに語り、しかも、その言葉の真実性を誓いで保証されたのですから、いったい誰がその話を信じることを躊躇するのでしょうか」（第一巻二八-一）と言っていることから、その話は、エウセビオスがコンスタンティヌスから直接聞いたものであることが分かる。それを耳にした時期は、皇帝在位三十年祭の行事がコンスタンティノポリスで執り行なわれた三三六年であろう。そしてその折り、コンスタンティヌスは、エウセビオス自身を含む司教たちに「十字架のトロパイオン」を見せ、この軍旗がもたらした戦勝について滔々と語ったであろう。エウセビオスはこの戦勝の一つを第二巻六-九で語っているが、彼はその話を次の言葉「以上は皇帝ご自身から直接聞いたもので、わたしたちの創作ではありません。彼はわたしたちのことを聞くと、他の話に加えて、これをも報告されたのです」で締めくくっている。

エウセビオスは、第二巻六‐一で、リキニウスとの開戦に前に見られた幻に言及し、伝聞形式で「……見られたそうです（ファシン）」と言っている。これは彼がコンスタンティヌスの兵士から話を聞いたことを示すが、この手の話を大真面目に受け取って本書に入れるのは、彼が『教会史』を執筆したときに熟読したヨセフスの『ユダヤ戦記』第六巻二八八―三一〇に、都エルサレムの陥落前に見られたさまざまな予兆が言及されていたからであろう（タキトゥスも『同時代史』第五巻一三でこの予兆に言及している）。あのヨセフスも戦争前の予兆に言及しているのだから、神のための正義の戦争の前にはその戦争の帰趨を示す幻が見られるものだ、という思い込みもエウセビオスにはあったであろう。エウセビオスはアレクサンドリアの教会ではじまった内紛と抗争（第二巻六一―六二、第三巻四）や、ニカイアに招集された公会議（第三巻六―一三）、二十年祭のために宮中で催された祝宴（第三巻一五）、アンティオキアの教会の混乱（第三巻五九、六三、六六）、ツロで開催された公会議（第四巻四二）、エルサレムで開催された公会議（第四巻四三―四五、四七）など、教会関係の出来事の模様を記述するが、そこでの資料は、彼自身が直接その場に居合わせて得た見聞や、仲間の司教たちから直接聞いたものであろう。

エウセビオスは、第四巻三七で、コンスタンティアの町の改宗に、第四巻三九で他の町々の改宗に言及する。前者は「皇帝の別の返書自体がこれを確認します」から明らかなように、エウセビオスはその町の改宗をコンスタンティヌスの書簡から知ったのである。エウセビオス自身がコンスタンティアの町に足を運んでいないことは、その記述に細部へのこだわりがないことから明白である。

エウセビオスは、第三巻二五―二九、三三―四〇、第四巻四六で、エルサレムにある救い主の埋葬されていた洞穴の旧状回復と「祈りの家（聖墳墓教会）」に言及し、また第三巻四一―四三で、コンスタンティヌスの母ヘレナが建てたベツレヘムの教会とエルサレムのオリーブ山に建てた昇天教会に言及するが、そこで言及されている洞穴や教会は彼自身がしばしば目にしたり耳にしたものであろう。彼の住むカエサリアからエルサレムは近い距離である。

第四巻一五は、コンスタンティヌスの肖像を描いた貨幣といくつかの都市の入り口に立てられた彼の肖像画に、また第四巻七三は、彼の死後に彼を記念して鋳造された貨幣に言及するが、エウセビオス自身、前者の貨幣には日常的に触れていたであろうし、後者もしばしば目にするものであったであろう。これらの貨幣の発行と流通は出土した貨幣により裏づけされている。エウセビオスが実際に目にしたものはまだほかにもある。彼は「第二のローマ」コンスタンティノポリスを訪れている。彼が何度そこを訪ね、どれほどの期間そこに滞在したかは不明であるが、われわれは、第四巻四〇から、彼が三三六年のコンスタンティヌスの皇帝在位三十年の祝祭のときにはそこに滞在し、皇帝に頌辞を捧げているのを知ることができる。彼は少なくともその機会に、そこで宮殿を、宮中の居住区を、宮殿の入り口門に描かれた絵（第三巻三）を、教会や、殉教者の記念碑、広場とその噴水、よき羊飼いを象徴する像やダニエルの像（第三巻四八―四九、五四―三）、使徒聖堂（第四巻五八）などを目にし、またその都に世界各地からやって来る外交使節（第四巻七―八）を目撃したはずである。コンスタンティヌスはときにコンスタンティノポリスの民衆に語りかけたようであるが、エウセビオスはそこに滞在中に、少なくともそうした演説の一つ（第四巻二九―三〇）を聞くか、その骨子を宮中の役人や翻訳技官（第四巻三二）から聞いたと思われる。第四巻四九は、三十年祭のときに都コンスタンティノポリスで執り行なわれたコンスタンティヌスの息子コンスタンティウスの結婚式に言及する。エウセビオスはそれに招待されたのかもしれないが、そこでの記述には細部への言及が欠落しているので、その記述は列席者からの伝聞にもとづくとしておく方が無難であろう。第四巻六一から七一まではコンスタンティヌスの最期のときの言葉、死、葬儀、柩の中の亡骸、指揮官たちの別れの挨拶、急使による息子たちへ崩御の報告、息子コンスタンティウスが率いた葬列などが語られていて興味深いが、そこでの情報の一部は、ニコメディアからコンスタンティノポリスの司教となった同名のエウセビオスからかもしれない。

四 『生涯』の著作時期

『生涯』に先行するエウセビオスの『教会史』の著作時期には、三つの段階（版）、すなわち、エウセビオスが『教会史』の第一巻から第八巻までを書いた時期（第一段階、第一版）、次にそれに第九巻を書き加えた時期（第二段階、第二版）、そして第十巻を加えた時期（第三段階、第三版）が想定される。この三つの段階は、『教会史』の著作年代を云々するさいに考慮しなければならない、エウセビオスの研究者であれば誰もが同意するものである。

現在われわれが手にする『生涯』の著作時期も、『教会史』と同様、二つ以上の時期が想定されるが、そのための議論は複雑である。本書の序文（第一巻一－一一）には、それ自体が書かれた時期を示唆するものがいくつかある。第一巻一に「わたしはこの方のために［在位］三十年を祝す言葉の花冠を編み……」とある。

コンスタンティヌスの皇帝在位三十年祭は、三三六年七月五日に開幕する。しかしそのすぐ先の第一巻三、第二巻一一-三、そして第九巻一一-二は、コンスタンティヌスがすでに亡くなっていて、その三人の子息の地位がカエサルから格上げされてアウグストゥスに宣言されていることに言及する。コンスタンティヌスの死は三三七年五月二十七日であり、その三人の子息が「アウグストゥス」に宣言されたのは同年の九月九日である。したがって、本書の序文が書かれた時期は、三三七年の九月九日以降で、エウセビオスの死以前とされる。彼の死は、通常、三三九年の五月頃とされる（三三八年説や三四〇年説もある）。

序文の著作時期は必ずしも、本書の本体部分の著作時期と同じものではない。『教会史』の序文から明らかなように、通常、それは本体部分の最後部が書かれた後に書かれるものだからである。第四巻六一－七二は、コンスタンティヌスの最期の場面、死、葬儀に言及するものであるから、第四巻の少なくともその部分はコンスタンティヌスの死の三三七年五月二十七日以降のものであること、しかし、第四巻七一は、「神はコンスタンティヌスがご自分の愛する真のご子息たちをその後継者として帝国を授けることを許され、それぱかりか使徒たちの記念碑の隣りに彼が心から望んだ場所を与えられたのです」と述べているものの、三人の子息がアウグストゥスとして宣言されたとは言っていないので、少なくとも第四巻の末部が書かれた時期は、コンスタンテイヌスが亡くなった三三七年五月二十七日以降で、子息たちがアウグストゥスと宣言された同年の九月九日以前となる。

では、本体部分の第一巻以降はいつ書かれはじめたのか。この問いに直接答えるのはむずかしいが、われわれはここで、いつ頃エウセビオスが、コンスタンティヌスを集中的に取り上げる本書の構想を抱いたかを想像してみよう。

エウセビオスにとってコンスタンティヌスは途方もなく大きな存在である。彼にとってコンスタンティヌスとの接見の機会などは、最初、夢のまた夢、夢想すらできないものであったであろう。しかし、その機会が現実にやって来たのである。それは三二五年の五月にニカイアで開催された公会議である。コンスタンティヌスの隣りか、その近くに座す栄誉を与えられたエウセビオスにとって、間近に見る皇帝の存在は圧倒的なものであったに違いない。エウセビオスは、第三巻一〇で、コンスタンティヌスが臨席した公会議の開会式の模様に触れ、出席者全員が「皇帝の臨席を胸を膨らませて待っていた」と述べているが、彼自身もまたコンスタンティヌスの入場を今か今かと待ちかまえていた者の一人であったであろう。コンスタンティヌスは、公会議では、最初から最後まで中立的な立場を貫き、調停役として最適任であるという印象を列席した司教たちに与えたばかりか、皇帝としての器の大きさをも印象づけたであろう。第三巻一三によれば、コンスタンティヌスは公式の場ではラテン語を使用したが、会議と会議の合間のくつろいだ一時や、パーティーなどでは、エウセビオスをはじめとする東方からやって来た司教たちの言語であるギリシア語でも彼らに気さくに語りかけたのである。もしコンスタンティヌスが、そうした機会に、あるいは二十年祭のために宮中で催された祝宴(三二五年七月二十五日以降)か何かで、エウセビオスを含む司教たちを前にして、あるいはエウセビオスだけを秘かに傍らに呼んで、「救いのトロパイオン」やそれにまつわる創作話を真実の話として語ったならどうなるか。もしエウセビオスが皇帝の創作を与太話として聞き流すのではなく、それを真実として受け止めたばかりか、それをどこかで書き記さねばならぬ神の摂理を示す奇すしき話として理解したらどうなるか。まさにそのときこそ、エウセビオスがコンスタンティヌスについて独立した一書を著わさねばならぬと感じたときであったであろう。ニカイアの公会議後も、エウセビオスのもとには、あるいはエウセビオスを含むパレスチナの司教たちのもとには皇帝からの書簡などが送られてくる。彼はそれらを大切に保管し、皇帝に関する情報を収集しはじめたであろう。

本書の本体部分は、ときに「生涯（ビオス、ウィタ）」という形式で、ときに「事績（プラクセイス、アクタ）」という形式で、またときにその二つが交錯する形式でまとめられているが、その形式はよく練られたものではない。われわれがそこで感じるのは、エウセビオスにはコンスタンティヌスについての一書の構想があった、しかも、それは性急に実行に移されたというものである。何が彼を性急な著作に向かわせたのか。それはまぎれもなくコンスタンティヌスの死である。その性急さは、本書の序文に見てとれる。それは確かに序文であるが、同時にその基本的なトーンは、コンスタンティヌスの葬儀で司教たちの右代表として読み上げてもおかしくない弔辞のそれなのである。もちろんこう言えば、それならなぜ冒頭でコンスタンティヌスの三人の息子がアウグストゥスと宣言された葬儀以後の出来事への言及があるのか、と反論されるかもしれない。しかし、それにたいしては、エウセビオスは自分が読み上げた弔辞を資料として保管し、それを三三七年九月九日以降に序文として利用するにあたっては、その事実を挿入したばかりか、序文らしく少しばかり体裁を整えたと説明すればすむ話なのである。本書の著作時期についての議論では、これ以上のことしか訳者には言えない。

五　『生涯』が提起する諸問題

(一)『コンスタンティヌスの生涯』の書名

わが国において、『生涯』は『コンスタンティヌス伝』とか『コンスタンティヌス大帝伝』の名で知られており、一部の研究者はまだこの呼称を捨て切れないようである。本書の主要なギリシア語写本に見られる書名は、エウセビウー・トゥ・パンフィルゥー・エイス・トン・ビオン・トゥ・マカリウー・コンスタンティヌー・バシレオースと長ったらしいが、本来はエウセビウー・トゥ・パンフィルーとその後につづく語句は切り離されたものであったと想像したい。そうでなければ、この書名は、はなはだ理解しにくいものとなる。冒頭のギリシア語の語句エウセビウー・トゥ・パンフィルーは、帰属を表わす属格形と理解すれば、それは「パンフィロスの(子)エウセビオスのもの」「エウセビオス・パンフィロスのもの」、すなわち「パンフィロスの(子)エウセビオス」「エウセビオス・パンフィロス」が書いたものであることを示すものとなる。[1] 次に置かれる前置詞のエイス以下の語句は、普通に理解すれば、「祝福された皇帝コンスタンティヌスのビオスについて」となる。われわれがここで躓くのは、ギリシア語ビオスであり、ラテン語表記 De vita Constantini に見られる vita である。ギリシア語のビオスやラテン語 vita に与えられる日本語の訳語ですぐに思いつくのは「生涯」である。そのためわれわれは、『コンスタンティヌス伝』とか『コンスタンティヌス大帝伝』といった書名を定着させてしまうわけである。しかし、すでに指摘したように、その複雑な形式から明らかなように、本書はコンスタンティヌスの伝記的な要素だけをもつものではない。本書を「伝記文学」の文学ジャンルに閉じ込めるわけにはいかないのである。

では、本書にはいかなる書名を与えるのが適切なのか。それを考えるには写本の転写生がつけた書名から自由になり、内容それ自体に即した書名を考えるのが適切であると思われる。もっとも適切なのは、少しばかり長ったらしいものとなるが、『コンスタンティヌスの事績について』とか、『コンスタンティヌスの時代の出来事について』、『コンスタンティヌスの時代にわたしたちに起こった出来事について』であろう。もしこれらが適切であるならば、前者のギリシア語はプラクセイス・トゥ・コンスタンティヌーとなるであろうし、後者のギリシア語は動詞シュンバイノーの現在分詞からつくりうる中性の複数形タ・シュンバイノンタを使い、タ・シュンバイノンタ・カタ・トン・コンスタンティオン・バシレオンとなるであろう。われわれは本書に『コンスタンティヌスの生涯』の書名を与えるが、写本の転写生がつけた書名を有り難がらねばならぬ理由はどこにもないのである。

(二)コンスタンティヌスはキリスト教徒だったのか？

コンスタンティヌスはキリスト教徒だったのであろうか？

今日まで非常にしばしば、コンスタンティヌスはその生涯の最後にキリスト教徒になったと想像されてきた。そのため西洋史や教会史関係の書物では、皇帝コンスタンティヌスの前に二つの形容語句「最初の」と、「キリスト教の」が冠せられ、「最初のキリスト教の皇帝コンスタンティヌス」と呼ばれてきた。コンスタン

---

(1)「パンフィロスの(子)エウセビオス」という語句は前掲の「その生涯」(三三九頁)参照。

ティヌスがキリスト教徒になるための洗礼を受けたと想像させる根拠は、『生涯』第四巻六二に見られる彼が死の床にあって司教たちに語りかけたとされる言葉と、それにつづく彼が洗礼を受けたかのような説明にある。そのため多くの研究者はそこから、コンスタンティヌスが受洗以前の早い時期にすでにキリスト教に回心したとその想像の翼を広げてきた。それは、『生涯』の中にそう想像させる要素がいくつもあるからである。

(1)コンスタンティヌスはキリスト教を弾圧した暴君マクセンティウスを相手に戦っている。(2)彼はミラノ勅令でもってキリスト教を公認している。(3)彼はキリスト教を弾圧した暴君リキニウスを相手に戦っている。(4)彼はキリスト教に好意的な書簡を書いている。(5)彼は公会議を主催して教会の係争事項に積極的に介入し、その調停役を買っている。(6)彼はキリスト教に有利な法令をいくつも制定している。(7)彼はコンスタンティノポリスの宮廷に聖堂を建てたばかりか、自分の周囲にキリスト教徒たちを置いている。(8)彼は兵士たちに主日に教会に行くことを許している。(9)彼はパレスチナにあるキリストに縁のある場所を聖化し、そこに教会堂や記念碑を建てている。(10)彼は帝国の多くの都市に教会堂を建てている。(11)彼は帝国の都市にあった異教の「邪悪な」祭壇や杜を破壊している。(12)彼の母ヘレナは熱心なキリスト教徒であった。

これだけの要素があれば、研究者たちがコンスタンティヌスの回心やキリスト教への改宗について云々したくなるのは無理もないが、われわれはまず、彼らの一連の想像の根拠それ自体が薄弱なものであることを指摘しよう。エウセビオスが「皇帝はこれらのことを口にされました」と言って引いてみせるコンスタンティヌスの言葉の中に「予はかつてヨルダン川の流れでそれに与ろうと考えた。そこでは救い主も、われわれの範として、洗礼に与ったとされている」（第四巻六二-二）とある。コンスタンティヌスはパレスチナの土地に頻繁に出かけているのではない。彼がヨルダン川を見た可能性があるのはただの一回、彼がディオクレティアヌスに同道してパレスチナの土地を巡察したときでしかない（第一巻一九）。[1] それはコンスタンティヌスがキリスト教それ自体に関心をもつ前のことである。したがって、そのとき彼がヨルダン川を見たり、あるいはそこを渡っていたとしても、洗礼者ヨハネから洗礼を受けたイエスの話を司教から聞いたり、その光景を想起したなどとは考えられない。エウセビオスがここで伝えるコンスタンティヌスの言葉は、実は彼自身の創作話であると理解すべきなのである。エウセビオス創作説を裏づけてくれるのは、コンスタンティヌスの口の中に入れられている「救い主」という言葉である。先に進んで見るように、コンスタンティヌスは神を指して「救い主」とは言うが、キリストを指して「救い主」とは言わないからである。しかし、これ以上に問題なのは、コンスタンティヌスの告白とされるものにつづくエウセビオスの記事である。それこそは多くの研究者がコンスタンティヌスが洗礼を受けたと理解する記事であるが、その内容は驚くほど曖昧である。エウセビオスはそこにおいては、コンスタンティヌスが洗礼を受けたとは明言していない。彼は次のように言っているだけである。

（1）第四巻四〇-二は、コンスタンティヌスがエルサレムにおけるマルテュリオンの奉献を適切と見なしたとしているが、彼がそこへ赴いたとは言っていない。

皇帝はこれらのことを口にされました。それにたいして司教たちは諸儀式を執り行なって神の定めを満たし、秘儀を授け、（洗礼を受けるさいに）必要ないっさい（の教理）を教えておきました。歴史がはじまって以来、すべての最高主権者の中で、ただコンスタンティヌスだけがキリストの神秘で再生して受け入れられたのです。彼は、神のしるしに値するとされて喜び、霊で新しくされて神の光に満たされたのです。……さて、必要な諸儀式がすむと、彼は、紫の王位に触れることをもはや望まれなかったので、光のように輝く煌びやかな君主の外衣をまとって、純白な椅子の上で休まれました。

この一文から、コンスタンティヌスが受洗した事実を積極的に引き出すことができるであろうか。これを虚心に読めば、そこから引き出せるのは、司教たちがコンスタンティヌスに受洗に必要なキリスト教の教理を教え、いつでも受洗できるよう環境を整備したという事実でしかない。コンスタンティヌスは受洗したとする研究者たちは、彼に洗礼をほどこした人物の名を他の文書に探し求め、それをニコメディアの司教エウセビオスと想像するが、ここで大切なのは、ある人物がコンスタンティヌスに洗礼をほどこしたと仮定した上での話であるが、カエサリアのエウセビオスがその人物の名前をあげていない事実なのである。われわれはここで、死の床にあるコンスタンティヌスの周囲に集まった司教たちは洗礼の準備をしたが、彼はそれを拒否したと想像しよう。

われわれはある時期以降のコンスタンティヌスがキリスト教徒や教会にたいして好意的であったことを認める。これは否定しえない事実である。しかし彼がその生涯の最後の場面で受洗を拒否したとするわれわれは、コンスタンティヌスのキリスト教への改宗を想像したり、その契機となった彼の回心の時期をマクセンティウスとの開戦前に幻の中で「十字架のトロパイオン」を見たときにもとめることをしない。われわれは、この「十字架のトロパイオン」の話をコンスタンティヌスの創作としたいからであるが、それには少しばかり説明がいる。

われわれが「十字架のトロパイオン」の話をコンスタンティヌスの創作として切り捨てるのは、人間コンスタンティヌスに、そうして恥じない「したたかさ」を認めたいからである。彼は権力闘争のトーナメンを勝ち抜いて「カエサル」から「アウグストゥス」になった男である。そればかりか彼は、異教の元老院議員などの複雑な人間関係の世界を生き抜いてきた男でもある。彼にとっては、自分にすり寄ってくる司教たちを手玉に取ることなどは、それこそ赤子の手や首をひねるようなものであったに違いない。彼にとって、公会議の談笑の折りや、二十年祭や三十年祭の祝宴は、司教たちを観察できる絶好の機会であった。彼はそこで、司教たちやその他の聖職者のうちのだれが権力に弱く、それになびきやすいタイプかを選別していたであろう。エウセビオスはその早い時期からその典型の一人と見られていたのではないか。コンスタンティヌスは二十年祭のような機会の一つで、エウセビオスを傍らに呼んで、自分が創作した「十字架のトロパイオン」の話を真顔でしてみせたに違いない。もしそうだとしたら彼の回心などは考えられない事態となる。

われわれはここで大胆に想像の転換を図ろう。われわれはコンスタンティヌスが、ある時期以降、自分こそは「第二のキリスト」「キリストの再来」として振る舞っていたと想像しよう。

われわれにこう想像させるのは、エウセビオスが言及するコンスタンティノポリスの使徒聖堂に納められたコンスタンティヌスの柩の置かれた位置である。『生涯』第四巻五八によれば、この聖堂はコンスタンティヌスが生前に、「みずから……全体を想像もつかぬほど高いもの」にし、「あらゆる種類の宝石を使って燦然と輝くもの」にしたものであるが、第四巻六〇-二は、コンスタンティヌスがさらに、十二使徒の安置台を左右六つずつ聖なる列柱のように立てて、その中央に、死後自分が入ることになる柩を置くことにしていたと申し立てる。エウセビオスはコンスタンティヌスがそうした理由を、彼が死後も「使徒たちの呼びかけに与れるようにあらかじめ考えていた」ことや、「使徒たちに敬意を払ってその場所でなされる祈りに自分も与れる者」になろうとしたこと、そしてさらに「使徒たちに敬意を払われそれを記憶するため」だったことに求めているが、ここでの理由づけは、キリスト教徒エウセビオスの、そうあってほしいという願望的解釈からのものにすぎない。われわれがここで注意したいのは、コンスタンティヌスが自分自身の柩を十二使徒たちの一二ある安置台のどちらか一方の端に置こうとしたではなくて、それらを二分してその中央に置こうとしたことであり、事実その死後置かれたことである。中央の位置を占めることができるのは、十三番目の使徒ではない。どう見てもキリストしかいない。ここでの光景は、その左右に六頭ずつの小羊をしたがえる「第二のキリスト」のそれなのである。コンスタンティヌスは、生前、「第二のキリスト」としてこの光景を、自分の脳裏のカンバスに描いたのである。もしそうならば、コンスタンティヌスは「十三番目の使徒」を称した、とするこれまでの説は崩壊する。

コンスタンティヌスは自分自身を「第二のキリスト」「キリストの再来」として振る舞っていた。こう想像してはじめて、エウセビオスが『生涯』の中で引くコンスタンティヌスの書簡においてばかりか、他の著作家が引く彼の書簡の中において、たとえば、「キリスト」とか、「救い主キリスト」、「神の子キリスト」といったキリスト教的な響きのする語句が欠落している事実を説明することが容易になる。コンスタンティヌスは神に言及するに、「至高者」（第二巻二四‐一ほか）、「恩恵の源泉である神」（第二巻二四‐二）とか、「偉大なる神」（第二巻二四‐一ほか）、「聖なる神」（第二巻五五‐一）、「いと高き神」（第二巻五一‐一）、「万物の主」（第二巻五五‐一ほか）、「全能なる神」（第三巻一七‐二）、「至善なる神」（第二巻七一‐七）、「全人類の救い主」（第二巻七一‐四）、「全能者、われわれの救い主、全人類の主・神」（第三巻五三‐四）、「全人類の主・神」（第三巻一七‐二）、「万物の守護者である神」（第三巻五三‐三ほか）、「救い主なる神」（第四巻三六‐一）といった呼称を用いているが、ここで注意したいのは、コンスタンティヌスがこの中のキリスト教的な響きのする「全人類の救い主……」「われわれの救い主……」「救い主なる……」を神を形容する語句としてもっぱら使用している事実である。それは彼がマクセンティウスに勝利して都ローマに入城したときに彼を出迎えた市民たちによって投げつけられた歓呼の声の一部「救済者（ソーテール）」でもあったはずである。確かに、コンスタンティヌスがキリストを指して「救い主」と言っているように思われる箇所は一つある。それはエルサレムの司教マカリウスへ宛てた書簡の中に見出される「救い主の受難の証拠」（第三巻三〇‐四）であるが、この一例があるからと言って、それはコンスタンティヌスがキリストを「救い主」と信じていたとすることなどできない。第四巻二〇‐一には、コンスタンティヌスが兵士たちに口にするよう命じた祈りが見られるが、「あなただけが神であることをわれわれは知っております。あなただけをわれわれは神として認めます。……」ではじまるこの祈りに、キリスト教的な響きのする語句を見出すことはできない。われわれの議論にとって重要なのは、コンスタンティヌスがその書簡やこの祈りの中でキリスト教的な響きのする語句をまったく使用していない事実である。

コンスタンティヌスには、キリスト教的な響きのする語句を使用する必然性がまったくなかった。彼自身が「第二のキリスト」だったからである。彼は公会議の開催をたびたび司教たちに呼びかけたが、「調停者」キリストとして呼びかけたのである。そして司教たちの集団に何度か会い、権力に弱い彼らの性格を見てとれば、彼の「第二のキリスト」の意識はますます昂じたものとなったであろう。エウセビオスは『生涯』の中に興味深い挿話を入れている。エウセビオスによれば、あるときコンスタンティヌスは司教たちに向かって次のように言ったというのである。「あなたがたは教会の中の司教であるが、予は教会の外の司教である」と。エウセビオスはこの言葉を彼が「口をすべらせて」言ったことにしているが、もしここでのコンスタンティヌスの言葉がエウセビオスの創作でなければ、それは看過することなど絶対にできないものになるし、またそれに反発した司教がいなかった事実も見逃せない。なぜならばこの発言こそは、そのときまでにコンスタンティヌスが、キリストの小羊である司教たちがすでにして自分の掌中にあることを見てとっていたことを物語るからである。

コンスタンティヌスが自分自身を「第二のキリスト」であると公言していたとは思われない。しかし、エウセビオスのような彼の権力に接近してくる司教にたいしては、「予はキリストだよ。都ローマに入城したときには、市民から、『主よ！』『救い主よ！』と呼ばれたではないか」と冗談めかして言っていたかもしれない。もちろん、そうした言辞はエウセビオスを当惑させたであろうが、ある時期以降の彼は、そのような言辞には驚かなくなっており、それを暗に認めたように思われる。それを示唆するのは、『生涯』に見られる、「唯一生まれた」を意味するギリシア語モノゲネースの用例である。エウセビオスはこのギリシア語を本書の中で四度ばかり使用しているが（第三巻三一-二、第三巻四六-一、第三巻五〇-二、第四巻七二）、ここで問題にしたいのは第三巻四六-一に見られるものである。それはコンスタンティヌスの母ヘレナの死に言及し、彼女を賛美するものであるが、エウセビオスはそこでコンスタンティヌスに言及するのに、彼が彼女の「唯一生まれた子・皇帝・単独支配者・世界支配者（モノゲネイ・フユイオイ・バシレイ・モナルコイ・コスモクラトイ）」であると言うのである。ここでの皇帝を意味するギリシア語バシレウスは、本来ならば「王」という訳語を与えることができるもので、もしそれが適切であるならば、エウセビオスはここでコンスタンティヌスをキリストに冠してもおかしくない形容語句、神によって「唯一もうけられた子・王・単独支配者・世界支配者」を使用して、コンスタンティヌスを暗にキリストに比していると見てとることも可能となる。エウセビオスは『生涯』の至る所で、「神に愛された」人物としてコンスタンティヌスに言及する。[1] そのさい用いられるギリシア語はテオフィレースである。キリストを指してこのギリシア語が用いられる例は、新約聖書にも教父の著作にもないことは認めるが、この形容詞の内容は、コンスタンティヌスの地位を「神に愛された」キリストの地位に等しいものにする。

（1）第一巻一〇-一、四一-一、五一-二、第二巻一一-一、七三、四五-一、六九-一。第三巻二-一、二五、第三巻四九、五一-二、第四巻三九-二、

(四) コンスタンティヌスとモーセ

モーセは、古代世界において、異教の著作家たちや、アレクサンドリアのフィロン、ヨセフスらによってもっともよく知られていた人物である。(1)

エウセビオスは『生涯』第一巻一二からコンスタンティヌスの物語を語りはじめるが、その冒頭に置かれるのは、モーセの生涯の一断片である。読者はここですでに、エウセビオスがコンスタンティヌスを語るにあたり彼を「第二のモーセ」にしようとしていることを、したがって彼が立ち向かうことになるマクセンティウスがファラオに比されることになると予想するか、善玉（コンスタンティヌスとキリスト教徒）と悪玉（マクセンティウス、リキニウス、異教徒）という単純な二元論で歴史が語られることになると予想する。

コンスタンティヌスを「第二のモーセ」「モーセの再来」に見立てるには、彼とモーセの間にそれなりに類似するものがなければならぬが、エウセビオスは二人の間の最大の共通項を「解放者」のイメージにもとめているように思われる。出エジプト記によれば、モーセはファラオの桎梏のもとに置かれていたイスラエルびと（ヘブルびと）を解放したが、エウセビオスによれば、コンスタンティヌスもまたマクセンティウスの暴虐のもとに置かれていたキリスト教徒を解放したのである。

モーセとコンスタンティヌスの比較は第一巻二〇と第一巻三八で繰り返される。それは『教会史』第九巻九を少しばかり展開させたものである。いや、『教会史』の記述を下敷きにしたものであると言った方がより正確かもしれない。第一巻二〇によれば、青年時代のコンスタンティヌスは「男らしく、頑健で、背は高く、潑剌として」おり、そのため、他の共同皇帝たちは嫉妬と恐怖心をもって彼を観察し、それればかりか、彼にたいして策謀を働いていたというのである。そしてまた前掲箇所によれば、コンスタンティヌスはこの策謀を「神から与えられた洞察力でもって一度ならず再三見破ると」、逃亡することで身の安全を図ったそうである。エウセビオスは、まさにこの点で、コンスタンティヌスが「あの大予言者モーセに似ていた」と言うのである。エウセビオスはここで共同皇帝たちの名前や、彼らの策謀の内容、コンスタンティヌスの逃亡先きを具体的には述べない。しかし、次に来る第一巻二一の冒頭に、「策謀家たちの陰謀から逃れると、コンスタンティヌスはただちに父のもとへ大急ぎで駆けつけました」とあるところから、われわれはコンスタンティヌスの逃亡先きが、父コンスタンティウスが臨終を迎えようとしていたブレタニアのヨークであることを知る。出エジプト記二〇-一一以下によれば、モーセはイスラエルの子らに課せられていた重労働ぶりを観察し、彼らの一人を打擲しているエジプト人監督官を殺害し、その発覚を恐れてミディアンの地に逃亡したが、本書においては、モーセ逃亡の理由が書き記されていないために、読者はコンスタンティヌスとモーセの比定を、この時点ではまだなんとなく認めてしまうわけである。ここでモーセが「大予言者」に格上げされていることは重要である。モーセに似ていた大帝コンスタンティヌスもまた「大予言者」の水準に置かれるからである。第一巻三八は、ローマ郊外のミルヴィオ橋で行なわれたコンスタンティヌスとマクセンティウスの間の戦いに言及するが、そこでのテベレ川はエリュトラ海(紅海)に見立てられている。その

(1) J. G. Gager, *Moses in the Greco-Roman Paganism* (New York, 1972)、秦剛平「古代世界におけるモーセ像とヨセフス」、同「ヨセフスのモーセ物語」参照。

ためエウセビオスは、出エジプト記一五-四（七十人訳）を引いて、「往時のモーセ自身と神を畏れるヘブルびとの時代に、『（主は）ファラオの戦車とその戦車とその軍勢を海に投げ込み、選り抜きの旗手や指揮官たちをエリュトラ海に沈めた』のですが、それと同じように、マクセンティウスや、彼の武装兵や衛兵も、『石のように（水）底に沈んで行った』のです」と言えるのである（ここで、エウセビオスが『教会史』で、ヘブルびととユダヤ人を区別していること、ここでも彼が両者を区別していることを指摘しておく）。マクセンティウスは小舟を結び合わせて浮き橋をつくり、それでもってテベレ川を行き来しようとしたらしいが、その橋は破壊され、そのため彼は小舟の上にいた兵士もろともに川底に消える。その光景はイスラエルびとを追尾してきて波にのまれてしまうファラオの軍勢と重なり合うものだったらしい。マクセンティウスは自分がつくった装置で滅びることになるが、その自業自得に唾してくれるのは詩篇七-一五-一六（七十人訳）の言葉、「彼は杭をつくり、それを掘ったが、自分のつくったその穴に陥るだろう。その労は自分の頭上に帰り、その邪悪さは自分の脳天に下るだろう」である。

出エジプト記一五-一〇に「彼らは荒れ狂う水の中を鉛のように沈んで行った」とある。エウセビオスは少しばかり手を加えて「聖なる託宣の予告どおり、水嵩の増した河に、『鉛のように沈んで行った』」と述べる。聖なる託宣の中の「荒れ狂う水」が「水嵩の増した河」に改められる。改変の理由は明らかである。テベレ河が荒れ狂うことはないからであり、また、マクセンティウスの兵士たちが鉛のように沈んで行くためには、水嵩が増してなければならないからである。出エジプト記一五によれば、ファラオの軍勢を壊滅させたモーセとその一行は、主に向かって「海のうた」をうたう。そこでエウセビオスは次に、出エジプト記一五-一一-二六、一五-一一を引くが、そのさい彼は次のように言う。「そこで、神の助けで勝利を得た者が、たとえ同じ言葉でなくとも、少なくとも行為そのものによって、あの偉大なしもべモーセや彼に従った者たちと同じように、あの古の不信仰な暴君（ファラオ）にたいしてうたった同じ歌をうたい、次のように言うことは許されるでしょう」と。この引用につづく第一巻三九は、帝都へのコンスタンティヌスの入城についての記述であるが、エウセビオスはそこで、「コンスタンティヌスは……あの偉大なしもべモーセのように、行為そのものでうたわれました。彼は、勝利の歌をうたいながら、帝都に入城されたのです」と述べることによって、「海のうた」をコンスタンティヌスの「帝都入城の凱旋歌」に変えている。読者は少なくともそう錯覚して読み進める。

エウセビオスの二元論における悪玉はマクセンティウスだけではなかった。リキニウスもそうだった。エウセビオスは、第二巻一二-一で、リキニウス征討のためのコンスタンティヌスによる遠征準備に触れる。エウセビオスによると、彼は幕舎の外で、そこから遠く離れた場所に天幕を張り、「そこにおいて節度正しい清い日常を送り、神に祈りを捧げた」が、その様子は「聖なる託宣が請け合うように、宿営の外に天幕を張った古代の神の預言者に似て」いたそうである。出エジプト記三三-七に「モーセは自分の天幕を取ると、宿営の外の、宿営から遠く離れた所に張った」とあることから、コンスタンティヌスのモーセとの比定はつづいているのである。出エジプト記によれば、その天幕に入れるのは「主に熱心に伺いを立てる者」であるが、エウセビオスはそれに該当する者たちを「信仰と敬神の念が皇帝のもとで証明されたごく少数の者」とする。

コンスタンティヌスに与えられた呼称にも注意を払いたい。モーセは民数記一二-七、八（七十人訳）で、主によって「わがしもべ（ホ・テラポーン・ムー）」と呼ばれているが、エウセビオスはこの呼称をコンスタンティヌスにも適用し、第一巻三八-五と第一巻三九-一で彼を「あの偉大なしもべ」と呼んでいる（第一巻四七-二参照）。モーセは申命記一八-一五―一八で「預言者」扱いされているが、彼は第一巻一二-一でも「預言者」、「神の預言者」として言及され、第二巻一二-一でも「古代の神の預言者」として言及されている。モーセはさらに、第一巻三-四で「古代においてあらゆる徳で輝いた神に愛された者」として言及されているが、読者は繰り返しなされる言及から、モーセに比定されているコンスタンティヌスもまた預言者と見なされているのだと理解するであろう。

エウセビオスはこのようにしてコンスタンティヌスをモーセに見立てているが、必ずしも最初から最後までそれを徹底させているわけではない。彼は『福音の論証』第三巻二-六で「モーセはユダヤ民族の最初の指導者である。彼はこの民族がエジプトの誤った多神教に耽っているのを見て、彼らをそこから引き離し、厳しい罰をもって偶像崇拝を禁じた最初の者である」と述べている。もしこれがエウセビオスのモーセ理解の一側面であったならば、彼は、コンスタンティヌスが偶像礼拝を禁じたり、偶像の杜を破壊したりする記事の中で、モーセを引き合いに出しても少しもおかしくなかったはずである。モーセはまたヘブルびとの律法制定者である。もしエウセビオスがこの理解をもっていたとしたならば、結婚法や遺言法を改定したコンスタンティヌスに言及するときには（第四巻二六）、そこでも彼をモーセに見立てることはできたはずで、たとえ、本来の文脈に合わなかったとしても、詩篇九-二〇の言葉「彼らの上に律法制定者を立てて下さい」

を引いたりすれば、そこでの比定にはそれなりの重みを与えることができたはずである。モーセは荒れ野でイスラエルの民に食べ物を与えたが、貧しい者へのコンスタンティヌスの慈善に言及するときにも、モーセを引き合いに出すことができたはずである。たとえ、モーセの与えた食べ物が天からのものであって、コンスタンティヌスのそれが彼自身の財布か帝室金庫からのものであってもである。もしエウセビオスがコンスタンティヌスとモーセの間に見られるこれらの類似を強調しておけば、コンスタンティヌスを「第二のモーセ」「モーセの再来」と囃し立てることはできたはずである。しかし彼はそうはしなかった。モーセとの比定は「解放者」のイメージの所で終わっているのである。なぜそうなってしまったのか。それは前項で見たように、ある時期以降のコンスタンティヌスは自分自身を「第二のキリスト」「キリストの再来」と見なし、エウセビオス自身がそれを認めていたからではなかったか。

㈤『生涯』の反ユダヤ主義

エウセビオスは『教会史』の最初の三巻で、明確な反ユダヤ主義の立場から、「キリストの出現とその時代」を描いている。彼は同書第二巻一-一で、使徒言行録七-五四以下に登場するステファノに言及し、「主殺し」の意で複数形の「キュリオクトノイ」という言葉を造語し、ステファノが「主殺したちによって石打ちの刑に処された」と述べている。彼はまた、同じ『教会史』の最初の三巻で、「キリストにたいする犯罪」（第二巻五-六、第二巻六-八）、「救い主にたいする犯罪」（第二巻五-七、第二巻六-三）、「使徒たちにたいする陰謀」（第二巻一〇-一）、「パウロへの陰謀」（第二巻二三-一）、「彼（主の兄弟ヤコブ）にたいする彼らの犯罪」

（第二巻二三-一）、「彼（主の兄弟）にたいする犯罪」（第二巻二三-一九）、「主への犯罪」（第三巻五-二）、「主の使徒たちにたいする……陰謀」（第三巻五-二）、「キリストや使徒たちへの……悪質な犯罪」（第三巻五-三）、「神のキリストへの彼らの無法」（第三巻五-七）、「神のキリストへの無法」（第三巻七-一）、「キリストにたいする犯罪」（第三巻七-八）と、「犯罪」「陰謀」「無法」を連呼して、『教会史』の読者に、ユダヤ民族の者たちが主殺し・キリスト殺しだったばかりか、主の兄弟や使徒たちにも陰謀を働いた者だったことを示し、そうすることによってユダヤ人たちの罪を途方もなく大きなものにし、彼らはその犯罪にたいして「民族全体」で未来永劫に責任を負わねばならぬとする、とんでもない理論を強固なものにする。

『生涯』は、『教会史』とは性格を異にする。それだけに、そこでは声を大にしての反ユダヤ主義の罵声や怒声は聞けない。しかし、それでもそこには、反ユダヤ主義的な言辞を進んで許容するエウセビオス自身の態度は垣間見られる。第三巻一七―二〇では、コンスタンティヌスから諸教会へ宛てた書簡が挿入されている。その書簡は、諸教会の間で、復活祭の日取りに一致があるようにとコンスタンティヌスがニカイアの公会議で訴えたものである。一部の教会が復活祭をユダヤ人の慣習にしたがってパスカ（過ぎ越しの祭り）の日に執り行なっていたからである。コンスタンティヌスはその書簡の中で、「（会議の）冒頭、この至聖なる祝祭をユダヤ人の慣習に従って執り行なうのは適切でないとする意見が表明された。ユダヤ人たちは己の手を恐ろしい犯罪で汚したので、そのような汚れた者は、当然のことながら、その魂を盲目にしている。これまでこの民族は拒絶されてきたので、われわれが受難の第一日から今日まで守ってきた真実な制度により、未来永劫にこれを遵守することは可能である。それゆえ、汝らとユダヤ人の忌むべき大衆の間に共通のものがないようにするがよい」(一八-二)とか、「いったいこの者たち(ユダヤ人たち)は、何を正しく考えることができるというのか。彼らは、あの主殺しの後で、あの父殺しの後で、正しい判断から遠ざかり、うちに潜む彼らの狂気が彼らをどこに導くにせよ、理性によってではなく抑制のきかぬ激情によって導かれている。それゆえ、彼らはまさにこの点で、真実を見ていないことになる。……」(一八-四)、「それゆえ、あの父殺し、あの主殺しの民族とは何も共有しない仕方で、この問題が正されるのが適切だったので、……」(一九-一)、「このような聖なる事柄において分裂があるのは遺憾であり、他の者(ユダヤ人)の迷妄と罪が混じり込んでいないこの判断に従うのは最善である」(一九-二)と述べているが、[1] 問題は、エウセビオスがここでこの書簡を挿入し、コンスタンティヌスという帝国の権力の口に自分の反ユダヤ主義の立場を仮託していることである。エウセビオスは挿入したコンスタンティヌスの言辞に何の批判的なコメントも加えていない。それどころか彼は、この書簡がそれを読む者にコンスタンティヌスの思いの中にある「神への聖なる献身の純粋さを垣間見ること」が許されるとさえ言うのである。第四巻二七は、コンスタンティヌスが発布した「キリスト教徒の奴隷に関する法令」に言及する。エウセビオスは、コンスタンティヌスが「いかなるキリスト教徒

(1) われわれはこの言辞から、コンスタンティヌスがユダヤ人たちを迫害したと考えるとしたら、それは誤りである。この言辞は教会的な言辞であると理解すべきである。なぜなら、コンスタンティヌスがユダヤ人たちを迫害したり弾圧した痕跡はどこにも見られないからである。ユダヤ教は、コンスタンティヌスの時代にも、ユリウス・カエサル以来保障されてきた帝国の「公認宗教」の地位を享受できていた。

もユダヤ人に奴隷として仕えてはならぬ」と法令で定めた上で、「救い主によって贖われた者が奴隷の頸木によって預言者殺しにして主殺しである者たちに服するのは正しくないからである」と法令発布にコメントする。ここでの「預言者殺し」、「主殺し」は、エウセビオスが特愛する、人類の文化史上、最低・最悪なレッテルである。

六 『生涯』のギリシア語コデックス

『生涯』のギリシア語コデックスの最古のものは、現在バチカン図書館に所蔵されている十世紀のコデックス *Cod. Vat. gr.* 149（略号V）である。これにはコンスタンティヌスの名を語って書かれた「聖徒たちへの弁論（*Oratio ad sanctos*）」が付されている。それはエウセビオスが、本書第四巻三二で、コンスタンティヌスがラテン語で著わして宮中の翻訳技官の手でギリシア語に訳された「聖徒たちの集会」に言及し、その演説文を本書の末尾「添付する」つもりであると約束しているため、それに該当すると思われる「聖徒たちへの弁明」が『生涯』の第五巻として置かれているわけである。

前掲の最古のコデックスにつづいて重要なのは、モスクワ大学所蔵の十二世紀のコデックス *Cod. Mosq. gr.* 50（略号J）、同じくヴェネチアにある聖マルコ寺院付属図書館所蔵の十二世紀のコデックス（キャメロンはモスクワ・コデックスと誤記）*Cod. Marc. gr.* 340（略号N）、パリ国立図書館所蔵の十三世紀のコデックス *Cod. Par. gr.* 1437（略号A）、同じくパリ国立図書館所蔵の十四世紀のコデックス *Cod. Par. gr.* 1432（略号B）である。最初のモスクワ大学所蔵のコデックスは、本書のギリシア語テクストばかりか、エウセビオスの『教会史』

と『コンスタンティヌスへの頌辞』をも含むものである。また『教会史』のいくつかのテクスト、たとえば、フィレンツェのラウレンティウス図書館所蔵の十世紀のコデックス *Codd. Laur. gr. LXX*. 29や、パリ国立図書館所蔵の十一世紀のコデックス *Paris gr.* 1431、パリ国立図書館所蔵の十一世紀か十二世紀のコデックス *Paris gr.* 1433は、本書の第二巻二四―四二に挿入されている文書、すなわち引用される皇帝関係の一五文書のうちでもっとも長いものとされる「パレスチナの地方知事たちへ宛てたコンスタンティヌスの書簡（ないしは法令）」を含んでいる。なお、既述のように、この書簡の、第二十六章の終わりの部分と第二十七章と第二十八章、そして第二十九章のはじめの部分は、「ロンドン・パピルス八七八（Papyrus Londoniensis 878）」の裏面に書かれているギリシア文と一致している。

『生涯』を四巻本（四部分）とする構成は、エウセビオス自身がテクストに与えた指示によるものではなく、前掲VJNABMなどのコデックスに見られるものである。本書の章立ても同じである。コデックスには夥しい数の「小見出し（タ・ケファライア）」が、すなわち第一巻には五九の小見出しが、第二巻には七三の小見出しが、第三巻には六六の小見出しが、そして第四巻には七五の小見出しが付されているが、キャメロンはそれが「エウセビオスの計画や思想のよりよい入門になる」と考えて、ウィンケルマンのテクストにあるそのすべて（三一―一三頁）を訳出したばかりか、解説の中でまとめている。しかし訳者にはその小見出しが必ずしも適切なものではなく、それを付すことで本文を読みつづける読者の努力が損なわれる恐れがあるように思われた。本訳書においては小見出しは最小必要なものであり、それらは訳者自身が前後の文脈を考慮しながらつくったものである。

なお、本書のコデックスの伝達の複雑な歴史はウィンケルマンの解説九―一六頁に詳しいので、そちらを参照してほしい。

七 『生涯』の印刷本

a ギリシア語テクストの印刷本

『生涯』のギリシア語テクストの最初の印刷本は、一五四四年にパリでステファヌスによってつくられたものである。それにつづくのは一六一二年にジュネーブでつくられたいわゆる「ジュネーブ版」である。本書の第四巻の第五十六章の終わりの部分から第五十八章のはじめの部分には大きな欠落が認められるが、ウィンケルマンはその部分のギリシア文をこの「ジュネーブ版」から補い、それをテクストの異読欄で掲げる(二四四頁)。キャメロンはそれを[ ]の中に入れて本文の中に組み込んでいる。本訳では、活字のポイント数を落として、本文に組み込んでいる。なおソクラテス『教会史』第一巻一八は、この欠落部分を映し出しているとする議論もあるので、その訳文を以下に掲げておく。ただし、ウィンケルマンの異読欄はそれへの言及はしていない。

キリスト教への皇帝の献身はかくも大きなものだったので、ペルシアとの戦争に乗り出そうとしたときには、ちょうどモーセが荒れ野の中でしたように、教会(の建造物)をもとに、刺繍をほどこした亜麻布で用意したのである。これは一所から他所へと運搬可能なようにつくられていたが、それというのも彼が、もっとも人里離れた場所においても、祈りの家をもてるようにするためだった。しかし、そのときは、皇帝の恐怖心のため、戦争には至らなかった。……

b　ラテン語訳、仏訳、独訳、英訳

『生涯』の翻訳はラテン語訳にはじまる。最初のラテン語訳は、一五四九年にバーセルで出版されたポルテシウス訳であるが、この十六世紀には、パリ、アントワープ、ケルンでも諸種のラテン語訳が出版されている。十七世紀も同じである。十八世紀になるとケンブリッジでもヴァレシウスの訳が出版されている。ギリシア語テクストにラテン語訳が付されたものも出版される。前掲一六一二年の印刷本には『コンスタンティヌスへの頌辞』のギリシア語テクストと一緒にジョン・クリストフォーソン（John Christophorson/Christoperson）司教によるラテン語訳が付されているが、その訳は司教の亡くなった翌年の一五五九年にアントワープで出版されたものである。最初の仏訳は十七世紀の前半に J. Morin によってなされ、後半に Cousin によってなされている。最初の独訳は十八世紀の後半 Stroth, Quedlinb によって、また十九世紀の後半に Molzberger, Kempten によってなされている。もっとも古い英訳は十七世紀の Merideth Hanmer のもので、同世紀には Wye Saltonstall 訳も出版されている。十九世末には訳者未詳の英訳がロンドンの Samuel Bagster and Sons から出版されると同時に、McGiffert 訳も出版されている。近代語訳にはイタリア語訳やスペイン語訳もあるが、ここでは触れない。訳者の守備範囲の外にあるからである。

c　批判的校訂本

『生涯』の最初の批判的な校訂本は I. A. Heikel, *Eusebius Werke I. Über das Leben Constantins, Constantins Rede an die heilige Versammlung. Tricennatsrede an Constantin*, GCS *Eusebius*, i (Leipzig, 1902) である。現在、信頼できる批判的な校訂本は一九七五年にベルリンで出版された F. Winkelmann, *Über das Leben des Kaisers Konstantin*, GCS *Eusebius*, 1/1 (Berlin, 1975, rev. 1992) である。本書の翻訳は一九九一年に出版された第二版を底本とした。

八　『生涯』の翻訳とコメンタリ

『生涯』の翻訳で参考にしたのは Averil Cameron and Stuart G. Hall, Eusebius, *Life of Constantine* (Oxford: Clarendon Press, 1999) である。訳者はキャメロン教授のこの訳書に多くを負うが、同時にまた、非常に多くの箇所で彼女のテクスト理解に同調していない。

キャメロン教授のコメンタリは重厚長大である。「解説」に当てた頁数が六六頁、テクストの翻訳が一一六頁、コメンタリ部分が一六八頁であると指摘すれば、キャメロン教授がそのコメンタリづくりにいかに心血を注いだかが分かるであろう。当然のことながら、そのコメンタリは学説史を踏まえたものになっている。訳者のコメンタリづくりもキャメロン教授のそれに非常に多くを負っているが、学説史を踏まえた議論は一部の西洋史の研究者には興味深いものとなるであろうが、一般の読者には煩わしいものになるように思われたので、キャメロン教授のコメンタリをそのまま引き写している箇所は少ない。学説史に興味のある読者や研究者は、直接、前掲のキャメロンの訳書を座右に置かれることをお勧めする。

最後に、『生涯』の訳文について一言。本書の翻訳では、エウセビオスとコンスタンティヌスの力関係を考慮し、また本書の一部がコンスタンティヌスの葬儀で捧げた「弔辞」でもあるために、地の文でも「丁寧語」を使用した。本書の翻訳では、主語を明示するために、本文にはない固有名詞を註の中で断った上でしばしば補った。なお、エウセビオスは同音ではじまる形容詞や名詞を二つかそれ以上並置して言葉遊びを頻繁に行なっているが、それを示す訳文をつくることはできず、その箇所を註において示すにとどまった。京都大学学術出版会の本シリーズに収められている拙訳フィロンの著作もそうであるが、言葉遊びを翻訳の上で活かせたならば、それが頻出する書物から受ける読者の印象は、活かせない場合のそれから受ける印象とはまた別のものとなろう。そのような訳文を提供できない無力と非力を恥じる。

九　参考文献

(一) 一次資料

エウセビオス『教会史』一〇巻（三分冊）、秦剛平訳、山本書店。

エウセビオス『福音の論証』、『中世思想原典集成1 ―― 初期ギリシア教父』久松英二訳、平凡社所収。ただし、収録されているのは『福音の論証』三巻第一―七章のみ。

エウセビオス「教区の信徒への手紙（＝カエサリアの教会へ宛てた手紙）」、『中世思想原典集成2 ―― 盛期ギリシア教父』小高毅訳、平凡社所収。

この集成にはアレイオス「書簡集」、アレクサンドリアのアレクサンドロスが書いた「すべての司教宛ての手紙」、アタナシオス「ロゴスの受肉」なども小高毅訳で含まれている。

エウセビオス『コンスタンティヌスへの頌辞』(H. A. Drake, *In Praise of Constantine: A Historical Study and New Translation of Eusebius' Tricennial Orations* [Berkeley, CA: University of California Press, 1976])。

エウセビオス『聖徒たちへの弁明』(*Constantine and Christendom, The Orations of the Saints; The Greek and Latin Accounts of the Discovery of the Cross; The Donation of Constantin to Pope Silverster*, trans. with introduction and notes by Mark Edwards [Liverpool: Liverpool University Press, 2003])。

『聖徒たちへの弁明』については、前掲六で触れた「『生涯』のギリシア語コデックス」参照。なお、ここで取り上げられている『ギリシア語とラテン語による、十字架の発見顛末記』および『教皇シルウェステルへのコンスタンティヌスの寄進』は、後の時代の伝説物語であり、コンスタンティヌス自身の手になるものではない。

オプタトゥス『ドナトゥス派駁論』(Oputatus, *Against the Donatists*, trans.by Mark Edwards [Liverpool: Liverpool University Press, 1997])。

オプタトゥスは四世紀のミレウの司教で、反ドナトゥス主義者。本書にはコンスタンティヌス関係の資料がすべて集成されていて便利である。

『復活節暦日表』(*Chronicon Paschale, 284-628AD*, trans. with notes and introduction by Michael Whitby and Mary Whitby [Liverpool: Liverpool University Press, 1989])。

本書は七世紀前半にコンスタンティノポリスで成立した、アダムからヘラクリウス帝の二十年目（六二八年）までの年代記的著作。この著作の中で価値のあるのは「七世紀についてのみ」（H・クラフト）と酷評されたりする。

J. Stevenson ed., *A New Eusebius* (London: S.P.C.K, 1957).

本書はイエスの兄弟ヤコブの死（ヨセフス『ユダヤ古代誌』第二十巻九―一）からはじめてコンスタンティヌスの最期（『生涯』第四巻六―七三）までの教会の歴史を、諸資料からの三一九の抜粋だけで構成する。

秦剛平訳『七十人訳聖書Ⅰ　創世記』、河出書房新社。
秦剛平訳『七十人訳聖書Ⅱ　出エジプト記』、河出書房新社。
秦剛平訳『七十人訳聖書Ⅲ　レビ記』、河出書房新社。
秦剛平訳『七十人訳聖書Ⅳ　民数記』、河出書房新社。
秦剛平訳『七十人訳聖書Ⅴ　申命記』、河出書房新社。

エウセビオスがその著作の中で引用する聖書はすべて七十人訳聖書である。右はゲッチンゲン版をもとにした邦訳である。

一次資料についての簡単な解説は、
Michael Grant, *The Emperor Constantine* (London: Weidenfeld & Nicolson, 1993) の第一章の「資料（The Sources）」

参照。

(二)二次資料(論集と論文を中心にして)

秦剛平+H・W・アトリッジ編『エウセビオス研究①──キリスト教の起源と発展』、リトン。

(収録論文)イエスとユダヤ教──ユダヤ人の視点から(D・フルッサル)、イエスとユダヤ教─キリスト教徒の視点から(R・ホースリー)、エウセビオスと福音書(P・セルー)、初期キリスト教文献に見られるパウロ(P・ゴーディ)、使徒伝説(D・R・マクドナルド)、西方ラテン世界における司教制の展開(C・A・ボバーツ)、エウセビオスとシリア語圏のキリスト教(S・P・ブロック)、修道院生活の起源(J・E・ゲーリング)、エウセビオスの女性観(E・A・クラーク)、初期キリスト教美術とユダヤ教美術(J・グットマン)。

秦剛平+H・W・アトリッジ編『エウセビオス研究②──キリスト教の正統と異端』、リトン。

(収録論文)エウセビオスとグノーシス教(B・A・ピアソン)、エウセビオスと復活祭論争(W・L・ピーターセン)、ユダヤ人キリスト教(A・F・シーガル)、キリスト教の自己確認(松永希久夫)、ユダヤ教の改宗運動(L・H・フェルトマン)、『ミシュナー』(A・J・エイヴリペック)、オリゲネス主義者のエウセビオス(C・カネンギーサー)、エウセビオスの『年代記』とその遺産(W・アドラー)、『教会史』の護教的次元(A・J・ドロッジ)、テュアナのアポロニオスとエウセビオス(A・メンデルソン)、イエスはいかさま師・魔術師だったのか(F・W・ノリス)。

秦剛平+H・W・アトリッジ編『エウセビオス研究③──キリスト教とローマ帝国』、リトン。

（収録論文）エウセビオスの旧約聖書（U・ウルリッヒ）、七十人訳聖書（E・トーブ）、聖霊と探求（水垣渉）、聖書の論争的解釈者としてのエウセビオス（M・J・ホラリッヒ）、古代キリスト教世界における殉教と棄教（佐藤義吉昭）、コンスタンティヌス帝とエウセビオス（T・D・バーンズ）、エウセビオスと皇帝のプロパガンダ文書（R・M・グラント）、エウセビオスとその後継者たち（G・F・チェスナット）、教会法とユダヤ人（W・パクター）、エウセビオスとキリスト教の聖地（R・L・ウィルケン）。

Gohei Hata and Harold W. Attridge eds., *Eusebius, Christianity, and Judaism* (Wayne State University Press, E. J. Brill, 1992).

本論集は前掲『エウセビオス研究』三分冊の国際版。

秦剛平「エウセビオスの『教会史』に見る反ユダヤ主義」、『研究紀要』一三、多摩美術大学。

エウセビオスは『教会史』の最初の三巻でヨセフスの著作を引用して救い主の登場したときから対ローマのユダヤ戦争までの教会の発展の歴史を記述しているが、本論文は、エウセビオスによるそこでのヨセフス引用はすべて、反ユダヤ主義的な立場からなされたヨセフスの著作の悪用であり、誤用であり、濫用であることを論じたものである。

Gohei Hata, "Eusebius and Josephus: The way Eusebius misused and abused Josephus" in *Patristica*—Proceedings of the Colloquia of the Japanese Society for Patristic Studies (Supplementary Volume 1, 2001).

本論文は秦がオックスフォード大学のウルフソン・カレッジで行なった講演にもとづく。

秦剛平「古代世界におけるモーセ像とヨセフス」、『ペディラヴィウム』一八。

秦剛平「ヨセフスのモーセ物語について」、『基督教学研究』六。

――以下はアイウエオ順

大月康弘「初期ビザンツ帝国における教会の税制特権について――テオドシウス法典の分析を中心にして」、『史学雑誌』九八―一〇。

小田謙爾「テオドシウス法典中のユダヤ人関係律法」、『史観』一二五。

栗本薫「コンスタンティノープル三三〇年」、『史林』七一―二。

後藤篤子「〈ミラノ勅令〉をめぐって――クリステンセンの復元を中心に」、『法政史学』三九。

後藤篤子「キリスト教ローマ帝国における宗教闘争」、伊東貞夫・弓削達編『ギリシアとローマ――古典古代の比較史的研究』、河出書房新社所収。

後藤篤子「ローマ帝国における「異教」とキリスト教」、歴史研究会編『古代地中海世界の統一と変容』、地中海世界史1、青木書店所収。

盛節子「ローマ帝国における対キリスト教迫害の法的根拠」『キリスト教史学』三五。

島創平「ローマの奴隷制とキリスト教」、『研究紀要』三〇、東洋英和女学院短大。

高橋秀「ラクタンティウスの正義論」、『史学雑誌』六三―四。

豊田浩志「後期ローマ帝国とキリスト教（一）」、『史学研究』（広島史学研究会）一一七。

豊田浩志「後期ローマ帝国とキリスト教（二）」、『史学研究』（広島史学研究会）一三〇。

豊田浩志「《大迫害》直前のローマ帝国とキリスト教――ラクタンティウス史料を中心として」、『美作女子大学研究紀要』一二。

豊田浩志「Gallienusのいわゆる「キリスト教寛容令」について」、『西洋古典学研究』二八。

豊田浩志「《大迫害》直前のローマ帝国とキリスト教――エウセビオス史料を中心として（一）」、『美作女子大学研究紀要』一三。

豊田浩志「ローマ帝国とキリスト教――古代世界と中世世界の狭間で」、武内正三・坂田正二編『ローマから中世へ』渓水社所収。

豊田浩志「シンポジウム「迫害と殉教」――紀元三・四世紀におけるローマ帝国とキリスト教」、『キリスト教史学』四〇。

豊田浩志「エウセビオス『教会史』叙述の信憑性に関する一考察」、『西洋古典学研究』三九。

豊田浩志「「ディオクレティアヌスのキリスト教大迫害」勃発原因論をめぐって（一）」、『上智史学』三七。

豊田浩志「「ディオクレティアヌスのキリスト教大迫害」勃発原因論をめぐって（二）」、『上智史学』三八。

豊田浩志「「ディオクレティアヌスのキリスト教大迫害」勃発原因論をめぐって（三）」、『上智史学』四一。

豊田浩志「エウセビオス研究――思想形成期における」、広島大学大学院・修士論文。

長友栄三郎「ユリアヌスの統治、ユリアヌスとキリスト教」、『キリスト教ローマ帝国』創文社所収。

新田一郎「コンスタンティノポリスの建設とその意義」、『史林』四二―五。

新田一郎「コンスタンティヌスの改宗――その時期と動機をめぐって――」、『西洋史学』五三。

新田一郎「コンスタンティヌスと太陽宗教」、『史林』四六―一。

新田一郎「ドナティズム運動に関する一考察――セクト運動の性格と意義」、『西洋史学』七〇。

新田一郎「ミラノ勅令をめぐる諸問題」、『ヨーロッパキリスト教史』一。

秀村欣二「背教者ユリアヌスの精神形成――ユリアヌス研究序説」、『歴史と文化』東大教養学部人文科学科歴史学紀要、一九五一。

秀村欣二「背教者ユリアヌス帝と古代末期世界観」、『歴史と文化』三。

秀村欣二「コンスタンテイヌス一世とその時代」、『研究紀要』三〇、東洋英和学院短大。

秀村欣二「コンスタンティヌス帝とキリスト教」、斉藤茂ほか編『聖書とその周辺』伊東節書房所収。

秀村欣二「〈背教者〉ユリアヌスの宗教政策」、荒井献ほか編『神話・文学・聖書――西洋古典の人間理解』、教文館所収。

松本宣郎「キリスト教大迫害（三〇三―三一三年）研究――史料と年代決定に関する研究動向から」、『史学雑誌』八五―一。

松本宣郎「迫害帝ガレリウス――三一一年の寛容令をめぐって」、『西洋史学』一〇五。

松本宣郎「キリスト教大迫害――四世紀初頭のキリスト教徒とローマ帝国」、伊東貞夫・弓削達編『古典古代の社会と国家』東京大学出版会所収。

松本宣郎「キリスト教徒迫害と奴隷――大迫害史料を中心に」、『研究年報』東北大学文学部、二八。

松本宣郎「古代地中海世界とキリスト教」、『研究年報』宮城学院女子大・基督教文化研究、二三。

松本宣郎「古代末期のローマ帝国とキリスト教――コンスタンティヌスからコンスタンティウス二世へ――」、佐藤伊久男・松本宣郎編『歴史における宗教と国家』南窓社所収。

松本宣郎「ローマ皇帝とキリスト教」、『紀要』東北学院大学キリスト教研究所、一二。

松本宣郎「扇動家としての司教たち――アタナシオスの場合」、平田隆一・松本宣郎編『支配における正義と不正』所収。

森朋子「コンスタンティヌス帝の宗教政策と神観念の変遷――書簡による分析」、『関西西洋史論集』一六。

弓削達「マクセンティウスとコンスタンティウス」、『一橋論叢』二八-四。

弓削達「エウセビオス史学の一性格とその系譜に関する若干の覚書」、『史学雑誌』六一-七。

弓削達「エウセビオスとの関係より見たるコンスタンティヌス問題の若干の側面」、『青山経済論集』三-二。

弓削達「コンスタンティヌス大帝とキリスト教の問題――『ウィタ』と貨幣を中心にして」、増田編『現代歴史学』。

弓削達「コンスタンティヌス大帝と太陽宗教の問題」、『史学雑誌』六三-二。

弓削達「コンスタンティヌス論争の進展（一）」、『一橋論叢』四一-五。

弓削達「コンスタンティヌス論争の進展（二）」、『一橋論叢』四二-二。

弓削達「ローマ皇帝と司教――三一三年における」、『一橋論叢』四四-二。

弓削達「Vita Constantini 研究の進展」、『史学雑誌』六九-二。

(三) 一般書（著者また編者のアイウエオ順）

青柳正規『皇帝たちの都ローマ――都市に刻まれた権力者像』、中公新書。

イェディン、H『公会議史』梅津尚志ほか訳、南窓社。

本書はニカイアからバチカンまでの公会議の歴史を扱ったもの。

井上浩一『生き残った帝国ビザンティン』、講談社現代新書。

ウィルケン、R・L『ローマ人から見たキリスト教』、三小田敏雄、松本宣郎ほか訳、ヨルダン社。

本書はローマ世界に拡散したキリスト教を異教（ローマ人）の立場に立って見直したもので、新鮮な視野を読者に提供する。古代世界におけるキリスト教の誕生と展開を肯定する伝統的で、権威主義的な歴史記述に挑戦する優れた書物。

岡崎勝世『聖書 vs. 世界史』講談社現代新書。

岡崎勝世『世界史とヨーロッパ――ヘロドトスからラーステインまで』、講談社現代新書。

本書はキリスト教的歴史観の成立の過程を明らかにすると同時にその歴史観を根本から問い直す好著であるが、エウセビオスの『教会史』や『生涯』への言及や批判はない。

小川英雄『ローマ帝国の神々』、中公新書。

大澤武男『ユダヤ人とローマ帝国』、講談社現代新書。

本書は対ユダヤ人政策に関わる教会決議やローマ法に触れている。

小高毅編『原典　古代キリスト教思想史』、教文館。

本書は四世紀から五世紀にかけての「教会教父の黄金時代」を築いたアレイオスからダマスコのヨアンネスまでの三〇人の教会著作家ならびにその著作を抜粋の形で紹介したもの。編者の小高氏はこの分野での開拓者的仕事をしている第一人者。

ギボン、エドワード『ローマ帝国衰亡史』、全一一巻、中野好夫ほか訳、筑摩書房。

本書の第二巻（二六八―三二三年）と第三巻（三二四―三六三年）は重要。

ギボン、エドワード『新訳・ローマ帝国衰亡史』、中倉玄喜訳、ＰＨＰ研究所。

本書は前掲書のリーダース・ダイジェスト版。

クラフト、Ｈ『キリスト教教父事典』、水垣渉・泉治典監修、教文館。

本書は一般読者を教父の世界に誘う事典であるが、その記述にはムラがある。本事典の日本語訳の価値を飛躍的に高めているのは、巻末に付された「教父関連年表」「文献案内」「欧文→和文項目対照表」「欧文書名索引」「和文書名索引」である。なお、「文献案内」のラテン教父に目をやると、日本の教父学者の関心がもっぱらアウグスティヌスにのみに偏り、ラテン教父全体を見るものでなかったことが分かって面白い。

塩野七生『迷走する帝国――ローマ人の物語XII』、新潮社。

上智大学中世思想研究所編訳『キリスト教史第二巻――教父時代』、講談社。

本書はコンスタンティヌスが死の直前以前にキリスト教徒に改宗していたとし、それは「まったく疑いを入れない事実である」（三三頁）と強調し、また『コンスタンティヌスの生涯』（本書では『コンスタンティヌス大帝伝』）は「エウセビオスの名で出版されたが、疑いもなくカイサリアの司教座を継いだ彼の後継者の一人によって完成されたものである」（三七頁）と断言する。ここには本書が、第二次世界大戦の少し前に雑誌 Byzantion 13（1938）、14（1939）で、エウセビオスが『コンスタンティヌスの生涯』の著者でなかったとか、コンスタンティヌスがキリスト教へ改宗することはなかったと強力に主張したH・グレゴワールの論文の影響から抜け切れていないことを認めることができる。

辻邦生『背教者ユリアヌス』、中央公論社。

本書はキリスト教信仰を憎み、キリスト教を否定しようとした皇帝ユリアヌスの世界観を、豊かな想像力をもつ作家として表現したもの。

豊田浩志『キリスト教の興隆とローマ帝国』、南窓社。

本書はエウセビオスをはじめとする古代のキリスト教文献を二〇年以上にわたって読み解いてきた著者による書物。著者の得意とする資料分析には学ぶところが多い。

新田一郎『キリスト教とローマ皇帝』、教育社。

バワーソック、G・W『背教者ユリアヌス』、新田一郎訳、思索社。

本書はユリアヌス自身の文書をも含む同時代の資料を厳密に分析し、同時代にあってすでに伝説化されたものは使用資料から除外し、独特な個性をもった人間ユリアヌス像を提示している。

ブルクハルト、ヤーコプ『コンスタンティヌス大帝の時代――衰微する古典世界からキリスト教世界へ』、新井靖一訳、筑摩書房。

十九世紀が生んだこのすぐれた美術史家・文化史家は、エウセビオスの資料的価値について、彼の「著書は、すべての歴史家が彼にしたがっているとはいえ、彼の著書に指摘されているおそろしくたくさんの歪曲、隠し立て、そして捏造のことを考えると、もう決定的資料としての役割を果たすいかなる権利もまったく持っていない」（四一〇頁）と酷評し、また十字架の幻に関しては「エウセビオスと彼の剽窃者たちがコンスタンティヌス帝のマクセンティウス帝に対する出征の途上で起こしているあの有名な奇蹟は、どうやら歴史的叙述から省略されてよいのかもしれない。それは、この奇蹟が伝説の価値さえ持たず、大体出所がよく知られていないからであり、むしろあのあと長いあいだたってようやくコンスタンティヌス帝からエウセビオスに語られ、またこのエウセビオスによってわざと曖昧に誇張して書き留められたからである。……」（四一四頁）と述べている。どちらも一読に値するコメントであるが、それゆえ現代のエウセビオス研究家の頭の片隅にはつねにブルクハルトの挑戦があると言われる。

ホプキンス、キース『神々にあふれる世界』、岩波書店。

神々が共存していたローマ世界において、キリスト教がどのようにして登場し、帝国の公認の宗教になっていったかを論じたもの。ケンブリッジ大学の古代史の碩学である著者はキリスト教の勝利を自明のものとしない、「無神論者」の立場に立つ。本書の評価はキリスト教世界では二分されるが、日本においては好意的に読まれるであろう。

松本宣郎『キリスト教徒大迫害』、南窓社。

Barnes, Timothy D., *Athanasius and Constantius: Theology and Politics in the Constantinian Empire* (Cambridge,

Mass.: Harvard University Press, 1993).

Barnes, Timothy D., *From Eusebius to Augustine:* Selected Papers 1982-1993 (Variorum, 1994).

Chesnut, Glenn F., *The First Christian Histories—Eusebius, Socrates, Sozomen, Theodoret, and Evagrius* (Macon GA: Mercer University Press, 1986).

本書はエウセビオスからエウァグリウスに至るまでのキリスト教著作家の歴史思考を明らかにしたもので、エウセビオスと彼以降に書かれたさまざまな『教会史』の理解にとって重要である。なお、グレン・チェスナットの論文「エウセビオスとその後継者たち」は、前掲『エウセビオス研究③』に所収されている。

Jones, A. H. M., *The Later Roman Empire 284-602* (2 vols.; Baltimore: The John Hopkins University Press, 1986).

本書は三世紀末から七世紀初頭までのローマ帝国の社会や経済、行政機構などを調べたもの。第一巻にはコンスタンティヌス関係の深い考察がみられる。

Krautheimer, Richard, *Three Christian Capitals: topography and politics* (Berkeley, CA: University of California Press, 1983).

本書は古代の三つのキリスト教的都市、ローマ、コンスタンティノポリス、ミラノを地誌学的に考察したもの。多数の図版が組み込まれている。著者は著名な美術史家。

Rohrbacher, David, *The Historians of Late Antiquity* (London and New York: Routledge, 2002).

本書はエウセビオス以降の者で、ギリシア語やラテン語で著作したキリスト教側と非キリスト教側の歴史家一二人を取り上げ、その著作の目的や性格などを手際よく紹介している。

Stemberger, Gunter, *Jews and Christians in the Holy Land: Palestine in the Fourth Century* (trans. Ruth Tuschling; Edinburgh: T&T Clark, 2000).

本書はローマ帝国のキリスト教化がユダヤ人たちに与えた影響を、入手しうるすべての資料にもとづいて考察したもの。

㈣ 文献表（欧文）

『エウセビオス研究③』（前出）五一八―五五九頁。

この欧文文献表では、一九九二年までに出版されていた主だった出版物が、A＝エウセビオスの各テクストと翻訳、B＝研究書に分類されている。

右以外にも一九八一年までの重要な文献は、

Barnes, Timothy D., *Constantine and Eusebius* (Cambridge, Mass.: Harvard University Press, 1981) の「巻末文献表」参照。

一九九二年以降のもので、重要な文献は、

Cameron, Averil and Hall, Stuart G., *Eusebius: Life of Constantine* (Oxford: Clarendon Press, 1999) の「巻末文献表」参照。

Lieu, Samuel N.C., and Montserrat, Dominic, *Constantine: History, Historiography and Legend* (New York and London: Routledge, 1998) の「巻末文献表」参照。

なお、十九世紀末までになされた膨大な『生涯』研究については、A Select Library of Nicene and Post-Nicene Fathers 所収の *The Church History of Eusebius* (trans. with prolegomena and notes by A. C. Mcgiffert; Oxford: Parker and Company, 1895) 四五五―四六五頁参照。詳細な「資料」関係の情報は四四五―四五五頁を参照。

付録——関連史料集

一　『ラテン語頌辞』六（七）二一-三―六

「……[1]コンスタンティヌスさま、陛下は陛下の守護者アポロが、ウィクトリアと一緒にいて、陛下に月桂冠を授けているのを目にされたのだと思います。どちらの冠にも[2]三〇[3]［という年数］が先取りされて刻まれておりました。これは陛下に授けられた［これからの］生の長さなのです。ネストル[4]のそれを超える齢なのです。しかし、なぜわたしがここで『思います』と言わねばならぬのでしょうか。陛下は実際に神を目にされたのであり、全世界の支配がその者に属すると詩人たちの預言がしていた者の姿を取られたご自分を認められた

（1）以下は、ゲルマニアの国境で発生した反乱を鎮圧するためにその地に向かったコンスタンティヌスにトリーアで捧げられた頌辞とされる。ここでコンスタンティヌス見たとされる幻影をもとにして、「十字架の幻」が議論されることがある。

（2）ここでの「どちらの冠」という表現は、司祭によってアポロの冠とウィクトルの冠がコンスタンティヌスの頭に冠せられたことを意味する。

（3）ここでの「三〇（XXX）」が後になって「十字架の幻」に置き換えられたとする議論がある。

（4）ネストルはトロイア戦争におけるギリシア軍の最長老。

からです。わたしの考えでは、これらの預言はあなたの中で成就されたのです。……」

二　エウセビオス批判――ソクラテス・スコラティスコス[1]『教会史』第一巻一

「パンフィリオスとも呼ばれたエウセビオスは、教会の歴史を一〇巻で書き、それを、ディオクレティアヌスがキリスト教徒にたいして開始した迫害が終息した皇帝コンスタンティヌスの時代で終えた。この同じ著作家は、『コンスタンティヌスの生涯』の中では、アレイオスに関する事柄をほんのわずかしか扱わなかった。彼は諸事実の正確な記述よりも、自分の著作の修辞的な仕上げと皇帝賛美に夢中になっている。……」

三　神のしるしとミルヴィオ橋での戦闘――ラクタンティウス[2]『迫害する者の死について』四四

「戦闘はつづいた。コンスタンティヌスは力を振り絞り、目的を達成しようと、自分の全部隊を都により近い所に移動させミルヴィオ橋の地区に留まった。それまではマクセンティウスの軍隊が優勢だった。マクセンティウスの即位の記念日、十月二十七日が近づき、五年におよぶ統治が終わりに近づいていた。コンスタンティヌスは夢の中で自分の兵士たちの楯に神聖なしるしを刻んで戦闘に参加させるお告げを受けた。彼は命じられたとおりにした。彼は楯に［キリストの］最初の文字Xとその上部を曲げたIの文字を交差させてキリストの名前を刻んだ。このしるしで武装すると、部隊は剣を手にした。部隊は指揮官なしで敵に向かって前進し、橋を渡った。先頭部隊が衝突した。両軍の戦闘は熾烈をきわめた。『あちらの軍もこちらの軍も共に逃走するものはなかった』[3]。都の中では混乱があった。指導者は民衆の安全を蔑ろにしていると非難された。そして彼の姿が認められると——彼は五周年祭を記念してサーカスを催していた——人びとは突然異口同音に、コンスタンティヌスは征服できないぞと大声を上げた。彼はこの大声に動揺してその場を離れ、元老院議員たちを呼ぶと、彼らに『シビルの託宣の書』を調べるよう命じた。するとその中には、その日ローマ人の敵は滅びるとあった。彼はこの託宣により勝利の希望へと導かれ、出陣すると、戦闘の前線に立った。橋は彼の背後で切り落とされた。彼の姿が認められると、戦闘は一段と激しくなり、神の御手が戦列の上にあった。マクセンティウスの隊列は敗走し、彼自身も潰走に転じて破壊された橋の方へ急いで向かった。彼は逃げまどう者たちの殺到に押しつぶされ、テベレ川で溺死した」。

(1) 三八〇頃—四五〇年頃。コンスタンティノポリス出身の法律家。その『教会史』全七巻はエウセビオスの『教会史』を継承するもので、三〇六年のディオクレティアヌスの退位から四三九年までの歴史を書いている。その主資料の一つはエウセビオスの『生涯』。その歴史記述は概して客観的と言われている。なお学者を意味する「スコラスティコス」は「法律家」「弁護士」と解されることが多い。

(2) 二四〇—三三〇年頃。コンスタンティヌス一世の息子クリスプスの家庭教師をつとめる。なお、コンスタンティヌスが見たとされる「十字架の幻」は、エルサレムの主教キュリロス(三一五頃—三八七年)や、エウセビオスの『教会史』ほかをラテン語に翻訳したアクイレイアのルフィヌス(三四五頃—四一〇年)、ミラノの司教アンブロシウス(三三四—三九七年)、あるいはアウグスティヌス(三五四—四三〇年)らの著作ではまったく言及されていない。

(3) ウェルギリウス『アエネーイス』第十歌七五七。

四　コンスタンティヌスと十字架の幻――ソクラテス・スコラティスコス『教会史』第一巻二

「皇帝コンスタンティヌスは……マクセンティウスのもとでの隷従からローマ人を解放しようとつとめ、いかなる手段でもってこの暴君を葬るかをただちに考えはじめた。さて、この大きな問題がその心を捉えているとき、彼は戦争の遂行にあたってはいかなる神の助けを仰ぐべきかに思いをめぐらした。彼はディオクレティアヌスとその取り巻きたちが執り成しをもとめた異教の神々から何の益も受けていないことや、ギリシア人たちのさまざまな宗教を否定した自分の父コンスタンティウスがその生涯を非常に満ち足りたものとして過ごしたことなどに思いを至らしはじめた。彼は確信をもてぬまま軍団の先頭に立って行進していると、どんな言葉をもってしても記述などできぬ超自然的な幻が彼に現われたのである。実際、太陽が昼間を過ぎて西の方へ傾きはじめた一日のその時刻に、彼は天空に、十字架の形をした光の柱を見たのである。その上には『これにて勝て』という文字が刻まれていた。皇帝は［天空に］現われたこのしるしに驚愕し、自分自身の目を信じることができず、自分の周りにいた者たちに、彼らも同じ光景を見たかと尋ねた。彼らが異口同音に自分たちも目にしたと宣言したので、皇帝の心はこの神聖なる驚くべき幻によって強められた。次の日の夜、まどろんでいると、皇帝は、自分が目にした軍旗と同じ軍旗をつくり、勝利の確実なトロパイオンとして敵にたいしてそれを用いよ、と自分に指示するキリストを見たのである。皇帝はこの聖なる言葉どおりに軍旗を十字架の形につくらせた。それは今日でも宮中に保管されている」。

五　コンスタンティノポリスの創建――ソクラテス・スコラスティコス『教会史』第一巻一六

「皇帝は公会議の後でしばらくのときをくつろいで過ごし、帝位継承の二十年祭の民衆の祝典が終わると、ただちに諸教会の復興に専念した。彼はこれを自分の名を冠した都市においてばかりか、他の諸都市においても実行した。彼はそれまでビザンティウムと呼ばれていた都市を拡張し、巨大な城壁で囲み、諸建造物で飾り、それを帝都ローマと等しいものにすると、そこをコンスタンティノポリスと名付け、『新しいローマ』と称されるよう法令で定めた。この法令は人びとの目にとまる、皇帝の馬上姿の像の近くの行政府に立てられた石柱に刻まれた。彼はまたこの都に二つの聖堂を建てた。一つは『平安』と名付けられ、他の一つは『十二使徒』と名付けられた。既述のように、彼はキリスト教徒に関わる事柄を改善したばかりか、異教徒の迷信を破壊した。というのも彼はコンスタンティノポリスの都を飾るために、彼らの像を人びとの目にとまる所に持ち出し、競馬場にはデルポイの三脚の台を置いたからである[1]。今ここでこれらのことを述べるのは余計なことのように思われるかもしれない。それは耳にされる前に目にされているからである。しかし、キリスト教はそのとき最大の恩恵を受けた。というのも聖なる摂理は、皇帝コンスタンティヌスの時代に、他にも非常に多くのことをなしたからである。エウセビオス・パンフィロスは素晴らしい措辞で皇帝讃辞を記録している」。

（1）『生涯』参照。

六　ヘレナの十字架発見――ソクラテス・スコラスティコス『教会史』第一巻一七

「ヘレナは聖なる夢のお告げに導かれてエルサレムに出かけた。預言者が言ったように、[1] キュウリ畑の番小屋のように荒れ果てたその町の様子を見るためだった。彼女はそこから埋葬後に甦ったキリストの墓を注意深く探し求め、大変な難儀の末に、神の助けでそれを発見した。なぜ困難だったかの説明は若干の言葉で十分であろう。

受難後、キリスト教徒たちはキリストの墓に大きな愛着を示したが、キリスト教を憎んだ者たちはその場所を大量の土で覆い、その上にアフロディテの神殿を建て、彼女の像をそこに立てた。その結果、その場所は忘れ去られることになった。このことは長い間、実際、それが皇帝の母に知られるまでつづいた。像が倒され、土砂が取り除かれ、その場所が清められると、彼女は墓の中に三つの十字架を発見する。そのうちの一つは、キリストがその上に架けられたあの祝福された十字架で、他の二つは、彼と一緒に十字架にかけられた盗人たちがその上で死んだものだった。これらとともにまた、ピラトがその上でさまざまな言葉で、十字架に架けられたキリストはユダヤ人の王だったと書き残した板切れが発見された。どれが探し求めていた十字架であるのかの疑念のため、皇帝の母は大いに悩んだが、やがて彼女の不安はエルサレムの司教マカリウスによって取り除かれることになった。彼は信仰によってこの疑念を解消した。彼は神からしるしをもとめ、それを得たのである。そのしるしはこれだった。近くに住んでいる女性が病に苦しめられており、ちょうどそのときまさに死のうとしていた。そこで司教は三つの十字架のそれぞれを亡くなろうとしている彼女のもとへ持ってくるよう手配した。彼女が尊い十字架に触れれば癒されると信じたのである。彼の期待は失望に終わることはなかった。というのも、主のものではなかった二つの十字架に触れさせられた後では、彼女は相変わらず瀕死の状態にあったが、第三の、真の十字架が彼女に触れると、彼女は即座に癒され、かつての力を回復したのである。

こうして、本物の十字架が発見されたのである。皇帝の母はその場所に壮麗な祈りの家を立て、そこを『新しいエルサレム』と呼んだ。そこはあの古い見捨てられた都に面して建てられたのである。彼女はそこに銀製の箱に収めた十字架の一片を残した。それを目にしたい者のための記念としてである。彼女は残りを皇帝に送った。彼は、このような遺物を保管する町はいつまでも安全に守られると説かれると、それを秘かに自分自身の像の中に入れた。その像はコンスタンティノポリスでコンスタンティヌス広場と呼ばれている広場の中の、大きな火成岩の列柱の上に立っている。

わたしはここで書き記したものが噂によるものでしかすぎないことを認めるが、コンスタンティノポリスのほとんどすべての住民はそれが真実であることを誓うのである。さらに、それでもってキリストの手が十字架に打ちつけられた釘のほとんどすべてであるが（コンスタンティヌスの母はそれをも墓の中で発見し、そして送った）、コンスタンティヌスはそれを轡とかぶり物に変え、戦闘ではそれを着用した。……」

（1） イザヤ書一－八。

七　ヘレナの十字架発見——ソゾメノス(1)『教会史』第二巻一

「上述のように、ニカイアの会議での用件も終わったので、司祭たちは帰国の途に着いた。皇帝はカトリック教会の中での意見の一致に殊の外に喜び、彼自身と、彼の子息たち、そして帝国に成り代わり、司教たちの一致を生じさせた神への感謝の念を言い表そうと望み、エルサレムで、カルバリと呼ばれる場所の近くに、神のために祈りの家を建てよと指示した。同時に彼の母ヘレナは、祈りを捧げるために、そして聖なる場所を訪ねるために、都［エルサレム］へ赴いた。彼女はキリスト教にたいする熱心から、あの崇敬に値する十字架となった木片を見つけようと躍起になった。しかし、この遺物や主の墓を発見することは容易ではなかった。というのも、往時教会を迫害し、そしてキリスト教が最初に宣教されるとそれを根絶しようとあらゆる手段に訴えた異教徒たちがその場所を大量に積み上げた土砂の下に隠し、……その場所全体を飾り、石を敷き詰めていたからである。彼らはまたアフロディテに捧げる神殿を建て、小さな像を置いていた。キリストを拝するためにそこへ赴く者たちが、アフロディテにぬかずいて拝しているように思われるようにし、その場所で礼拝する真の目的が、ときとともに忘れ去られるようにするためであった。……しかし、ついにその場所は発見され、その場所を熱心に隠そうとしたいかさまの工作が見破られたのである。一部の者は、もろもろの事実は、東方に住み、その情報を父から伝えられた文書類から得たヘブルびとによって最初明きらかにされたと言っているが、神がしるしと夢を介して事実を啓示したと想像する方が真実によりかなっているように思われる。……その場所が皇帝の命令によって土中深く掘り起こされると、わたしたちの主が死者から甦った洞穴が発見され、そこから遠くはない所で三本の十字架が見つかり、さらにこれとは別に、ヘブル語とギリシア語とラテン語で、『ユダヤ人の王ナザレのイエス』という言葉を白色文字で記した木片が見つかったのである。これらの言葉は、福音書の聖なる文書が述べているように、ユダヤの総督ピラトの命令によってキリストの頭の上に置かれたものだった。とは言っても、聖なる十字架と他の［二つ］を区別してみせることは困難であった。……エルサレムに非常に痛ましい、不治の病に苦しめられている由緒正しい女性がいた。エルサレムの司教マカリウスは、皇帝の母とお付きの者にともなわれて彼女の所へ赴いた。マカリウスは祈りをすると、見守る者たちに、聖なる十字架は、患者に触れるとその病を取り除いてくれるものがそうであると、さまざまなしるしでもって告げた。彼は彼女に一本ずつ十字架をもって近づいた。［三本の］十字架の二本が彼女の上に置かれたが、それは彼女にとって愚かしい嘲笑的なもののように見えた。彼女は、相変わらず、死の門口にいたからである。しかし、同じようにして、三本目の十字架が彼女のもとへ持ち込まれると、彼女は突然目を開き、力を回復し、そしてすぐに寝台から飛び起きたのである。同じようにして、［他の］死者も甦ったと言われる。こうして崇敬に値する木［の十字架］がどれであるかが分かったので、その大部分は銀の箱に収められてそのまま現在でもエルサレムに安置されているが、皇太后はその一

(1) 三七六頃―四四七年頃。パレスチナのベテリア出身のコンスタンティノポリスの法律家。その『教会史』全九巻はエウセビオスの『教会史』を継承するもので、三二四年から四三九年までの歴史を扱う。その記述の多くの部分で、ソクラテス・スコラスティコスに依存している。

部を、キリストの体が打ちつけられた釘と一緒に、自分の息子コンスタンティヌスのもとへ送った。皇帝はこれら［の釘］からかぶり物と自分の馬のために轡をつくったと言われる。『馬の轡の上に置かれるものは全能なる主に聖なるものである』(1)と言って、この時代に言及していたゼカリヤの預言にしたがってのことである。実際、これらのことはかつて聖なる預言者たちに知られており、彼らによって預言されていたものであり、それらが明るみに出されるべきだと神に思われたとき、それらはついに素晴らしい働きにより確認されたのである。……」

八　エルサレムでのヘレナ――テオドレトス(2)『教会史』第一巻一七

「皇太后は救い主が受難した場所に目を据えると、そこに建てられていた偶像の杜を破壊し、それが立っていた土地を取り除くように命じた。かくも長い間隠されていた墓が発見されると、三本の十字架が主の墓の近くに埋められているのが見つかった。すべての者は、これらの十字架のうちの一本はわれわれの主なるイエス・キリストのそれであり、他の二本は彼とともに十字架に架けられた強盗のものであることは確かだと主張した。しかし、彼らは三本のうちのどれに主の体がはりつけとされ、どれがその方の尊い血を受けたのか確かめることができなかった。都の君である聖なる賢者マカリウスは、次の仕方で問題を解決した。彼は長い間病に苦しんでいた身分の高い女に、熱烈な祈りを捧げてそれぞれの十字架に触れさせ、こうして救い主の十字架に宿る力を見極めたのである。というのも、この十字架が女の近くに持ってこられると、それは病を追い出し、彼女を癒したからである。

皇帝の母は、自分の願いが成就したことを知ると、[十字架の] 釘の一部が皇帝のかぶり物の中に入れるよう命じた。彼女の息子の頭部を敵の放つ矢から守るためだった。彼女は、釘の残りを彼の馬の轡の中に入れるよう命じた。皇帝の安全を確かなものにするばかりか、古代の預言を成就させるためでもあった。というのも、昔、預言者のゼカリヤは、『馬の轡の上に全能なる主への聖なるものが置かれる』(ゼカリヤ書一四-二〇、七十人訳) と預言していたからである。

彼女はわれわれの救い主の十字架の一部を宮中に運ばせ、残りの部分は銀箔をほどこして都の司教の管理に委ねた。彼女はそれが無傷のまま後世に伝えられるよう、それを注意深く保管するよう彼に言った」。

九　コンスタンティヌスの受洗と死——ソクラテス・スコラスティコス『教会史』第一巻三九

「[三十年祭から] すでに一年が経過した。皇帝コンスタンティヌスは六五歳になったばかりであったが、病に襲われた。そのため彼はコンスタンティノポリスを離れ、ヘレノポリスへ船で渡った。薬効のある温泉療法を試すためだった。しかし、病状は悪化したので、温泉につかるのはやめ、ヘレノポリスからニコメディ

(1) ゼカリヤ書一四-二〇(七十人訳)。
(2) 三九三頃-四五三年頃。アンティオキア出身の主教。その『教会史』全五巻はエウセビオスの続編として四一八年までの歴史を扱う。

アへ移ると、その郊外に滞在し、その地でキリスト教の洗礼を受けた。彼はそれを受けると上機嫌となり、そして遺言状を作成すると、三人の息子を帝国の後継者に任命し、生前になしていた取り決めにしたがい彼らのそれぞれに領地を割り当てた。彼はまたローマとコンスタンティノポリスの両都市に多くの特権を与え、遺言状の保管を、その人の名によってアレイオスが想起され、その人についてわれわれがすでに述べた長老に託すと、それを誰の手にも渡してはならぬと命じた。(1) 例外は、東方の支配権をすでに与えていた息子のコンスタンティウスだった。コンスタンティヌスは遺言状作成後、数日して亡くなった。息子たちのうちで彼の死に居合わせる者はいなかった。そのため、父の死をコンスタンティウスへ伝えるために、急使が東方へ遣わされた」。

一〇 コンスタンティヌスの最後（帝国の分割、受洗）――ソゾメノス『教会史』第二巻三四

「皇帝はカエサルと呼ばれていた息子たちの間で帝国をすでに分割していた。彼はコンスタンティヌス［二世］とコンスタンスには西方の地域を、またコンスタンティウスには東方の地域を与えた。そして体調を崩し、湯浴みすることを求められると、彼はそのためにビテュニアの町へレノポリスへ赴いた。しかし、病状が悪化したので、彼はニコメディアへ行き、その町の郊外の一つで聖なる洗礼に与った。儀式が終わると、彼は喜びに満たされ、神へ感謝を捧げた。ついで彼は息子たちの間での帝国の割譲を、それまでの割り当てにしたがって確認し、古いローマと彼の名を冠した都に諸特権を与えた。……」

一一　コンスタンティヌスの受洗と三人の息子――テオドレトス『教会史』第一巻三〇

「一年と数か月が過ぎたとき、皇帝は、ビテュニアの町ニコメディアで病に襲われた。彼は人間の生の不確かさを知って聖なる洗礼の儀式に与った。それは彼がヨルダン川で洗礼を受けることができるまで引き伸ばそうとしていたものだった。彼は帝位の王冠の継承者として三人の息子、コンスタンティヌス（二世）、コンスタンティウス、そして最年少のコンスタンスを残した」。

一二　コンスタンティヌスに洗礼を授けた人物、洗礼の別バージョン

ヒエロニュムス『年代記』の三三七年の出来事を述べた項目は、コンスタンティヌスに洗礼をほどこした人物をニコメディアのエウセビオスとする。(2)

コンスタンティヌスの受洗に関しては別バージョンがある。ユリアヌス（ロウブ古典文庫所収『ユリアヌス』

（1）コンスタンティヌスの遺言状の保管人に関してはさまざまな説がある。たとえば、フィロストルギオス（四二五年頃活躍）『教会史』第二巻一六は、遺言状の保管人をニコメディアのエウセビオスとしている。

（2）Constantinus extremo vitae suae tempore ab Eusebio Nicomedensi episcopo baptisatus in Arrianum dogma declinat.

第二巻三四五－四一五）およびゾシモス[1]（『新しい歴史』第二巻二九）は、コンスタンティヌスは、息子のクリスプスを殺害し、その罪の汚れを清めようとして、二十年祭の折りにローマを訪れ、その地で洗礼を受けたとする。そのさい、新プラトン主義の学者ソパトロスはコンスタンティヌスに、異教の聖所はそのような洗礼を授けることはしないと告げたので、彼は自分の罪をキリスト教徒に洗い流してもらおうと彼らに頼った。このバージョンでは、コンスタンティヌスに洗礼を授けた人物はときのローマ教皇シルウェステル一世（在位三一四－三三五年）とされるが、コンスタンティヌスと教皇シルウェステルを結びつけたのは、コンスタンティヌスが亡くなって三〇年か四〇年かしてつくられたローマ教皇リベリウス（在位三五二－三六六年）に関する文書「リベリウスの事績（*Gesta Liberii*）」である。教皇リベリウスが、ローマ人の教皇シルウェステルについての書物から、コンスタンティヌスが教皇シルウェステルによって「イエス・キリストの名でらい病を清めてもらい」、そして彼から洗礼を授けてもらったことを知ったと記録している。

　シルウェステルはアルルの公会議にもニカイアの公会議にも出席せず、アフリカでのドナトゥス派の問題やアレイオス論争では何の活躍もできなかったダメ教皇と評されているが、五世紀の後半につくられた『シルウェステルの生涯（*Vita Silvestri/Actus Silvestri*）』では、シルウェステルがコンスタンティヌスに洗礼を授けたという話が挿入され、ダメ教皇の地位が高められている。教皇リベリウスがここで言及する「シルウェステルについての書物」はそれを指している。[2]

一三　異教徒の語るコンスタンティヌス受洗への反駁――ソゾメノス『教会史』第一巻五

「わたしは異教徒たちがコンスタンティヌスについて次のように言っているのを承知している。すなわち、彼が自分の最近親者である者たちを殺した後で、そしてとくに自分自身の息子の殺害に同意した後で、自分の悪しき所業を悔い、罪からの清めの手段に関して当時プロティヌス学派の師であった哲学者ソパトロスに尋ねた。すると哲学者は、そのような道徳的な汚れは清めることができないと答えた。皇帝はこの拒否に深く悲しんだが、悔い改めて洗礼を受ければ罪を清められると彼に告げた司教たちに出会った。彼は彼らの説明に喜び、彼らの教えに敬意を払い、キリスト教徒になると臣下の者たちを同じ信仰に導いた、と。わたしには、この話はキリスト教徒の宗教を中傷しようとした者たちの創作であったと思われる。その者が原因でコンスタンティヌスが清めを要求したと言われるクリスプスが亡くなったのは、父の治世の二十年目であり、彼は帝国で第二の地位を保持し、カエサルと呼ばれた。彼の裁可でつくられたキリスト教に好意的な法令は現在でも存在する。この通りだったことは、これらの法令に書き添えられた日付と法令の制定者たちのリス

(1) 五世紀後半。コンスタンティノポリスの行政官。その『新しい歴史』全六巻は、アウグストゥスから四一〇年までのローマ帝国の歴史を記述したもの。その記述はサルディスの新プラトン主義の哲学者エウナピオス（三四五―四二〇年頃）ほかに依存していると言われる。ここで言及したゾシモス第二巻二九の情報源はエウナピオスとされる。

(2) ここでの話は、John Holland Smith, *Constantine the Great* [London: Hamish Hamiton, 1971] から。

トに言及することで立証できる。ソパトロスが、その統治が大洋やライン川の近くの地域を中心としていたコンスタンティヌスと接触があったということはありそうもない。というのも、彼がイタリアの統治者マクセンティウスと争ったためにローマの支配地において非常に大きな不和をつくりだしていたので、ゴールや、ブリテン、あるいはマクセンティウスとの戦争より前に、またローマやイタリアへ彼が戻る前に、コンスタンティヌスがキリスト教徒たちの宗教を抱いていたと一般に信じられている近隣の国々において住むことは当時容易なことではなかった。そしてこれこそは、「キリスト教徒の」宗教に好意的に彼が制定した法令の日付による証拠である」。

一四　コンスタンティヌスの葬儀——ソクラテス・スコラスティコス『教会史』第一巻四〇

「皇帝の遺体はしかるべき者たちによって黄金の柩の中に置かれると、コンスタンティノポリスへ運ばれた。遺体はその地で宮中の高台式の豪華な寝台の上に置かれ、警護の者に囲まれ、そして生前と同じ敬意でもって扱われた。この扱いは彼の息子の一人が到着するまでつづいた。コンスタンティウスは帝国の東方からやって来ると、コンスタンティヌスは皇室の埋葬の栄誉に与り、皇帝たちや高位の聖職者たちが使徒たちの遺物に払われたものに少しも劣らない大きな崇敬を受けるために、まさにこの目的のために彼が建てておいた十二使徒と呼ばれた聖堂に安置された。皇帝コンスタンティヌスは、六五年生き、三六年支配した。彼はフェリキアンとタルタンが統治職にあった、第二七八オリンピック紀の第二年五月二十二日に亡くなった」。

一五　コンスタンティヌスの埋葬——ソゾメノス『教会史』第二巻三四

「コンスタンティヌスの死後、その遺体は黄金の柩の中に安置されてコンスタンティノポリスへ運ばれ、宮中で棺台の上に置かれた。そして生前に彼に授けられていたのと同じ栄誉と儀式が宮中の者たちによって執り行なわれた。当時東方にいたコンスタンティウスは、父の死を聞くと、コンスタンティノポリスへ急行し、王の亡骸を丁重に葬り、十二使徒の教会の中に、故人の命令でもってすでにつくられていた墓の中にそれを置いた。そしてこれ以後、キリスト教徒の皇帝たちの亡骸をこの同じ埋葬の場所に置くことが習慣となった。司教たちも同じようにしてここに葬られた。というのも、高位聖職者の尊厳は、名誉において皇帝の権力に等しいばかりか、聖なる場所においても優位に立つからである」。

一六　コンスタンティヌスの葬儀——テオドレトス『教会史』第一巻三二

「こうして皇帝はその地上の領土からよりよい王国へと取り上げられた。皇帝の遺体は黄金の柩の中に収められ、属州の知事や、軍隊の指揮官、その他帝国の役人たちによってコンスタンティノポリスへ運ばれ、それには全軍隊がつき従った。すべての者がその崩御を激しく嘆き悲しんだ。というのも、コンスタンティヌスは彼らすべてにとって情愛深い父のような存在だったからである。皇帝の遺体は、息子たちの到着まで宮中に置かれ、大きな敬意が払われた。しかし、これらの詳細はここで述べる必要はまったくない。他の著作家たちによって詳述されてきたからである。容易に手に入る彼らの著作から、万物の支配者がご自身の忠実なしもべたちにどんなに大きな名誉を与えられるかを学ぶことができよう。もし信じようとしないならば、その者にはコンスタンティヌスの陵墓と像の近くで今起こっているものを見させるがよい。そうすれば、神が聖書の中で言った言葉『わたしを尊ぶ者をわたしは尊び、わたしを卑しめる者は、軽んぜられるであろう』(1)の正しいことを認めるであろう」。

(1) サムエル記上二―三〇。

あとがき

『コンスタンティヌスの生涯』の現代語訳をなしたオックスフォード大学、キーブル・コレッジの学長アベリル・キャメロン教授は、その翻訳の前置きで次のように述べている。

『コンスタンティヌスの生涯』として知られている著作は、コンスタンティヌス大帝の治世ばかりか、何よりも彼のキリスト教支持を理解するためにも、もっとも重要な史料である。しかしながら、それは論争的な書物である。その著者、パレスチナのカエサリアの司教、エウセビオスはそのためしばしば、誤ってであるが、コンスタンティヌス御用達の広報官として見なされたきた。一部の者は、その著作が事実を非常に歪め公正でないとの理由から、エウセビオスがこのようなものを書くはずがないとして、彼が著者であることを疑ってかかってきた。ところが驚くことに、著者問題をもっぱら論じた研究論文の長大なリストがあるにもかかわらず、英語で書かれたコメンタリは存在せず、新しい英訳にいたっては、過去一世紀にわたって試みられてこなかったのである。……

スチュアート・G・ホールとの協力で完成されたキャメロン教授の現代語訳が初デビューしたのは、一九九九年にオックスフォード大学のイグザミネーション・ホールで開催された「オックスフォード教父学会」の折りである。キャメロン教授の言葉をまつまでもなく、過去一世紀以上にわたって、すなわち一八九〇年に出版されたマクギファート教授の英訳以降、実に一〇〇年以上にわたって『コンスタンティヌスの生涯』の新訳が登場しなかった事実は、途中に二度の世界大戦があったとはいえ、ヨーロッパにおける教父研究の偏りを示していて興味深い。四年ごとに開催されるオックスフォード教父学会の過去の「演目（だしもの）」を一覧するだけで明白なのは、アウグスティヌス研究の圧倒的な多さである。平均して六割近くの発表がアウグスティヌスに集中する。アウグスティヌス研究者にとっては随喜の涙を流したくなるような嬉しい楽しい学会となろうが、そうでない研究者にとっては退屈至極な学会となり、どうしてこんな偏向学会になってしまったのかと鼻毛の一本でも抜きながら天を仰いで嘆かざるをえないが、この背景の中にエウセビオスを入れてみると、『コンスタンティヌスの生涯』の新訳が、その重要性にもかかわらず、登場しなかった理由がよく分かるのである。

キャメロン教授はここで、だれがエウセビオスをコンスタンティヌス「御用達の広報官（official propagandist）」と見なしたか、まただれが『生涯』のエウセビオス著者説を疑ったのかを明らかにしていないが、前者は『コンスタンティヌス大帝の時代』（新井靖一訳、筑摩書房）を著わした十九世紀のスイスの古代史史家ヤーコプ・ブルクハルトであり、後者は第二次世界大戦前の一九三〇年代の後半から一九四〇年代の前半にかけてエウセビオス著者説を否定する論文を盛んに書いたフランスの学者Ｈ・グレゴワールであろう。この二人はエウセビオス研究者であれば、誰もがすぐに思いつく人物であり、間違いはないであろう。この二人のうちの後者であるが、筆者は、キャメロン教授とともに、エウセビオス著者説を否定する研究者に組しないことを明言しておこう。修辞的な文体、言葉遊びの多用、豊かな語彙の駆使、資料の使用法などは、まちがいなくエウセビオスを『コンスタンティヌスの生涯』の著者とする。コンスタンティヌスの死後、エウエビオスは本書を非常に性急な仕方で、推敲などはせずに、仕上げたのである。

人間エウセビオスの評価とその著作の一つである『生涯』の評価は別である。筆者の人間エウセビオス評価はきわめて低い。「きわめて低い」どころか、最低・最悪のものである。彼は権力にたいして滅法弱いからである。彼は済度しがたいほど俗物である。彼の反ユダヤ主義は犯罪である。しかし、人間エウセビオスに背を向けても、『コンスタンティヌスの生涯』の重要性は変わらない。そこでの細部の事実がどうであれ、本書はわたしたちに、コンスタンティヌスの登場により、キリスト教が帝国の宗教の仲間入りを果たしたばかりか、帝国統一の道具にしようとしたコンスタンティヌスの思惑のおかげで、キリスト教は、キリストの本質をめぐる観念闘争を展開している間に、帝国の唯一の宗教となるための赤絨毯をしかれたことを教えてくれるからである。本書はまた、ある特定の宗教が国家に組み込まれると、他の宗教は一方的に異教とか邪教と規定されて排除されることや、庇護を受けることになる宗教は国家権力による他宗教の弾圧排除を否定しないばかりか、欣喜雀躍としてそのプロセスを見守るようになることをも教えてくれる。その意味で、本書は宗教と国家の問題を考える者にとって貴重な資料を提供する、必読の書なのである。

二〇〇四年四月　伊豆にて

秦　剛平

固有名詞・事項索引

索引項目は五十音順に並べられ、数字は巻数と章番号を示している。たとえば、アウグストゥス ***1***. *18* は、本書第１巻第18章に「アウグストゥス」が見られることを示す。

ア　行

カ　行

サ　行

タ 行

ナ 行

ハ 行

マ　行

ヤ　行

ラ　行

訳者略歴

秦　剛平（はた　ごうへい）

多摩美術大学名誉教授

一九四二年　東京都生まれ
一九七〇－七五年　京都大学大学院文学研究科修士課程修了
一九九九－二〇〇〇年　ドロプシー大学（フルブライト）
二〇〇一年以降　オックスフォード大学客員教授
現在ケンブリッジ大学（クレア・ホール）フェロー
オックスフォード大学客員研究員

主な著訳書

『乗っ取られた聖書』『異教徒ローマ人に語る聖書』『書き替えられた聖書』『聖書と殺戮の歴史』『神の支配から王の支配へ』（以上京都大学学術出版会）、『旧約聖書続編講義』（リトン）、『ヨセフス―イエス時代の歴史家』『美術で読み解く新約聖書の真実』『美術で読み解く旧約聖書の真実』『美術で読み解く聖母マリアとキリスト教伝説』『美術で読み解く聖人伝説』（以上ちくま学芸文庫）、『反ユダヤ主義を美術で読む』『描かれなかった十字架』（青土社）ほか

フィロン『フラックスへの反論／ガイウスへの使節』、ピロストラトス『テュアナのアポロニオス伝１』（以上京都大学学術出版会）、ヨセフス『ユダヤ戦記』全七巻三分冊、同『ユダヤ古代誌』全二〇巻六分冊（以上ちくま学芸文庫）、エウセビオス『教会史』全一〇巻二分冊（講談社学術文庫）、『七十人訳ギリシア語聖書』（河出書房新社）ほか

『古代世界におけるモーセ五書の伝承』（共編、京都大学学術出版会）、『ヨセフス論集』『エウセビオス論集』の編纂

コンスタンティヌスの生涯《しょうがい》　西洋古典叢書　第Ⅲ期第５回配本

二〇〇四年六月十五日　初版第一刷発行
二〇一三年六月十日　初版第二刷発行

訳　者　秦《はた》　剛《ごう》　平《へい》

発行者　檜　山　爲　次　郎

発行所　京都大学学術出版会

606-8315 京都市左京区吉田近衛町六九 京都大学吉田南構内
電　話　〇七五-七六一-六一八二
ＦＡＸ　〇七五-七六一-六一九〇
http://www.kyoto-up.or.jp/

印刷・土山印刷／製本・三省堂印刷

ISBN978-4-87698-153-3

定価はカバーに表示してあります

西洋古典叢書［第Ⅰ期・第Ⅱ期］既刊全46冊（税込定価）

【ギリシア古典篇】

アテナイオス　食卓の賢人たち 1　柳沼重剛訳　3990円
アテナイオス　食卓の賢人たち 2　柳沼重剛訳　3990円
アテナイオス　食卓の賢人たち 3　柳沼重剛訳　4200円
アテナイオス　食卓の賢人たち 4　柳沼重剛訳　3990円
アリストテレス　天について　池田康男訳　3150円
アリストテレス　魂について　中畑正志訳　3360円
アリストテレス　ニコマコス倫理学　朴　一功訳　4935円
アリストテレス　政治学　牛田徳子訳　4410円
アルクマン他　ギリシア合唱抒情詩集　丹下和彦訳　4725円
アンティポン／アンドキデス　弁論集　高畠純夫訳　3885円
イソクラテス　弁論集 1　小池澄夫訳　3360円
イソクラテス　弁論集 2　小池澄夫訳　3780円

ガレノス　自然の機能について　種山恭子訳　3150円
クセノポン　ギリシア史 1　根本英世訳　2940円
クセノポン　ギリシア史 2　根本英世訳　3150円
クセノポン　小品集　松本仁助訳　3360円
セクストス・エンペイリコス　ピュロン主義哲学の概要　金山弥平・金山万里子訳　3990円
セクストス・エンペイリコス　学者たちへの論駁 1　金山弥平・金山万里子訳　3780円
ゼノン他　初期ストア派断片集 1　中川純男訳　3780円
クリュシッポス　初期ストア派断片集 2　水落健治・山口義久訳　5040円
クリュシッポス　初期ストア派断片集 3　山口義久訳　4410円
デモステネス　弁論集 3　北嶋美雪・杉山晃太郎・木曽明子訳　3780円
デモステネス　弁論集 4　木曽明子・杉山晃太郎訳　3780円
トゥキュディデス　歴史 1　藤縄謙三訳　4410円
トゥキュディデス　歴史 2　城江良和訳　4620円
ピロストラトス／エウナピオス　哲学者・ソフィスト列伝　戸塚七郎・金子佳司訳　3885円
ピンダロス　祝勝歌集／断片選　内田次信訳　4620円

フィロン　フラックスへの反論／ガイウスへの使節　秦　剛平訳　3360円
プルタルコス　モラリア　2　瀬口昌久訳　3465円
プルタルコス　モラリア　6　戸塚七郎訳　3570円
プルタルコス　モラリア　13　戸塚七郎訳　3570円
プルタルコス　モラリア　14　戸塚七郎訳　3150円
マルクス・アウレリウス　自省録　水地宗明訳　3360円
リュシアス　弁論集　細井敦子・桜井万里子・安部素子訳　4410円

【ラテン古典篇】

ウェルギリウス　アエネーイス　岡　道男・高橋宏幸訳　5145円
オウィディウス　悲しみの歌／黒海からの手紙　木村健治訳　3990円
クルティウス・ルフス　アレクサンドロス大王伝　谷栄一郎・上村健二訳　4410円
スパルティアヌス他　ローマ皇帝群像　1　南川高志訳　3150円
セネカ　悲劇集　1　小川正廣・高橋宏幸・大西英文・小林　標訳　3990円
セネカ　悲劇集　2　岩崎　務・大西英文・宮城徳也・竹中康雄・木村健治訳　4200円
トログス／ユスティヌス抄録　地中海世界史　合阪　學訳　4200円

プラウトゥス　ローマ喜劇集　1　木村健治・宮城徳也・五之治昌比呂・小川正廣・竹中康雄訳　4725円
プラウトゥス　ローマ喜劇集　2　山下太郎・岩谷　智・小川正廣・五之治昌比呂・岩崎　務訳　4410円
プラウトゥス　ローマ喜劇集　3　木村健治・岩谷　智・竹中康雄・山沢孝至訳　4935円
プラウトゥス　ローマ喜劇集　4　高橋宏幸・小林　標・上村健二・宮城徳也・藤谷道夫訳　4935円
テレンティウス　ローマ喜劇集　5　木村健治・城江良和・谷栄一郎・高橋宏幸・上村健二・山下太郎訳　5145円